Scrivere un libro con l'IA

L'Intelligenza Artificiale nel Self-Publishing

Massimo Mazzitelli

Prima edizione 2024

Titolo originale: Scrivere un libro con l'IA
L'Intelligenza Artificiale nel Self-Publishing

Proprietà letteraria riservata © 2024
Massimo Mazzitelli Tutti i diritti riservati

Progetto grafico: Massimo Mazzitelli
Testo: Massimo Mazzitelli

Foto di copertina: Massimo Mazzitelli

Nessuna parte di questo libro può essere riprodotta, archiviata, fotocopiata o trasmessa in qualsiasi forma o con qualsiasi mezzo, elettronico, meccanico, su disco o altro, compresi film, radio, televisione, senza autorizzazione. scritto dall'autore.

Codice ISBN: 9798320168630
Casa editrice: Independently published

Indice

Capitolo 1: Introduzione all'Intelligenza Artificiale nel Self-Sublishing

1.1 Storia dell'IA nella scrittura
1.2 Vantaggi dell'uso dell'IA nel self-publishing
1.3 Panoramica degli strumenti IA disponibili per gli scrittori
1.4 Sfide e soluzioni nell'uso dell'IA per la scrittura
1.5 Esempi di successo nel self-publishing con l'IA
1.6 Considerazioni etiche sull'uso dell'IA nella creazione di contenuti
1.7 Come l'IA sta cambiando il panorama editoriale
1.8 L'IA e la proprietà intellettuale: cosa bisogna sapere
1.9 Prepararsi mentalmente all'uso dell'IA nella scrittura
1.10 Risorse e comunità online per scrittori che utilizzano l'IA

Capitolo 2: Preparazione alla Scrittura con l'IA

2.1 Scegliere il giusto software di scrittura assistita dall'IA
2.2 Impostare il tuo progetto di scrittura per l'IA
2.3 Definire gli obiettivi di scrittura e il pubblico target
2.4 Adattare il workflow di scrittura all'IA
2.5 Configurare il software IA per stili di scrittura specifici
2.6 Privacy e sicurezza dei dati quando si scrive con l'IA
2.7 Gestione dei progetti di scrittura assistiti dall'IA
2.8 Integrare fonti di ispirazione nell'IA
2.9 Feedback in tempo reale e iterazione con l'IA
2.10 Sviluppare una routine di scrittura assistita dall'IA

Capitolo 3: Generazione di Idee e Outline

3.1 Utilizzo dell'IA per la brainstorming di idee
3.2 Creare una struttura di libro con l'assistenza dell'IA
3.3 Affinare la tua outline con feedback generato dall'IA
3.4 Adattamento delle idee generate dall'IA al proprio stile
3.5 Uso dell'IA per analizzare e selezionare le migliori idee

3.6 Collaborare con l'IA per sviluppare personaggi e trame
3.7 L'IA e la costruzione del mondo narrativo
3.8 Uso dell'IA per prevedere l'accoglienza del pubblico
3.9 Sperimentazione con generi e formati grazie all'IA
3.10 Valutazione critica delle outline generate dall'IA

Capitolo 4: Scrittura dei Capitoli

4.1 Tecniche per la scrittura assistita dall'IA
4.2 Mantenere la voce e lo stile con l'IA
4.3 Superare il blocco dello scrittore con l'IA
4.4 Adattare il tono e lo stile con l'aiuto dell'IA
4.5 Sfruttare l'IA per migliorare la coerenza narrativa
4.6 Utilizzare l'IA per arricchire il vocabolario e le espressioni
4.7 Gestire la continuità della storia con l'IA
4.8 Imparare da analisi comparative dell'IA
4.9 Ottimizzazione dei tempi di scrittura con l'IA
4.10 Utilizzo dell'IA per la scrittura collaborativa

Capitolo 5: Revisione e Editing

5.1 Utilizzare l'IA per la revisione iniziale
5.2 Affinare la prosa con strumenti di editing basati sull'IA
5.3 Preparare il manoscritto finale con il supporto dell'IA
5.4 L'IA nel miglioramento della leggibilità
5.5 Uso dell'IA per la correzione di continuità e coerenza
5.6 Analisi predittiva del ricevimento del lettore con l'IA
5.7 Feedback automatizzato sull'arco narrativo
5.8 Uso dell'IA per l'editing di dialoghi
5.9 Ottimizzazione della trama con l'IA
5.10 Preparazione della versione beta del libro con l'IA

Capitolo 6: Design e Formattazione

6.1 Design della copertina utilizzando l'IA
6.2 Formattazione del libro per pubblicazione con l'IA
6.3 Preview e test del layout con strumenti IA
6.4 Selezione del formato e della dimensione del libro con l'IA
6.5 Personalizzazione dei template di design con l'IA
6.6 Uso dell'IA per la creazione di illustrazioni interne

6.7 L'IA nella scelta dei font e nella composizione tipografica
6.8 Automazione del processo di proofreading del layout
6.9 Ottimizzazione del design per diversi formati (eBook, stampa)
6.10 Test di usabilità e leggibilità con l'IA

Capitolo 7: Strategie di Pubblicazione e Distribuzione

7.1 Scegliere la piattaforma di self-publishing giusta con l'aiuto dell'IA
7.2 Ottimizzare la distribuzione con analisi predittiva
7.3 Utilizzare l'IA per definire il pricing del libro
7.4 Analisi del mercato e posizionamento con l'IA
7.5 Gestione dei diritti digitali (DRM) con l'IA
7.6 Uso dell'IA per la scelta dei canali di distribuzione
7.7 Strategie di pre-lancio basate sull'IA
7.8 Uso dell'IA per monitorare le tendenze di pubblicazione
7.9 L'IA nella negoziazione con piattaforme e distributori
7.10 Analisi post-pubblicazione e iterazioni future con l'IA

Capitolo 8: Marketing e Promozione

8.1 Creare materiali di marketing con l'IA
8.2 Utilizzare l'IA per la segmentazione del pubblico e targeting
8.3 Campagne pubblicitarie automatizzate e analisi dei risultati
8.4 Sviluppo di contenuti per social media con l'IA
8.5 Uso dell'IA per analizzare l'efficacia delle campagne
8.6 Gestione della reputazione online con l'IA
8.7 Creazione di trailer e materiali promozionali con l'IA
8.8 Automazione delle risposte ai lettori con l'IA
8.9 L'IA nella creazione di eventi virtuali e promozioni
8.10 Strategie di cross-promotion e collaborazioni con l'IA

Capitolo 9: Vendita e Gestione dei Diritti

9.1 Monitoraggio delle vendite con strumenti basati sull'IA
9.2 Gestione dei diritti d'autore e contratti con l'assistenza dell'IA
9.3 Expanding into new markets with AI-driven analytics
9.4 Uso dell'IA per l'analisi dei dati di vendita
9.5 Ottimizzazione delle strategie di prezzo con l'IA
9.6 Ricerca di mercati internazionali con l'IA

9.7 L'IA nella protezione contro la pirateria
9.8 Gestione delle licenze e delle edizioni speciali con l'IA
9.9 L'IA nel monitoraggio e nella gestione delle recensioni
9.10 Utilizzo dell'IA per espandere il brand dell'autore

Capitolo 10: Futuro dell'IA nel Self-Publishing

10.1 Tendenze emergenti nell'uso dell'IA per la scrittura e pubblicazione
10.2 Implicazioni etiche dell'IA nella creazione di contenuti
10.3 Visioni future: l'evoluzione dell'IA e il suo impatto sul self-publishing
10.4 Innovazioni in corso nell'IA applicata alla scrittura
10.5 L'IA nella personalizzazione dei libri per i lettori
10.6 Sfide future per gli autori nell'era dell'IA
10.7 Opportunità di collaborazione tra autori e sviluppatori di IA
10.8 L'IA e il futuro del diritto d'autore
10.9 Impatto dell'IA sulla lettura e l'apprendimento
10.10 Prepararsi al futuro: competenze e mindset per gli autori nell'era dell'IA

Capitolo 11: Innovazioni e Strumenti IA per Autori: Botpress, Stack AI, HeyGen, e Chat GPT

11.1 Utilizzo di Botpress per creare Chatbot AI
11.1.1 Introduzione a Botpress e ai Chatbot AI
11.1.2 Passaggi per sviluppare il tuo Chatbot con Botpress
11.1.3 Best practices nella progettazione di conversazioni
11.1.4 Integrare il Chatbot nel processo di self-publishing
11.1.5 Analisi del feedback dei lettori tramite Chatbot
11.1.6 Migliorare l'engagement del lettore con Chatbot personalizzati
11.1.7 Futuro dei Chatbot nell'industria editoriale

11.2 Generazione di contenuti con Stack AI
11.2.1 Cosa è Stack AI e come può aiutare gli scrittori
11.2.2 Creare contenuti di alta qualità con l'assistenza di Stack AI
11.2.3 Ottimizzazione SEO per gli articoli di blog e i post sui social media
11.2.4 Automazione della ricerca e della sintesi di informazioni

11.2.5 Case study: Successi editoriali con l'uso di Stack AI
11.2.6 Limitazioni e considerazioni etiche di Stack AI
11.2.7 Guardare avanti: L'evoluzione di Stack AI e il suo impatto sul self-publishing

11.3 Creazione di Avatar con HeyGen
11.3.1 Introduzione a HeyGen: Creazione di Avatar AI
11.3.2 Personalizzare Avatar per marchi e personaggi di libri
11.3.3 Utilizzo degli Avatar nella promozione e nel marketing del libro
11.3.4 HeyGen e l'interazione con i lettori: casi d'uso
11.3.5 Integrazione di Avatar AI nei siti web e nelle piattaforme social
11.3.6 Considerazioni sulla privacy e sulla sicurezza nell'uso di Avatar AI
11.3.7 Tendenze future negli Avatar AI e potenziali impatti sul self-publishing

11.4 Chat GPT e la Rivoluzione nella Scrittura Assistita dall'IA
11.4.1 Panoramica di Chat GPT e applicazioni per scrittori
11.4.2 Generare idee e contenuti con Chat GPT
11.4.3 Personalizzazione delle risposte di Chat GPT per adattarle al tuo stile
11.4.4 Chat GPT come strumento di revisione e feedback
11.4.5 Integrare Chat GPT nel processo creativo
11.4.6 Sfide e limiti nell'uso di Chat GPT nella scrittura
11.4.7 Il futuro di Chat GPT nella scrittura e nel self-publishing

11.5 Mindset per il Successo nell'Era dell'Intelligenza Artificiale
11.5.1 Sviluppare un mindset di crescita con l'IA
11.5.2 Equilibrio tra creatività umana e intelligenza artificiale
11.5.3 Gestire le aspettative e i limiti dell'IA
11.5.4 Apprendimento continuo e adattamento alle nuove tecnologie IA
11.5.5 Costruire una comunità di supporto con altri autori IA
11.5.6 Prepararsi per il futuro: competenze essenziali nell'era dell'IA
11.5.7 Mantenere l'etica e la responsabilità nell'uso dell'IA

Capitolo 12: Propt per la scrittura di un libro

Introduzione

In un'epoca in cui la tecnologia si intreccia sempre più con la creatività umana, "Scrivere un Libro con l'IA: L'Intelligenza Artificiale nel Self-Publishing" emerge come una guida essenziale per autori, editori e creativi che desiderano esplorare le frontiere dell'innovazione letteraria. Questo libro si propone di demistificare il processo di scrittura assistita dall'intelligenza artificiale, offrendo una panoramica completa su come l'IA possa servire da musa e assistente nel processo creativo di scrittura di un libro.

Dai primi capitoli, il lettore viene introdotto ai concetti fondamentali dell'intelligenza artificiale, comprendendo come questa possa essere applicata efficacemente al self-publishing per ottimizzare la scrittura, la revisione, la progettazione della copertina e la commercializzazione di un libro. Attraverso esempi pratici, studi di caso e interviste con autori che hanno sperimentato con successo l'uso dell'IA nella loro scrittura, il libro fornisce intuizioni preziose e consigli applicabili.

La parte centrale del testo è dedicata alle piattaforme e agli strumenti di IA più efficaci disponibili per gli scrittori, dalle applicazioni per l'editing assistito dall'IA, a quelle per la generazione di contenuti creativi e la modellazione di scenari narrativi.

Vengono esplorate le potenzialità dell'IA nell'arricchire il tessuto narrativo e nel superare i blocchi creativi, sempre con un occhio critico sui limiti etici e sulla necessità di mantenere l'autenticità umana nelle opere letterarie.
Un capitolo intero è dedicato alla rivoluzione del self-publishing facilitato dall'IA, offrendo una guida passo dopo passo su come autopubblicare un libro con l'aiuto dell'intelligenza artificiale, dalla scelta della piattaforma ideale all'ottimizzazione delle vendite e alla promozione sui social media.
Infine, "Scrivere un Libro con l'IA" guarda al futuro, immaginando scenari in cui l'intelligenza artificiale potrebbe non solo assistere ma anche collaborare con gli autori nella creazione di nuove forme narrative, sfidando i confini tradizionali del racconto e aprendo le porte a un'era di sperimentazione letteraria senza precedenti.
Con uno stile accessibile ma informato, questo libro si rivela un'indispensabile risorsa per chiunque sia interessato a cavalcare l'onda dell'innovazione nel mondo dell'editoria self-publishing, sfruttando le potenzialità offerte dall'intelligenza artificiale per trasformare idee in realtà letterarie.

Capitolo 1:
Introduzione all'Intelligenza Artificiale nel Self-Publishing

1.1 Storia dell'IA nella scrittura

La storia dell'intelligenza artificiale (IA) nella scrittura è un viaggio affascinante che traccia l'evoluzione delle macchine da semplici calcolatori a sofisticati collaboratori creativi. Questo percorso ha attraversato diverse fasi, ognuna segnata da innovazioni significative che hanno ampliato le possibilità di ciò che l'IA può fare per gli scrittori e i creatori di contenuti.
Le Prime Esplorazioni: La storia dell'IA nella scrittura inizia negli anni '50 e '60 del XX secolo, con i primi esperimenti di elaborazione del linguaggio naturale (NLP) e generazione automatica di testi. Questi primi passi, sebbene rudimentali, hanno posto le basi per l'uso dell'IA nella composizione e nella manipolazione del linguaggio.
L'Ascesa della Generazione di Testo: Negli anni '80 e '90, con l'avvento dei personal computer e l'incremento della potenza di calcolo, sono stati sviluppati programmi capaci di generare poesie, racconti brevi e persino musica. Questi sistemi, sebbene ancora limitati, hanno iniziato a mostrare il potenziale creativo dell'IA.
L'Era di Internet e l'Elaborazione del Linguaggio Naturale: Con la diffusione di Internet negli anni 2000, l'accesso a enormi quantità di dati testuali ha permesso significativi progressi nel campo dell'NLP. Questo ha portato allo sviluppo di algoritmi più sofisticati per la comprensione, la traduzione e la generazione del testo, aprendo nuove frontiere per l'applicazione dell'IA nella scrittura.
L'Introduzione delle Reti Neurali e del Deep Learning: L'ultimo decennio ha visto l'ascesa delle reti neurali e del deep learning, portando a sviluppi rivoluzionari nella generazione di testo. Strumenti come GPT (Generative Pre-trained Transformer) di OpenAI hanno dimostrato capacità sorprendenti nel generare testi coerenti e in vari stili, stimolando la creatività degli scrittori e fornendo loro strumenti potenti per la co-creazione di contenuti.
 Oggi e il Futuro: Oggi, l'IA nella scrittura non si limita alla semplice generazione di testo. Strumenti basati sull'IA assistono gli scrittori in ogni fase del processo creativo, dalla generazione di idee e la ricerca, alla revisione, l'editing e persino il marketing. L'IA sta trasformando il self-publishing, rendendo la pubblicazione di libri più accessibile, efficiente e personalizzata.
L'evoluzione dell'IA nella scrittura riflette un percorso di crescita da semplici automazioni a partner creativi capaci di arricchire il

processo creativo. Mentre guardiamo al futuro, è chiaro che l'IA continuerà a svolgere un ruolo significativo nel plasmare il paesaggio della scrittura e del self-publishing, offrendo opportunità inesplorate per innovazione e espressione creativa.

1.2 Vantaggi dell'uso dell'IA nel Self-Publishing

L'impiego dell'intelligenza artificiale (IA) nel self-publishing apre un mondo di possibilità per gli autori, offrendo una serie di vantaggi che possono trasformare il processo di scrittura, pubblicazione e promozione dei propri lavori. Ecco alcuni dei principali benefici che l'IA porta nel campo del self-publishing:

1. Efficienza nel Processo Creativo: L'IA può accelerare significativamente diverse fasi del processo creativo, dalla generazione delle idee iniziali alla stesura e revisione dei testi. Strumenti di scrittura assistiti dall'IA possono suggerire sviluppi di trama, descrizioni dettagliate e dialoghi, riducendo il tempo impiegato nella scrittura e migliorando la produttività degli autori.

2. Miglioramento della Qualità dei Contenuti: Gli strumenti di editing basati sull'IA offrono un'analisi avanzata del testo che va oltre il semplice controllo grammaticale. Possono suggerire miglioramenti stilistici, rilevare incongruenze nella trama o nei personaggi, e persino valutare la leggibilità, contribuendo a elevare la qualità complessiva del lavoro.

3. Personalizzazione e Targeting: L'IA può analizzare grandi quantità di dati sui lettori e sulle loro preferenze, aiutando gli autori a personalizzare i loro libri per soddisfare gusti specifici. Questo può estendersi alla personalizzazione delle strategie di marketing e alla creazione di contenuti promozionali mirati, aumentando le possibilità di raggiungere e coinvolgere il pubblico giusto.

4. Supporto nella Pubblicazione e Distribuzione: Piattaforme di self-publishing potenziate dall'IA possono semplificare il processo di pubblicazione, aiutando nella scelta del formato più adatto, nella formattazione del testo e nella distribuzione attraverso i canali più efficaci. L'IA può anche fornire preziosi insight sul timing della pubblicazione e sulla strategia di prezzo, basati su analisi di mercato in tempo reale.

5. Ottimizzazione del Marketing e delle Vendite: L'IA offre strumenti avanzati per l'analisi delle campagne di marketing, la gestione delle ads e l'ottimizzazione della visibilità online. Attraverso l'analisi predittiva, gli autori possono identificare le migliori opportunità di vendita e adattare le loro strategie di marketing per massimizzare l'impatto.
6. Accessibilità e Riduzione dei Costi: L'IA rende più accessibili servizi un tempo costosi come la revisione professionale e il design grafico, offrendo alternative automatizzate a una frazione del

costo. Questo abbassa le barriere all'ingresso per nuovi autori e permette una più ampia distribuzione dei budget disponibili per altri aspetti del self-publishing, come il marketing.

7. Innovazione e Sperimentazione: Infine, l'IA incoraggia l'innovazione e la sperimentazione, offrendo agli autori strumenti per esplorare nuovi generi, formati narrativi e stili di scrittura. Questo può portare alla creazione di opere uniche che spingono i confini della letteratura tradizionale.

In sintesi, l'IA nel self-publishing rappresenta un potente alleato per gli autori, capace di trasformare ogni fase del processo di creazione e vendita dei libri. Fornisce non solo un supporto pratico ma anche un'opportunità per reinventare il modo in cui le storie vengono raccontate e condivise nel mondo digitale.

1.3 Panoramica degli strumenti IA disponibili per gli scrittori

L'evoluzione dell'intelligenza artificiale ha portato alla nascita di una varietà di strumenti IA progettati per assistere gli scrittori in ogni fase del processo creativo e di pubblicazione. Questi strumenti offrono funzionalità che vanno dalla generazione di idee e contenuti, all'editing e alla revisione, fino alla promozione e analisi del mercato. Ecco una panoramica dei principali tipi di strumenti IA disponibili per gli scrittori:

1. Generatori di Testo e Contenuto: Strumenti come GPT-3 di OpenAI e altri basati su tecnologie di apprendimento automatico possono produrre testo coeso e contestualmente rilevante su richiesta. Questi possono essere utilizzati per generare idee di storie, dialoghi, descrizioni di personaggi o ambientazioni, e persino interi articoli o capitoli di libri.

2. Assistenza alla Scrittura e Editing: Piattaforme come Grammarly e Hemingway App utilizzano l'IA per offrire suggerimenti avanzati sulla grammatica, la punteggiatura, lo stile e la chiarezza. Alcuni strumenti offrono anche funzionalità specifiche per migliorare la narrativa e la struttura dei testi.

3. Ricerca e Organizzazione del Contenuto: Strumenti come Evernote e Notion possono utilizzare l'IA per aiutare nella raccolta, organizzazione e ricerca di note, ricerche e riferimenti, semplificando la gestione delle informazioni durante la fase di pianificazione e scrittura.

4. Analisi dei Sentimenti e del Pubblico: Strumenti basati sull'IA sono capaci di analizzare i sentimenti e le reazioni del pubblico sui social media e sul web, offrendo agli scrittori insight preziosi sulle preferenze del loro target di lettori e suggerendo possibili modifiche o adattamenti.

5. Creazione e Design di Copertine: L'IA può anche assistere nella creazione di copertine attraenti per i libri, utilizzando strumenti come Canva, che offre template basati su IA e suggerimenti di design personalizzati in base al genere e al contenuto del libro.

6. Pubblicazione e Distribuzione Assistite: Piattaforme di self-publishing come Amazon KDP utilizzano algoritmi di IA per aiutare gli autori nella scelta delle categorie e delle parole chiave, massimizzando la visibilità e l'impatto dei loro libri sui mercati online.

7. Marketing e Promozione: Strumenti di marketing basati sull'IA, come quelli offerti da platforms come AdEspresso o Mailchimp, possono ottimizzare le campagne pubblicitarie e le strategie di email marketing, targettizzando efficacemente i lettori potenzialmente interessati e analizzando i dati di performance per migliorare le future campagne.

8. Feedback e Revisione dei Lettori: Piattaforme come Wattpad utilizzano l'IA per analizzare le reazioni dei lettori e fornire agli autori feedback utili sulla popolarità e sulla ricezione delle loro opere, guidandoli nel processo di revisione e miglioramento.

La disponibilità di questi strumenti IA apre nuovi orizzonti per gli scrittori, permettendo loro di sfruttare la potenza dell'intelligenza artificiale per superare le sfide tradizionali del processo di scrittura e pubblicazione. Che si tratti di superare il blocco dello scrittore, migliorare la qualità del testo, o raggiungere il pubblico giusto, esiste quasi certamente uno strumento IA che può aiutare.

1.4 Sfide e soluzioni nell'uso dell'IA per la scrittura

L'utilizzo dell'intelligenza artificiale nella scrittura presenta una serie di sfide uniche. Tuttavia, per ogni ostacolo, emergono soluzioni innovative che aiutano gli scrittori a sfruttare al meglio le potenzialità dell'IA. Esaminiamo alcune delle principali sfide e le relative soluzioni:

Sfida 1: Perdita dell'Originalità e della Voce Unica dell'Autore
Soluzione: Personalizzazione avanzata degli strumenti IA. Gli scrittori possono affinare gli strumenti IA fornendo esempi del proprio lavoro, permettendo così all'IA di adattarsi al loro stile unico. L'uso dell'IA come assistente, piuttosto che come sostituto, consente di mantenere l'autenticità della voce narrativa.

Sfida 2: Qualità e Pertinenza del Contenuto Generato
Soluzione: Feedback iterativo e miglioramento continuo. Gli scrittori possono migliorare la qualità del contenuto IA attraverso cicli iterativi di feedback, permettendo all'algoritmo di apprendere dalle correzioni e dalle preferenze. La supervisione umana rimane cruciale per assicurare la pertinenza e la coerenza del testo generato.

Sfida 3: Dipendenza eccessiva dall'IA
Soluzione: Educazione e consapevolezza. Gli scrittori dovrebbero essere educati sull'uso appropriato degli strumenti IA, comprendendo i limiti e le potenzialità. La chiave sta nel trovare un equilibrio tra assistenza tecnologica e creatività umana, evitando una dipendenza che potrebbe limitare l'innovazione personale.

Sfida 4: Problemi di Etica e Proprietà Intellettuale
Soluzione: Normative chiare e trasparenza. È fondamentale stabilire linee guida etiche e legali chiare riguardo all'uso del contenuto generato dall'IA, comprese le questioni di diritto d'autore e proprietà intellettuale. La trasparenza nell'uso degli strumenti IA e il riconoscimento del loro ruolo nel processo creativo sono essenziali.

Sfida 5: Accessibilità e Costi degli Strumenti IA
Soluzione: Promozione dell'accesso democratizzato e sviluppo di soluzioni open-source. L'industria dovrebbe lavorare verso la riduzione dei costi e l'aumento dell'accessibilità degli strumenti IA per gli scrittori, inclusa la disponibilità di opzioni open-source e di piani tariffari flessibili per gli indipendenti.

Sfida 6: Sovraccarico di Informazioni e Analisi
Soluzione: Strumenti IA integrati e interfacce semplificate.

Gli sviluppatori di strumenti IA possono aiutare gli scrittori a navigare nel mare di dati e analisi offrendo dashboard intuitive e filtri personalizzabili, permettendo così di concentrarsi sulle informazioni più rilevanti per i loro progetti.

Sfida 7: Mantenimento dell'Engagement del Lettore
Soluzione: Integrazione di feedback dei lettori nell'IA. Utilizzare le piattaforme di pubblicazione e social media per raccogliere feedback dei lettori sull'efficacia del contenuto IA, consentendo agli algoritmi di adattarsi per massimizzare l'engagement e la soddisfazione del pubblico.

Affrontare queste sfide richiede un approccio equilibrato che valorizzi tanto l'innovazione tecnologica quanto l'intuito e la creatività umana. L'obiettivo non è sostituire l'autore con la macchina, ma piuttosto utilizzare l'IA come uno strumento che può amplificare le capacità creative, rendere il processo di scrittura più efficiente e aprire nuove vie per l'espressione narrativa.

1.5 Esempi di successo nel Self-Publishing con l'IA

L'impiego dell'intelligenza artificiale (IA) nel self-publishing ha già prodotto storie di successo notevoli, dimostrando il potenziale di questa tecnologia nel trasformare non solo il processo di scrittura ma anche di pubblicazione e promozione. Di seguito, alcuni esempi emblematici di come l'IA può portare al successo nel campo del self-publishing:

1. Generazione di Bestseller con l'IA: Alcuni autori hanno utilizzato l'IA per raffinare le loro opere, sfruttando strumenti di editing basati su IA per migliorare la leggibilità e l'attrattiva dei loro manoscritti. Questo approccio ha portato alla pubblicazione di libri che hanno raggiunto le vette delle classifiche di vendita su piattaforme come Amazon, grazie alla precisione e all'efficienza dell'editing assistito dall'IA.

2. Personalizzazione della Narrativa: Autori che sperimentano con narrativa interattiva o personalizzata hanno utilizzato l'IA per creare storie che si adattano alle preferenze dei lettori, offrendo esperienze di lettura uniche. Questo non solo ha aumentato l'engagement dei lettori ma ha anche aperto nuove vie di monetizzazione per gli scrittori attraverso opere più personalizzate e coinvolgenti.

3. Automazione nella Creazione di Serie di Libri: Utilizzando l'IA per generare idee di trama e sviluppare personaggi, alcuni autori sono stati in grado di produrre serie di libri in tempi record, mantenendo alta la coerenza e la qualità delle storie. Questo ha permesso loro di capitalizzare rapidamente il successo di un libro, mantenendo l'interesse dei lettori con pubblicazioni successive in tempi brevi.

4. Successo nel Marketing e nelle Vendite con l'Analisi Predittiva: Autori e self-publisher hanno sfruttato strumenti di IA per analizzare tendenze del mercato, comportamenti dei lettori e performance di vendita, ottimizzando le loro strategie di marketing e pubblicità. Ciò ha portato a campagne di marketing più mirate e efficaci, incrementando la visibilità dei libri e le vendite complessive.

5. Copertine Ottimizzate con l'IA: L'uso di strumenti di design basati sull'IA per creare copertine ha permesso a molti self-publisher di attirare l'attenzione sui loro libri con design accattivanti e professionali. Alcuni di questi strumenti utilizzano l'analisi dei dati per suggerire elementi di design che sono più probabilmente

attraenti per il pubblico target del libro, migliorando l'impatto visivo e l'attrattiva.

6. Pubblicazione Agile e Adattiva: Utilizzando feedback e analisi dei dati forniti da strumenti IA, alcuni autori sono stati in grado di adattare rapidamente i loro libri in risposta ai feedback dei lettori, migliorando continuamente la qualità e la rilevanza delle loro opere. Questa capacità di iterazione rapida è stata fondamentale per il mantenimento dell'interesse e dell'engagement dei lettori.
Questi esempi dimostrano il vasto potenziale dell'IA nel self-publishing, offrendo agli autori strumenti potenti per migliorare la qualità delle loro opere, ottimizzare il processo di pubblicazione e massimizzare il successo sul mercato. Mentre l'IA continua a evolversi, è probabile che vedremo ancora più storie di successo emergere in questo campo.

1.6 Considerazioni etiche sull'uso dell'IA nella creazione di contenuti

L'utilizzo dell'intelligenza artificiale (IA) nella creazione di contenuti, inclusa la scrittura e il self-publishing, solleva una
serie di questioni etiche significative. La riflessione su queste questioni è fondamentale per garantire che l'uso dell'IA avvenga in modo responsabile e rispettoso dei diritti umani, della creatività e dell'integrità intellettuale. Ecco alcune considerazioni etiche chiave:

1. Autenticità e Originalità**: Uno dei principali dilemmi etici riguarda l'autenticità e l'originalità dei contenuti generati dall'IA.
È etico presentare un lavoro generato dall'IA come proprio? In che misura gli autori dovrebbero rivelare l'uso dell'IA nel processo creativo? Queste domande sollecitano una riflessione sulla trasparenza e sull'onestà verso i lettori.

2. Diritti d'Autore e Proprietà Intellettuale**: L'IA spesso apprende e genera contenuti basandosi su vasti dataset composti da
opere esistenti. Questo solleva interrogativi su chi detenga i diritti d'autore del contenuto generato e su come vengano gestiti i diritti delle opere originali utilizzate per l'addestramento dell'IA. È cruciale sviluppare linee guida chiare per proteggere la proprietà intellettuale e assicurare una giusta remunerazione agli autori originali.

3. Impatto sulla Professione di Scrittore**: Mentre l'IA può migliorare l'efficienza e aprire nuove possibilità creative, esiste anche la preoccupazione che possa diminuire il valore percepito del lavoro umano nella scrittura, o addirittura sostituire gli scrittori in alcuni contesti. È importante considerare come l'IA possa essere utilizzata per complementare piuttosto che sostituire la creatività umana, valorizzando la voce unica e l'esperienza personale che gli scrittori portano nelle loro opere.

4. Accessibilità e Disuguaglianza**: L'accesso agli strumenti di
IA più avanzati può essere costoso o tecnicamente impegnativo, potenzialmente creando un divario tra gli autori che possono permetterseli e quelli che non possono. Questo solleva questioni di equità e inclusività nel self-publishing, sottolineando la necessità di rendere la tecnologia IA accessibile a un pubblico più ampio.

5. Bias e Discriminazione**: Gli algoritmi di IA possono incorporare e perpetuare i pregiudizi esistenti nei dati su cui sono addestrati.
È fondamentale affrontare attivamente il rischio che i contenuti

generati o influenzati dall'IA possano rafforzare stereotipi dannosi o discriminare certi gruppi di persone. Questo richiede un impegno costante nella de-biasing delle tecnologie di IA e nella promozione della diversità e dell'inclusione nei contenuti generati.

6. Impatto Sociale e Culturale**: Infine, è necessario considerare l'impatto più ampio dell'uso dell'IA nella creazione di contenuti sul tessuto sociale e culturale. Come influenzerà l'IA la diversità delle narrazioni e delle prospettive culturali? Gli autori e gli sviluppatori di IA devono essere consapevoli del loro ruolo nel modellare il panorama culturale e lavorare per garantire che l'IA venga utilizzata in modo che arricchisca e diversifichi le espressioni creative anziché omogeneizzarle.

Affrontare queste considerazioni etiche richiede un dialogo aperto tra sviluppatori di IA, scrittori, editori, lettori e legislatori. Solo attraverso una collaborazione attenta e riflessiva è possibile navigare i complessi dilemmi etici presentati dall'uso dell'IA nella creazione di contenuti, assicurando che il suo impiego promuova l'innovazione responsabile e rispettosa dei valori umani fondamentali.

1.7 Come l'IA sta cambiando il panorama editoriale

L'introduzione dell'intelligenza artificiale (IA) nel settore editoriale sta avendo un impatto trasformativo, modificando radicalmente le modalità di creazione, pubblicazione e promozione dei contenuti. Questa rivoluzione tocca tutti gli aspetti del panorama editoriale, offrendo opportunità senza precedenti ma anche presentando nuove sfide. Ecco come l'IA sta cambiando il settore:

1. Efficienza nella Produzione di Contenuti: L'IA può generare rapidamente bozze, riassunti, e persino interi articoli o capitoli di libri basati su specifiche prompt o dati di input. Questo accelera significativamente il processo di scrittura, permettendo agli autori e agli editori di produrre contenuti ad un ritmo precedentemente impensabile.

2. Personalizzazione e Adattamento: Strumenti di IA sono capaci di analizzare i comportamenti e le preferenze dei lettori per offrire contenuti altamente personalizzati. Questa capacità di adattamento non solo migliora l'esperienza del lettore ma può anche aprire nuove nicchie di mercato per editori e autori.

3. Supporto all'Editing e alla Revisione: L'IA offre strumenti avanzati per il controllo grammaticale, la coerenza stilistica, e persino la verifica dei fatti, rendendo il processo di revisione più rapido ed efficace. Questo eleva il livello qualitativo dei contenuti pubblicati e riduce il carico di lavoro sugli editori.

4. Ottimizzazione del Marketing e delle Vendite: L'IA analizza grandi volumi di dati per identificare tendenze del mercato e comportamenti dei consumatori, permettendo una segmentazione del pubblico e un targeting delle campagne di marketing più precisi. Questo aumenta significativamente l'efficacia delle strategie di vendita e promozione.

5. Nuove Forme di Narrazione: L'IA apre le porte a formati narrativi innovativi, come storie interattive o personalizzate in base alle scelte o ai feedback del lettore. Questo non solo arricchisce l'esperienza narrativa ma offre anche agli autori nuovi strumenti espressivi.

6. Democratizzazione del Self-Publishing: Strumenti basati sull'IA rendono più accessibile il processo di pubblicazione, offrendo ai self-publisher risorse per l'editing, il design della copertina, la formattazione e la distribuzione che erano precedentemente disponibili solo attraverso case editrici tradizionali.

7. Analisi e Previsioni di Mercato: L'IA consente di prevedere le tendenze di mercato e di valutare il potenziale successo di un libro prima della sua pubblicazione, offrendo agli editori strumenti preziosi per la pianificazione strategica.

8. Sfide Etiche e Professionali: L'ascesa dell'IA solleva questioni etiche sulla proprietà intellettuale, l'originalità dei contenuti e l'impatto sul ruolo tradizionale degli autori e degli editori. Queste sfide richiedono una riflessione approfondita e lo sviluppo di nuove norme e standard etici.

In conclusione, l'IA sta cambiando il panorama editoriale in modi che erano difficilmente immaginabili solo un decennio fa. Sebbene questa trasformazione offra opportunità entusiasmanti per innovare e raggiungere i lettori in modi nuovi e personalizzati, richiede anche un'attenta navigazione delle sfide etiche e professionali. Il futuro del settore editoriale sarà senza dubbio segnato da un equilibrio tra le potenzialità offerte dall'IA e la preservazione dei valori fondamentali di creatività, autenticità e integrità intellettuale.

1.8 L'IA e la proprietà intellettuale: cosa bisogna sapere

L'avvento dell'intelligenza artificiale (IA) nel campo della creazione di contenuti ha sollevato questioni complesse relative alla proprietà intellettuale. L'uso dell'IA nella scrittura, nel design, nella musica e in altre forme d'arte pone interrogativi su chi detenga i diritti d'autore sui contenuti generati dall'IA e su come questi diritti debbano essere gestiti. Ecco alcuni aspetti fondamentali da considerare:

1. Creazione Assistita da IA vs Creazione Autonoma: Esiste una distinzione significativa tra i contenuti creati con l'assistenza dell'IA, dove l'umano gioca un ruolo attivo nel processo creativo, e i contenuti generati autonomamente dall'IA. Questa distinzione è cruciale per determinare la proprietà intellettuale, poiché le leggi attuali tendono a favorire la protezione dei contributi umani.

2. Diritti d'Autore e IA: La maggior parte delle legislazioni richiede un "atto di creatività umana" per l'assegnazione dei diritti d'autore. Ciò significa che i contenuti generati autonomamente dall'IA potrebbero non qualificarsi automaticamente per la protezione dei diritti d'autore, sollevando questioni su chi detenga i diritti sui contenuti generati: lo sviluppatore dell'IA, l'utente dell'IA, o nessuno dei due.

3. Utilizzo di Dati per l'Addestramento dell'IA: Gli algoritmi di IA richiedono enormi dataset per l'addestramento, spesso composti da opere coperte da diritto d'autore. La legalità di questo utilizzo sotto le leggi esistenti sulla proprietà intellettuale è ancora oggetto di dibattito, con implicazioni per gli sviluppatori di IA e per i detentori dei diritti originali.

4. Implicazioni per gli Autori e i Creatori: Gli autori che utilizzano strumenti di IA per assistere nella creazione dei loro lavori devono considerare attentamente le implicazioni per i diritti d'autore, in particolare se e come l'uso dell'IA influisce sulla loro capacità di rivendicare la piena proprietà intellettuale sui loro lavori.

5. Patenti e Invenzioni Create da IA: Al di là della scrittura e dell'arte, l'IA viene utilizzata anche per generare invenzioni o scoperte scientifiche. La questione di se una macchina possa essere considerata un inventore sotto le leggi attuali sulle patenti è una sfida emergente, con potenziali impatti sulla proprietà intellettuale e l'innovazione.

6. Necessità di Nuove Leggi: Le sfide poste dall'IA alla proprietà intellettuale suggeriscono che potrebbero essere necessarie

nuove leggi e regolamentazioni per affrontare adeguatamente questi temi. Questo include la possibile estensione della protezione dei diritti d'autore ai contenuti generati da IA o la creazione di nuove categorie di protezione.

7. Accordo sui Diritti d'Utilizzo: Nel frattempo, è essenziale per gli autori, gli artisti e gli sviluppatori di IA negoziare accordi chiari sui diritti d'utilizzo dei contenuti generati da IA, assicurando che tutti i contributi siano adeguatamente riconosciuti e remunerati.
Navigare il paesaggio della proprietà intellettuale nell'era dell'IA richiede una comprensione approfondita delle leggi esistenti e una consapevolezza delle questioni emergenti. Collaborazioni trasparenti e un dialogo continuo tra sviluppatori di IA, creatori, legali e legislatori saranno essenziali per sviluppare un quadro che rispetti sia l'innovazione che i diritti dei creatori.

1.9 Prepararsi mentalmente all'uso dell'IA nella scrittura

L'adozione dell'intelligenza artificiale (IA) nella scrittura richiede non solo una comprensione tecnica degli strumenti a disposizione, ma anche una preparazione mentale per navigare i cambiamenti che questi strumenti portano nel processo creativo. Ecco alcuni consigli per prepararsi mentalmente all'utilizzo dell'IA nella scrittura:

1. Mantenere una Mentalità Aperta: Accogliere l'IA nel processo di scrittura richiede un approccio aperto e curioso. Considera l'IA come uno strumento che può ampliare le possibilità creative piuttosto che come una minaccia alla creatività umana.

2. Definire il Ruolo dell'IA: Prima di iniziare, chiarisci con te stesso in che modo intendi utilizzare l'IA. Sarà uno strumento per generare idee, assistere nell'editing, o per altri aspetti del processo di scrittura? Avere un'idea chiara del suo ruolo può aiutare a integrarlo in modo più efficace.

3. Gestire le Aspettative: Mentre l'IA può essere estremamente utile, ha anche i suoi limiti. È importante gestire le aspettative su ciò che l'IA può effettivamente fare e essere pronto a intervenire dove la sua comprensione o la sua capacità di creare potrebbe essere limitata.

4. Valorizzare la Creatività Umana: Ricorda che la tua voce unica e la tua prospettiva umana sono ciò che realmente danno valore ai tuoi scritti. L'IA può assistere e migliorare il processo, ma la scintilla creativa e il tocco finale dovrebbero sempre provenire da te.

5. Sviluppare Nuove Competenze: Familiarizza con i vari strumenti di IA disponibili e sviluppa le competenze necessarie per utilizzarli efficacemente. Questo potrebbe includere l'apprendimento di come formulare prompt efficaci per generatori di testo basati su IA o come interpretare e applicare i suggerimenti di editing forniti da strumenti di IA.

6. Affrontare le Questioni Etiche: Rifletti sulle implicazioni etiche dell'utilizzo dell'IA nella scrittura, inclusa la questione della proprietà intellettuale e dell'autenticità dei contenuti. Essere consapevole di queste questioni può guidarti nel prendere decisioni informate su come e quando utilizzare l'IA.

7. Bilanciare l'Uso dell'IA: Trova un equilibrio tra l'utilizzo dell'IA e il mantenimento del controllo manuale sul processo di scrittura. L'IA dovrebbe servire come un complemento alla tua creatività, non come un sostituto.

8. Mantenere una Prospettiva a Lungo Termine: Considera come l'uso dell'IA nella scrittura possa evolversi nel tempo e come potresti adattare le tue abitudini di lavoro e il tuo stile di scrittura in risposta ai cambiamenti tecnologici.

9. Supporto e Comunità: Cerca il supporto di altri scrittori che utilizzano l'IA. Condividere esperienze, consigli e best practices può essere estremamente utile per navigare insieme i cambiamenti portati dall'IA nel mondo della scrittura.

Prepararsi mentalmente all'uso dell'IA nella scrittura implica accettare il cambiamento, adattarsi e sfruttare le nuove opportunità, mantenendo al contempo una connessione forte e autentica con il proprio processo creativo e i propri valori come scrittore.

1.10 Risorse e comunità online per scrittori che utilizzano l'IA

L'uso dell'intelligenza artificiale (IA) nella scrittura è una frontiera in rapida espansione, con molte risorse e comunità online disponibili per supportare gli scrittori che desiderano esplorare questa tecnologia. Ecco alcune risorse e comunità che possono offrire assistenza, ispirazione e supporto:

1. Forum e Gruppi di Discussione
Reddit: Piattaforme come Reddit ospitano comunità (subreddits) dedicate a specifici aspetti dell'IA, come r/MachineLearning, r/artificial, e r/WriteWithAI, dove gli utenti possono condividere esperienze, porre domande e trovare risorse relative all'uso dell'IA nella scrittura.
Facebook e LinkedIn: Gruppi su Facebook e LinkedIn dedicati alla scrittura con l'IA offrono spazi per la discussione, il networking e la condivisione di risorse tra professionisti e appassionati.

2. Blog e Siti Web
Towards Data Science: Un sito che pubblica articoli sulla data science che includono spesso argomenti relativi all'IA applicata alla scrittura e alla creatività.
OpenAI Blog: Fornisce aggiornamenti e ricerche sulle ultime innovazioni in materia di IA, compresi strumenti come GPT-3 che hanno applicazioni dirette nella scrittura.

3. Corsi e Tutorial Online
Coursera e Udemy: Offrono corsi su intelligenza artificiale e machine learning che possono aiutare gli scrittori a capire meglio le tecnologie sottostanti. Alcuni corsi sono specificamente dedicati all'IA nella creatività e nella scrittura.
YouTube: Una risorsa inestimabile per tutorial gratuiti su come utilizzare specifici strumenti di IA per la scrittura, con consigli pratici e dimostrazioni.

4. Strumenti e Piattaforme di Scrittura Assistiti da IA
OpenAI's GPT-3: Offre un'API che può essere integrata in applicazioni di scrittura per generare contenuti testuali. Grammarly e Hemingway Editor: Forniscono feedback in tempo reale su grammatica, chiarezza e stile di scrittura, utilizzando
algoritmi di IA per migliorare la qualità del testo.

5. Comunità di Sviluppatori e Creativi
GitHub: Molti progetti di IA open source sono disponibili su GitHub, fornendo codice e strumenti che gli scrittori possono esplorare e utilizzare per i propri progetti di scrittura assistita da IA.

Hackathons e Competizioni: Eventi online come hackathons offrono opportunità per scrittori e sviluppatori di collaborare su progetti di IA, spesso con un focus sulla creatività e sulla narrazione.

6. Newsletter e Riviste Digitali

Import AI: Una newsletter settimanale che copre le ultime novità nel campo dell'IA, con insights utili per chi è interessato all'IA applicata alla scrittura.

Medium: Numerosi autori pubblicano articoli su Medium che esplorano l'uso dell'IA nella scrittura, condividendo le loro esperienze e lezioni apprese.

Esplorando queste risorse e partecipando alle comunità online, gli scrittori possono non solo rimanere aggiornati sulle ultime tendenze e strumenti di IA ma anche trovare supporto e ispirazione da altri che condividono i loro interessi. La chiave è essere proattivi nell'apprendimento e aperti alla collaborazione e alla condivisione di conoscenze all'interno di queste comunità.

Capitolo 2:
Preparazione alla Scrittura con l'IA

2.1 Scegliere il giusto software di scrittura assistita dall'IA

La scelta del software di scrittura assistita dall'IA più adatto alle proprie esigenze è un passo fondamentale per integrare efficacemente l'intelligenza artificiale nel proprio processo creativo. La varietà di strumenti disponibili può sembrare travolgente, ma valutando attentamente alcune caratteristiche chiave, è possibile identificare la soluzione più appropriata. Ecco alcuni criteri da considerare nella selezione:

1. Facilità d'Uso: L'interfaccia utente del software dovrebbe essere intuitiva e accessibile anche per chi non ha competenze tecniche avanzate. La facilità d'uso è cruciale per garantire che tu possa concentrarti sulla scrittura senza distrazioni.

2. Capacità di Generazione e Adattabilità: Valuta la qualità del testo generato dall'IA e in che misura il software può adattarsi al tuo stile di scrittura e alle tue esigenze specifiche. Alcuni strumenti offrono opzioni avanzate per personalizzare il tono, lo stile e il focus dei contenuti generati.

3. Supporto alla Revisione e all'Editing: Oltre alla generazione di testo, è utile che il software offra funzionalità di revisione e editing assistite da IA, come suggerimenti per migliorare la grammatica, la chiarezza e la coerenza del testo.

4. Integrazione con Altri Strumenti: La capacità di integrarsi con altre applicazioni e servizi che utilizzi può aumentare significativamente la produttività. Verifica se il software si integra bene con piattaforme di editing, gestione progetti e pubblicazione.

5. Rispetto della Privacy e Sicurezza: Considera come il software gestisce i tuoi dati e i tuoi scritti. È fondamentale scegliere strumenti che garantiscano la protezione della tua privacy e la sicurezza dei tuoi contenuti.

6. Costo e Modello di Pricing: Esamina il modello di pricing del software per assicurarti che si adatti al tuo budget. Molti strumenti offrono piani gratuiti con funzionalità limitate, mentre versioni più avanzate possono richiedere un abbonamento.

7. Feedback e Recensioni degli Utenti: Ricerca feedback e recensioni da parte di altri scrittori che hanno utilizzato il software. Le loro esperienze possono offrirti preziose indicazioni sulla performance e sull'affidabilità dello strumento.

8. Possibilità di Testare il Software: Infine, verifica se è disponibile una versione di prova gratuita o una demo. Testare personalmente il software è il modo migliore per valutare se soddisfa le tue esigenze.
Alcuni esempi di software di scrittura assistita dall'IA popolari tra gli scrittori includono:
GPT-3 di OpenAI: per la generazione di testo creativo e la costruzione di narrazioni.
Grammarly: per editing e suggerimenti stilistici basati su IA.
Scrivener: nonostante non sia basato sull'IA, può essere integrato con strumenti di IA per una gestione avanzata dei progetti di scrittura.
ShortlyAI e Jasper (precedentemente noto come Jarvis): strumenti focalizzati sulla generazione di contenuti che possono assistere nella stesura rapida di bozze e idee.
Scegliere il software giusto richiede una valutazione attenta delle proprie necessità e preferenze. Prenditi il tempo per esplorare diverse opzioni e sperimentare con gli strumenti disponibili per trovare quello che meglio si adatta al tuo metodo di lavoro e ai tuoi obiettivi di scrittura.

2.2 Impostare il tuo progetto di scrittura per l'IA

Integrare l'intelligenza artificiale (IA) nel tuo progetto di scrittura richiede una preparazione attenta per massimizzare i benefici offerti da questa tecnologia. Ecco alcuni passaggi chiave per impostare correttamente il tuo progetto di scrittura per l'IA:

1. Definire l'Obiettivo e lo Scopo: Prima di iniziare, è fondamentale avere una chiara comprensione dell'obiettivo del tuo progetto di scrittura. Chiediti che tipo di contenuto vuoi creare, quale messaggio o storia vuoi raccontare e come l'IA può assisterti in questo processo. Avere un obiettivo definito ti aiuterà a scegliere gli strumenti di IA più adatti alle tue esigenze.

2. Selezione dello Strumento di IA: In base all'obiettivo del tuo progetto, seleziona lo strumento di scrittura assistita dall'IA che meglio si adatta alle tue esigenze. Considera fattori come la facilità d'uso, le capacità di generazione di testo, le funzionalità di editing e revisione, e il costo. Non esitare a sperimentare con diversi strumenti prima di prendere una decisione.

3. Raccolta e Organizzazione dei Dati: Molti strumenti di IA richiedono input specifici o dati per generare contenuti pertinenti. Raccogli tutte le informazioni, ricerche, note e risorse che potresti voler incorporare nel tuo progetto. Organizza questi dati in modo che siano facilmente accessibili e utilizzabili dallo strumento di IA scelto.

4. Impostazione del Workflow: Definisci un workflow che integri l'IA nel tuo processo di scrittura. Decidi in quali fasi del processo l'IA sarà più utile, che sia nella generazione di idee iniziali, nella stesura di bozze, nell'editing o nella revisione. Stabilire un workflow chiaro ti aiuterà a utilizzare efficacemente l'IA senza interrompere il tuo flusso creativo.

5. Creazione di Prompt Efficaci: Imparare a creare prompt efficaci è cruciale quando si utilizzano strumenti di IA per la generazione di testo. I prompt dovrebbero essere chiari, specifici e diretti per ottenere i migliori risultati. La pratica e l'esperimentazione ti aiuteranno a perfezionare questa abilità.

6. Gestione delle Aspettative: Sii realistico riguardo a ciò che l'IA può fare e comprendi i suoi limiti. Mentre l'IA può accelerare certi aspetti del processo di scrittura e offrire nuove prospettive, la revisione umana e l'intervento creativo rimangono essenziali per produrre contenuti di alta qualità.

7. Revisione e Iterazione: Considera l'IA come uno strumento iterativo. Basandoti sul feedback e sui risultati ottenuti, potresti dover affinare i tuoi input e adattare il tuo approccio per migliorare la qualità dei contenuti generati.

8. Focus sulla Collaborazione: Tratta l'IA come un partner collaborativo nel processo creativo. Lascia che l'IA ispiri nuove idee e prospettive, ma mantieni il controllo editoriale finale per assicurarti che il risultato rifletta la tua visione e voce unica.

Preparare il tuo progetto di scrittura per l'integrazione con l'IA è un processo che richiede attenzione e adattamento. Sfruttando al meglio le capacità dell'IA e combinandole con il tuo ingegno e creatività, puoi trasformare il modo in cui crei, elabori e finalizzi i tuoi lavori scritti.

2.3 Definire gli obiettivi di scrittura e il pubblico target

Una fase cruciale nella preparazione di un progetto di scrittura, soprattutto quando si intende utilizzare l'intelligenza artificiale (IA), è la definizione chiara degli obiettivi di scrittura e la comprensione del pubblico target. Questi elementi guideranno non solo la selezione degli strumenti di IA più adeguati, ma influenzeranno anche il modo in cui questi strumenti verranno utilizzati nel processo creativo. Ecco alcuni passaggi per definire efficacemente obiettivi e pubblico:

1. Specificare gli Obiettivi di Scrittura: Inizia con una definizione chiara e concisa di ciò che intendi ottenere con il tuo progetto. Questo potrebbe variare dal desiderio di informare o educare, a quello di intrattenere o ispirare. Gli obiettivi possono essere specifici, come scrivere un romanzo di un certo genere, creare contenuti per un blog su un argomento preciso, o più generali, come migliorare le tue abilità di scrittura o esplorare nuove forme narrative.

2. Identificare il Pubblico Target: Chi vuoi che legga il tuo lavoro? Avere una comprensione chiara del tuo pubblico target, inclusi i loro interessi, esigenze, livello di conoscenza sull'argomento, e preferenze di lettura, ti aiuterà a personalizzare il tono, lo stile e il contenuto dei tuoi scritti. Questo passaggio è fondamentale per garantire che il messaggio raggiunga e risuoni con i lettori.

3. Adattare l'Uso dell'IA agli Obiettivi e al Pubblico: Una volta definiti gli obiettivi e il pubblico, seleziona e configura gli strumenti di IA per allinearli a questi. Ad esempio, se stai scrivendo un articolo tecnico per un pubblico esperto, potresti utilizzare l'IA per generare contenuti dettagliati e tecnicamente accurati. Se invece il tuo obiettivo è scrivere narrativa per un pubblico giovane adulto, potresti optare per strumenti di IA che aiutano a creare dialoghi dinamici e trame coinvolgenti.

4. Considerare le Esigenze del Pubblico nella Generazione di Contenuti: Usa la tua comprensione del pubblico per guidare la generazione di contenuti con l'IA. Ad esempio, la selezione del vocabolario, il tono del testo e il livello di complessità dovrebbero essere adeguati al pubblico che intendi raggiungere.

5. Sperimentazione e Feedback: Non esitare a sperimentare con diversi approcci e strumenti di IA per vedere cosa funziona meglio per il tuo progetto e il tuo pubblico. Cerca feedback dai lettori o da altri scrittori per affinare ulteriormente il tuo utilizzo dell'IA in

relazione agli obiettivi di scrittura e al pubblico target.

6. Flessibilità e Adattamento: Sii pronto a rivedere e adattare sia gli obiettivi di scrittura che la comprensione del tuo pubblico man mano che ricevi più informazioni e feedback. Il processo creativo è dinamico, e l'uso efficace dell'IA richiede una continua evoluzione e adattamento.

Definire con precisione gli obiettivi di scrittura e il pubblico target non solo migliorerà la qualità e la rilevanza dei tuoi lavori, ma ti permetterà anche di utilizzare l'IA in modo più mirato e efficace, potenziando il tuo processo creativo e massimizzando l'impatto dei tuoi scritti.

2.4 Adattare il workflow di scrittura all'IA

Integrare l'intelligenza artificiale (IA) nel tuo processo di scrittura richiede un adattamento del tuo workflow esistente per massimizzare i benefici e l'efficienza di questa tecnologia. Ecco alcuni consigli per adattare il tuo workflow di scrittura all'uso dell'IA:

1. Integrazione Iniziale: Inizia con l'identificare le fasi del tuo processo di scrittura dove l'IA può essere più utile. Potrebbe trattarsi della generazione di idee, della stesura di bozze, dell'editing, o della ricerca. Integra gli strumenti di IA gradualmente, iniziando da quelli che ti sembrano poter avere l'impatto maggiore.

2. Definizione dei Compiti per l'IA: Specifica chiaramente quali compiti saranno affidati all'IA. Ciò può variare dal generare titoli accattivanti, creare outline di capitoli, suggerire miglioramenti stilistici, fino a effettuare revisioni grammaticali. Avere una comprensione chiara del ruolo dell'IA ti aiuterà a utilizzarla più efficacemente.

3. Elaborazione di Prompt Efficaci: Impara a formulare prompt chiari e dettagliati per guidare la generazione di contenuti da parte dell'IA. La capacità di scrivere prompt efficaci è fondamentale per ottenere risultati pertinenti e di alta qualità.

4. Revisione e Feedback Umano: Stabilisci punti di controllo regolari nel tuo workflow dove valuti e modifichi il lavoro generato dall'IA. È importante mantenere un ruolo attivo nel processo di revisione per assicurare che il contenuto finale rifletta la tua voce e soddisfi gli standard qualitativi.

5. Iterazione e Miglioramento Continuo: Utilizza l'IA come uno strumento iterativo. Basandoti sui risultati e sul feedback, affina continuamente i tuoi input e il modo in cui utilizzi l'IA per migliorare la qualità e la pertinenza dei contenuti generati.

6. Gestione del Tempo: Riconsidera la gestione del tuo tempo tenendo conto delle efficienze apportate dall'IA. Potresti scoprire che alcune fasi del processo di scrittura sono notevolmente accelerate, permettendoti di dedicare più tempo alla ricerca, alla revisione o alla promozione del tuo lavoro.

7. Adattabilità: Rimani aperto all'adattamento del tuo workflow in risposta alle nuove tecnologie di IA e ai feedback. L'ambito dell'IA è in rapida evoluzione, e nuovi strumenti o funzionalità potrebbero

offrirti modi ancora più efficaci di integrare l'IA nel tuo processo di scrittura.

8. Formazione e Aggiornamento: Impegnati in un'apprendimento continuo per rimanere aggiornato sulle ultime tecnologie di IA
e sulle migliori pratiche per il loro utilizzo. Ciò può includere la partecipazione a workshop, la lettura di articoli, o lo scambio di esperienze con altri scrittori che utilizzano l'IA.
Adattare il tuo workflow di scrittura all'IA non significa solo implementare nuovi strumenti tecnologici, ma anche adottare
un approccio mentale aperto e flessibile. Sfruttando al meglio le capacità dell'IA e integrandole armoniosamente nel tuo processo creativo, puoi arricchire il tuo lavoro, migliorare la tua produttività e esplorare nuove frontiere creative.

2.5 Configurare il software IA per stili di scrittura specifici

Adattare il software di scrittura assistita dall'intelligenza artificiale (IA) per riflettere stili di scrittura specifici può significativamente migliorare la qualità e la coerenza dei contenuti generati. Ecco come puoi configurare il software IA per adattarlo al tuo stile unico o al genere specifico su cui stai lavorando:

1. Studio del Proprio Stile o del Genere: Prima di configurare il software IA, è fondamentale avere una comprensione chiara del tuo stile di scrittura o delle caratteristiche distintive del genere su cui intendi scrivere. Questo può includere vocabolario, tono, struttura delle frasi, e altri elementi stilistici.

2. Selezione di Esempi Rappresentativi: Fornire al software IA esempi di testo che rappresentano il tuo stile di scrittura o il genere desiderato è un ottimo modo per "addestrarlo" a generare contenuti simili. Molti strumenti di IA permettono di caricare esempi di testo o di inserire riferimenti che possono essere utilizzati come base per la generazione di contenuti.

3. Utilizzo di Prompt Dettagliati: Quando interagisci con il software IA, utilizza prompt dettagliati che includano indicazioni sullo stile, sul tono e su altri elementi specifici che desideri emulare. L'efficacia del software IA nel produrre contenuti in linea con le tue aspettative dipende in gran parte dalla precisione e dalla chiarezza dei tuoi input.

4. Personalizzazione delle Impostazioni: Esplora le impostazioni del software IA per vedere se offre opzioni di personalizzazione che possono influenzare lo stile di scrittura. Alcuni strumenti permettono di regolare le preferenze linguistiche, la complessità del testo, e altri parametri stilistici.

5. Iterazione e Affinamento: Dopo aver generato i primi contenuti, esamina i risultati e identifica le aree che necessitano di miglioramenti. Modifica i tuoi input e ripeti il processo per affinare ulteriormente la capacità del software di aderire al tuo stile o al genere specifico. Questo processo iterativo è fondamentale per ottimizzare le prestazioni del software IA.

6. Feedback Loop: Considera la possibilità di integrare un sistema di feedback loop nel quale il software IA apprende dalle tue correzioni o modifiche, se supportato. Alcuni strumenti avanzati possono adattarsi nel tempo in base ai feedback forniti, migliorando la loro capacità di produrre contenuti in linea con le tue

preferenze.

7. Combinazione di Strumenti IA: A volte, un singolo strumento di IA potrebbe non essere sufficiente per coprire tutti gli aspetti del tuo stile di scrittura o delle necessità di un genere specifico. Combinare più strumenti, ognuno con punti di forza unici, può offrire una soluzione più completa.

8. Mantenimento della Supervisione Umana: Anche con la migliore configurazione, il software IA potrebbe non catturare sempre le sfumature del tuo stile di scrittura o del genere. Mantenere un ruolo attivo nella revisione e nell'editing dei contenuti generati dall'IA è essenziale per garantire che il risultato finale sia autentico e coerente con le tue aspettative.

Configurare il software IA per adattarsi a stili di scrittura specifici è un processo che richiede sperimentazione e pazienza. Tuttavia, con l'approccio giusto, è possibile sfruttare la potenza dell'IA per creare contenuti che rispecchino fedelmente il tuo stile unico o le caratteristiche di un genere specifico, arricchendo il tuo processo creativo.

2.6 Privacy e sicurezza dei dati quando si scrive con l'IA

La privacy e la sicurezza dei dati sono aspetti fondamentali da considerare quando si utilizzano strumenti di scrittura assistiti dall'intelligenza artificiale (IA). Con l'aumento della dipendenza da software basati su cloud e algoritmi di apprendimento automatico, è cruciale essere consapevoli di dove e come vengono memorizzati e trattati i tuoi dati. Ecco alcune considerazioni e misure precauzionali da tenere a mente:

1. Leggere Attentamente le Politiche sulla Privacy: Prima di utilizzare qualsiasi strumento di scrittura basato su IA, è importante leggere e comprendere le politiche sulla privacy del servizio. Verifica come vengono raccolti, utilizzati e protetti i tuoi dati, e se vengono condivisi con terze parti.

2. Verificare la Compatibilità GDPR o di Altri Standard: Se sei particolarmente preoccupato per la privacy, cerca strumenti che siano conformi al Regolamento Generale sulla Protezione dei Dati (GDPR) dell'Unione Europea o ad altri standard internazionali di privacy. Questi standard assicurano un livello elevato di protezione dei dati personali.

3. Utilizzo di Strumenti con Crittografia dei Dati: Preferisci strumenti che offrano crittografia dei dati sia in transito sia a riposo. La crittografia aiuta a proteggere i tuoi dati da accessi non autorizzati, garantendo che solo tu (e il servizio a cui affidati) possiate accedervi.

4. Considerare Soluzioni On-Premise per Progetti Sensibili: Per progetti altamente sensibili o confidenziali, potrebbe essere preferibile utilizzare software che possa essere eseguito localmente (on-premise), riducendo il rischio che i dati lascino il tuo ambiente di rete.

5. Backup e Controllo dei Dati: Mantieni un controllo attivo sui tuoi dati creando backup regolari. Questo non solo protegge contro la perdita di dati, ma ti assicura anche di avere una copia dei tuoi lavori in caso di controversie sulla proprietà intellettuale.

6. Attento a Cosa Condividi: Sii cauto riguardo alle informazioni sensibili o personali che inserisci in strumenti di IA. Considera il rischio potenziale di esporre dati che non vorresti diventassero pubblici o venissero utilizzati in modi che non approvi.

7. Uso di Strumenti di Anonimizzazione: Per progetti che richiedono la condivisione di dati sensibili con strumenti di IA, valuta l'utilizzo di strumenti di anonimizzazione per rimuovere o nascondere dati identificativi prima di procedere.

8. Mantenere le Best Practices di Sicurezza: Oltre alla scelta di strumenti sicuri, adotta buone pratiche di sicurezza informatica, come l'utilizzo di password complesse, l'attivazione dell'autenticazione a due fattori (2FA) e il mantenimento aggiornato del software.

9. Monitoraggio e Revisione Regolari: Infine, monitora regolarmente l'uso degli strumenti di IA e rivedi le politiche sulla privacy e le pratiche di sicurezza per assicurarti che siano sempre allineate con le tue esigenze di privacy e sicurezza.

La chiave per proteggere la privacy e la sicurezza dei dati quando si scrive con l'IA è una combinazione di attenta selezione degli strumenti, comprensione delle loro politiche di privacy e sicurezza, e l'adozione di pratiche di sicurezza informatica solide. Questo approccio consapevole ti permetterà di sfruttare i benefici degli strumenti di scrittura basati su IA minimizzando i rischi per la tua privacy e i tuoi dati.

2.7 Gestione dei progetti di scrittura assistiti dall'IA

La gestione efficace dei progetti di scrittura assistiti dall'intelligenza artificiale (IA) richiede un approccio strutturato che bilanci le capacità innovative degli strumenti IA con le necessità pratiche del processo di scrittura. Ecco alcuni passaggi chiave per gestire con successo i tuoi progetti di scrittura IA:

1. Pianificazione Iniziale Dettagliata: Inizia definendo gli obiettivi specifici del progetto, il pubblico target, la timeline e le risorse necessarie, includendo gli strumenti di IA che prevedi di utilizzare. Una pianificazione dettagliata ti aiuterà a mantenere il progetto in linea con le tue aspettative e a identificare potenziali sfide in anticipo.

2. Selezione degli Strumenti di IA Adatti: Scegli gli strumenti di IA che meglio si adattano al tuo progetto, considerando fattori come la facilità d'uso, le capacità di generazione del contenuto, la compatibilità con il tuo stile di scrittura e le politiche di privacy e sicurezza.

3. Integrazione degli Strumenti nel Workflow: Stabilisci come gli strumenti di IA si inseriranno nel tuo workflow di scrittura esistente. Questo può includere l'utilizzo dell'IA per la generazione di idee, la creazione di bozze iniziali, l'editing e la revisione o la ricerca. Assicurati che l'integrazione degli strumenti di IA nel processo sia fluida e non ostacoli il flusso di lavoro.

4. Definizione di Milestone e Scadenze: Stabilisci milestone chiari e scadenze per il tuo progetto, inclusi specifici obiettivi di scrittura assistiti dall'IA. Questo aiuterà a mantenere il progetto in corso e a valutare periodicamente i progressi.

5. Gestione della Collaborazione: Se il tuo progetto di scrittura IA coinvolge altri collaboratori, come co-autori, editor o revisori, stabilisci modalità chiare di comunicazione e condivisione dei file. Considera l'utilizzo di piattaforme di collaborazione che facilitano il lavoro di squadra e l'integrazione con gli strumenti di IA.

6. Monitoraggio e Adattamento: Durante l'esecuzione del progetto, monitora costantemente i progressi e sii pronto ad adattare il piano se necessario. L'uso degli strumenti di IA può presentare sfide inaspettate o rivelare nuove opportunità, richiedendo flessibilità e adattabilità.

7. Revisione e Qualità: Assicurati che ci sia un processo solido di revisione umana per valutare e rifinire i contenuti generati dall'IA. Mantenere elevati standard di qualità è essenziale per garantire che il risultato finale soddisfi o superi le aspettative.

8. Valutazione Post-Progetto: Al termine del progetto, valuta i risultati rispetto agli obiettivi iniziali e analizza l'efficacia degli strumenti di IA utilizzati. Questo passaggio è fondamentale per apprendere dalle esperienze e migliorare i futuri progetti di scrittura assistiti dall'IA.

9. Documentazione e Feedback: Documenta il processo e raccogli feedback da te stesso e da eventuali collaboratori. Le lezioni apprese saranno preziose per ottimizzare l'uso degli strumenti di IA in progetti futuri.
Gestire i progetti di scrittura assistiti dall'IA richiede una combinazione di pianificazione strategica, adattabilità e un attento equilibrio tra tecnologia e tocco umano. Seguendo questi passaggi, puoi massimizzare le potenzialità offerte dagli strumenti di IA, migliorando la qualità e l'efficienza del tuo processo di scrittura.

2.8 Integrare fonti di ispirazione nell'IA

L'integrazione di fonti di ispirazione nell'utilizzo degli strumenti di scrittura assistiti dall'intelligenza artificiale (IA) può arricchire il processo creativo, fornendo spunti originali e migliorando la qualità dei contenuti generati. Ecco alcuni modi per incorporare le tue fonti di ispirazione nell'IA, sfruttando al meglio le sue capacità:

1. Alimentazione di Esempi Specifici: Molti strumenti di IA permettono agli utenti di fornire esempi di testo che l'IA può utilizzare come riferimento. Caricando estratti di lavori che trovi particolarmente ispiratori, puoi indirizzare l'IA a generare contenuti che riflettano stili o temi simili.

2. Creazione di Prompt Dettagliati: Usa i dettagli delle tue fonti di ispirazione per formulare prompt specifici. Se, ad esempio, sei ispirato da un particolare autore o genere letterario, puoi includere elementi distintivi di quello stile nei tuoi prompt per guidare l'IA nella generazione di contenuti affini.

3. Sperimentazione con la Variazione Stilistica: Esplora diverse combinazioni di stili, temi e generi fornendo all'IA una varietà di input ispirati da diverse fonti. Questo può portare alla creazione di contenuti unici che fondono elementi di diverse ispirazioni.

4. Utilizzo di Tool di Analisi del Testo: Alcuni strumenti di IA sono in grado di analizzare testi per identificarne lo stile, il tono e i temi ricorrenti. Utilizzando questi strumenti per analizzare le tue fonti di ispirazione, puoi ottenere insight su come replicare certi aspetti nei tuoi progetti di scrittura.

5. Implementazione di Feedback Iterativo: Dopo aver generato i primi contenuti, utilizza il feedback iterativo per affinare ulteriormente l'output dell'IA. Modifica e adatta i tuoi input basandoti su quanto i risultati riflettano le tue fonti di ispirazione, perfezionando il processo.

6. Integrazione di Multimedialità: Per strumenti di IA che supportano l'input multimediali, considera l'integrazione di immagini, video o musica che rappresentano le tue fonti di ispirazione. Questo può aiutare l'IA a comprendere meglio il contesto e l'atmosfera che desideri ricreare nei tuoi scritti.

7. Collaborazione e Condivisione: Condividi e discuti i tuoi esperimenti con l'IA con altri scrittori o in comunità online. Questo non solo può fornirti nuove idee su come integrare le fonti di

ispirazione, ma anche offrire nuovi spunti creativi basati sul feedback e sulle esperienze altrui.

8. Mantenere un Approccio Critico: Mentre integri le tue fonti di ispirazione, mantieni sempre un approccio critico nei confronti dei contenuti generati dall'IA. Assicurati che l'uso dell'IA arricchisca
il tuo lavoro mantenendo la tua voce autentica e rispettando l'originalità delle tue fonti.

Integrare le fonti di ispirazione nell'utilizzo dell'IA richiede un equilibrio tra guidare tecnologicamente il processo creativo e mantenere la libertà artistica. Sperimentando con vari approcci e affinando costantemente il tuo metodo, puoi sfruttare l'IA per esplorare nuove frontiere creative, arricchendo il tuo lavoro con influenze ispiratrici.

2.9 Feedback in tempo reale e iterazione con l'IA

Il feedback in tempo reale e l'iterazione sono componenti fondamentali nell'utilizzo dell'intelligenza artificiale (IA) per la scrittura, permettendo di affinare e migliorare continuamente i contenuti generati. Ecco come sfruttare al meglio questi aspetti nel tuo processo creativo:

1. Impostazione per il Feedback Continuo: Molti strumenti di scrittura assistiti dall'IA offrono la possibilità di fornire feedback immediato sul contenuto generato. Utilizza queste funzionalità per correggere, modificare o rafforzare gli output dell'IA, guidandola verso i risultati desiderati.

2. Sviluppo di un Ciclo Iterativo: Crea un ciclo iterativo di scrittura, feedback e revisione. Dopo aver ricevuto l'output dall'IA, analizzalo e determina cosa funziona e cosa no. Fornisci poi all'IA input modificati o aggiustati basati su queste osservazioni, e ripeti il processo. Questo approccio ciclico migliora la qualità dei contenuti generati nel tempo.

3. Utilizzo di Metriche di Valutazione: Stabilisci criteri o metriche specifiche per valutare la qualità del contenuto generato dall'IA, come coerenza, originalità, aderenza allo stile o al tono desiderato. Utilizza queste metriche per fornire feedback obiettivo e misurare i progressi nel tempo.

4. Sperimentazione con Variazioni di Prompt: Esperimenta con differenti prompt e osserva come variano gli output. Modificare anche leggermente i prompt può portare a risultati sorprendentemente diversi. Questo ti aiuterà a comprendere meglio come interagire efficacemente con l'IA per ottenere i contenuti che desideri.

5. Analisi dei Pattern di Risposta dell'IA: Prenditi il tempo per analizzare e riflettere sui pattern nelle risposte generate dall'IA. Identificare questi pattern può aiutarti a ottimizzare ulteriormente i tuoi input per ottenere risultati migliori.

6. Creazione di un Diario di Iterazione: Mantieni un diario o un registro delle tue iterazioni con l'IA, annotando i prompt utilizzati, il feedback fornito e le osservazioni sui risultati. Questo registro può diventare una risorsa preziosa per comprendere la tua progressione e per affinare la tua strategia di interazione con l'IA.

7. Adattamento Basato sul Contesto: Sii pronto a modificare il tuo approccio in base al contesto del progetto su cui stai lavorando. Differenti tipi di scrittura o generi potrebbero richiedere strategie diverse per il feedback e l'iterazione con l'IA.

8. Collaborazione e Condivisione: Considera la possibilità di condividere i tuoi processi di feedback e iterazione con altri scrittori o in comunità online. La condivisione delle esperienze può offrire nuove prospettive e suggerimenti su come migliorare l'interazione con gli strumenti di IA.
Implementare un sistema efficace di feedback in tempo reale
e iterazione con l'IA non solo migliora la qualità dei contenuti generati, ma stimola anche una comprensione più profonda di come lavorare in tandem con le tecnologie di intelligenza artificiale. Questo processo di apprendimento reciproco tra te e l'IA può aprire nuove possibilità creative e portare a risultati che superano le aspettative.

2.10 Sviluppare una routine di scrittura assistita dall'IA

Creare una routine di scrittura che integri l'intelligenza artificiale (IA) richiede un approccio bilanciato che unisce la tecnologia all'arte della scrittura. Ecco alcuni passi per sviluppare una routine produttiva e creativa:

1. Definizione di Obiettivi Chiari: Inizia stabilendo obiettivi chiari per ogni sessione di scrittura. Questi possono variare da generare un certo numero di parole, esplorare idee per un capitolo specifico, o rivedere e perfezionare contenuti esistenti con l'aiuto dell'IA.

2. Selezione dello Strumento di IA Adatto: Scegli lo strumento o gli strumenti di IA che meglio si adattano ai tuoi obiettivi di scrittura e al tipo di assistenza di cui hai bisogno. Familiarizza con le loro funzionalità per sfruttarle al massimo.

3. Stabilire un Orario Fisso: Come per ogni routine di scrittura, lavorare a orari fissi aiuta a costruire la disciplina e a mantenere la produttività. Decidi quando utilizzerai gli strumenti di IA nella tua routine e quanto tempo dedicherai a ciascuna sessione.

4. Preparazione Pre-Scrittura: Prima di iniziare a scrivere, trascorri qualche momento a riflettere sugli obiettivi della sessione e sui prompt o sugli input che fornirai all'IA. Avere un'idea chiara di ciò che vuoi ottenere ti aiuterà a utilizzare più efficacemente il tuo tempo di scrittura.

5. Integrazione dell'IA nel Processo Creativo: Alterna momenti di scrittura indipendente con momenti in cui chiedi assistenza all'IA. Questo può includere l'utilizzo dell'IA per superare il blocco dello scrittore, generare idee, o per il feedback linguistico e stilistico.

6. Revisione e Riflessione: Dopo aver utilizzato l'IA, dedica tempo alla revisione del contenuto generato. Valuta criticamente i suggerimenti e gli output dell'IA e rifletti su come possono essere integrati o migliorati nel tuo lavoro.

7. Feedback Iterativo: Usa i feedback iterativi per affinare sia il tuo uso dell'IA sia i contenuti prodotti. L'apprendimento dall'interazione con l'IA è un processo continuo che può migliorare con la pratica regolare.

8. Bilanciamento tra Tecnologia e Creatività Umana: Mantieni un equilibrio tra l'uso dell'IA e la tua voce autentica. L'IA è uno strumento per amplificare e assistere la tua creatività, non per

sostituirla.

9. Salute e Benessere: Non dimenticare di includere pause e momenti di distacco nella tua routine. La scrittura, sia assistita dall'IA sia no, richiede energie mentali, e le pause aiutano a mantenere la mente fresca e ricettiva.

10. Valutazione e Aggiustamento: Infine, valuta regolarmente l'efficacia della tua routine di scrittura assistita dall'IA. Sii aperto ad aggiustamenti basati sulla tua esperienza, sui tuoi progressi verso gli obiettivi, e sul feedback ricevuto.
Sviluppare una routine di scrittura assistita dall'IA richiede tempo, sperimentazione e adattamento. L'obiettivo è trovare un equilibrio che massimizzi sia l'efficienza che la soddisfazione creativa, sfruttando le potenzialità dell'IA per arricchire e supportare il tuo processo di scrittura.

Capitolo 3:
Generazione di Idee e Outline

3.1 Utilizzo dell'IA per il Brainstorming di Idee

L'intelligenza artificiale (IA) può essere uno strumento potente per il brainstorming di idee, offrendo nuovi spunti e prospettive che potrebbero non essere immediatamente evidenti. Ecco come sfruttare l'IA per generare idee e ampliare il tuo processo creativo:

1. Definizione dei Parametri: Prima di iniziare, definisci chiaramente i parametri del tuo brainstorming. Questo potrebbe includere il genere del progetto, temi specifici di interesse, o qualsiasi restrizione che desideri imporre all'IA. La specificità aiuta a guidare l'IA verso risultati più pertinenti e utili.

2. Utilizzo di Prompt Creativi: Fornisci all'IA prompt creativi che stimolino la generazione di idee. Questi possono variare da domande aperte a scenari ipotetici o parole chiave. L'efficacia del brainstorming con l'IA dipende in gran parte dalla qualità e dall'originalità dei prompt forniti.

3. Sperimentazione con Diversi Strumenti di IA: Esplora diversi strumenti di IA per il brainstorming. Alcuni potrebbero essere specializzati in determinati tipi di contenuti, come narrativa, poesia, o articoli accademici, mentre altri potrebbero offrire un approccio più generico. L'utilizzo di più strumenti può fornire un ampio spettro di idee.

4. Analisi dei Risultati: Esamina attentamente le idee generate dall'IA, cercando spunti unici o interessanti che potrebbero essere sviluppati ulteriormente. Anche le proposte meno immediate possono nascondere gemme creative o indirizzare la tua ricerca in direzioni inaspettate.

5. Iterazione e Rifinimento: Utilizza l'IA in cicli iterativi di brainstorming, affinando e adattando i tuoi prompt in base ai risultati ottenuti. Questo processo di iterazione può aiutarti a restringere il campo delle idee fino a individuare quelle più promettenti.

6. Combinazione di Idee: L'IA può generare una vasta gamma di idee che, sebbene interessanti individualmente, potrebbero guadagnare valore quando combinate. Esplora modi per fondere

o intrecciare le idee generate per creare concetti unici e originali.

7. Valutazione Critica: Mentre l'IA può offrire una quantità impressionante di idee, è fondamentale mantenere un approccio critico. Valuta ogni idea non solo per la sua fattibilità ma anche per il suo potenziale di coinvolgimento e originalità.

8. Documentazione e Organizzazione: Mantieni un archivio delle idee generate durante le sessioni di brainstorming con l'IA. Utilizza strumenti digitali per organizzare le idee in categorie, temi o progetti, facilitando il loro recupero e utilizzo futuro.

9. Uso Complementare con il Brainstorming Tradizionale: Infine, considera l'IA come un complemento al brainstorming tradizionale. Combina le idee generate dall'IA con quelle emerse da sessioni di brainstorming individuali o di gruppo per un approccio olistico alla generazione di idee.
Incorporando l'IA nel processo di brainstorming, gli scrittori possono superare blocchi creativi, esplorare nuovi territori tematici e narrativi, e arricchire significativamente il loro arsenale di idee. Con l'approccio giusto, l'IA può diventare un partner creativo inestimabile nella fase iniziale di qualsiasi progetto di scrittura.

3.2 Creare una Struttura di Libro con l'Assistenza dell'IA

L'uso dell'intelligenza artificiale (IA) può semplificare e innovare il processo di creazione di una struttura di libro, trasformando un compito talvolta arduo in un'esperienza più fluida e creativa. Ecco come utilizzare l'IA per sviluppare la struttura del tuo libro:

1. Definizione degli Obiettivi Narrativi: Prima di tutto, chiarisci gli obiettivi narrativi del tuo libro. Cosa vuoi che il tuo libro comunichi? Qual è la trama principale e quali sono i sottotemi? Avere obiettivi chiari aiuterà l'IA a generare una struttura che li rispecchi.

2. Generazione di Idee per la Struttura: Utilizza l'IA per generare idee preliminari per la struttura del tuo libro. Puoi fornire all'IA informazioni sul genere, sulla trama, sui personaggi principali e sui temi per ricevere suggerimenti su potenziali strutturazioni della narrazione, inclusi punti di svolta, climax e risoluzioni.

3. Creazione di Outline Dinamici: Alcuni strumenti di IA possono aiutarti a creare outline dinamici che possono essere facilmente modificati e adattati. Questo è particolarmente utile nelle fasi iniziali della pianificazione, permettendoti di sperimentare con diverse configurazioni della trama e degli arc narrativi.

4. Analisi di Strutture Narrative Efficaci: Sfrutta l'IA per analizzare strutture narrative di successo in libri simili o nel tuo genere di interesse. Questo può fornire intuizioni su come strutturare efficacemente il tuo lavoro, ispirando decisioni su come organizzare capitoli, sequenze e sottotrame.

5. Sviluppo di Personaggi e Sottotrame: L'IA può anche assisterti nello sviluppo di personaggi dettagliati e nella creazione di sottotrame intrecciate. Fornire all'IA descrizioni dei personaggi o temi di sottotrama può portare a suggerimenti su come questi elementi possono essere tessuti nella struttura principale del libro.

6. Simulazione di Percorsi Narrativi: Alcuni strumenti di IA avanzati permettono di simulare diversi percorsi narrativi basati su scelte di trama e decisioni dei personaggi. Questo può aiutare a visualizzare come varie strutture potrebbero influenzare la narrazione complessiva e l'impatto emotivo sul lettore.

7. Revisione e Rifinimento: Dopo aver utilizzato l'IA per delineare una struttura di base, è essenziale revisionare e rifinire manualmente l'outline. Utilizza il tuo giudizio creativo per adattare e modificare la struttura suggerita dall'IA, assicurandoti che

rispecchi la tua visione unica.

8. Feedback Iterativo con l'IA: Infine, considera un approccio iterativo in cui usi il feedback per affinare ulteriormente la struttura del libro con l'assistenza dell'IA. La ripetizione di questo processo può aiutare a perfezionare la struttura, rendendola più coerente e impattante.

Incorporare l'IA nella creazione della struttura di un libro offre una nuova dimensione al processo di pianificazione, permettendo di esplorare opzioni creative altrimenti non considerate. Mentre l'IA può fornire una base solida e idee innovative, il tocco finale e le decisioni critiche rimangono nelle mani dell'autore, garantendo che il libro mantenga una voce autentica e un'integrità artistica.

3.3 Affinare la tua Outline con Feedback Generato dall'IA

L'uso dell'intelligenza artificiale (IA) per affinare la tua outline di un libro è un approccio innovativo che può migliorare significativamente la struttura narrativa e la coerenza del tuo progetto. Ecco alcuni passi per utilizzare efficacemente il feedback generato dall'IA:

1. Selezione degli Strumenti di IA Appropriati: Scegli strumenti di IA progettati per analizzare e fornire feedback su strutture narrative e testi. Questi strumenti possono offrire valutazioni sulla coerenza della trama, sulla forza dei personaggi e sulla progressione del racconto.

2. Presentazione dell'Outline all'IA: Inserisci la tua outline nell'IA, assicurandoti di includere trama principale, sottotrame, descrizioni dei personaggi e qualsiasi altro elemento chiave. Più dettagli forniscono all'IA, più accurato sarà il feedback.

3. Analisi del Feedback: Esamina attentamente il feedback fornito dall'IA. Può variare da suggerimenti su come migliorare la coerenza narrativa, suggerire modi per approfondire lo sviluppo dei personaggi, o identificare aree in cui la tensione e l'interesse possono essere intensificati.

4. Valutazione Critica: Usa il tuo giudizio per valutare il feedback dell'IA. Non tutti i suggerimenti potrebbero essere adatti al tuo obiettivo narrativo o allo stile. È importante bilanciare i consigli dell'IA con la tua visione creativa.

5. Iterazione Basata sul Feedback: Modifica la tua outline in base al feedback che ritieni utile. Potresti dover ristrutturare alcune parti della trama, aggiungere o rimuovere sottotrame, o rivedere l'arco di crescita dei personaggi.

6. Utilizzo di Feedback Multiplo: Non limitarti a un solo ciclo di feedback. Dopo aver apportato modifiche, puoi presentare nuovamente la tua outline modificata all'IA per un ulteriore round di feedback. Questo processo iterativo può aiutarti a rifinire progressivamente la tua outline.

7. Confronto con Altri Strumenti e Risorse: Complementa il feedback dell'IA con altre forme di revisione, come il feedback dei beta reader o l'uso di guide sulla scrittura e sulla struttura narrativa. Questo approccio olistico garantisce che tutti gli aspetti della tua storia siano solidi e coinvolgenti.

8. Documentazione delle Modifiche: Mantieni un registro delle modifiche apportate in risposta al feedback dell'IA. Questo non solo ti aiuterà a tenere traccia dei progressi, ma fornirà anche intuizioni su come l'IA ha influenzato lo sviluppo del tuo progetto.

9. Sviluppo di un Rapporto Dinamico con l'IA: Vedi l'IA come un collaboratore nel processo creativo. Impara a interpretare e utilizzare il suo feedback in modo dinamico, riconoscendo che l'obiettivo è utilizzare la tecnologia per amplificare la tua creatività, non sostituirla.

Utilizzare l'IA per affinare la tua outline offre un'opportunità unica per esplorare il potenziale della tua storia in modi che potrebbero non essere immediatamente evidenti. Integrando il feedback generato dall'IA con il tuo processo creativo, puoi migliorare la struttura, la coerenza e l'impattività della tua narrazione, portando il tuo lavoro a un nuovo livello di raffinatezza.

3.4 Adattamento delle Idee Generate dall'IA al Proprio Stile

Quando utilizzi l'intelligenza artificiale (IA) per generare idee per i tuoi progetti di scrittura, un passo cruciale è adattare queste idee al tuo stile unico e personale. Ecco alcuni suggerimenti su come fare:

1. Analisi delle Idee Generate: Inizia esaminando attentamente le idee fornite dall'IA. Identifica quelle che risuonano di più con la tua visione creativa o che stimolano la tua curiosità e interesse. Considera come ciascuna idea si adatta al contesto del tuo progetto e quali modifiche potrebbero essere necessarie per integrarle efficacemente.

2. Personalizzazione del Contenuto: Modifica le idee generate dall'IA per riflettere il tuo stile di scrittura e le esigenze narrative. Questo potrebbe includere l'aggiustamento del tono, la riscrittura di dialoghi o descrizioni, o l'espansione di punti specifici per dare maggiore profondità e contesto alla storia.

3. Integrazione con la Tua Voce: Assicurati che le idee adattate siano coerenti con la tua voce narrativa. Anche se un'idea proviene dall'IA, è importante che il risultato finale suoni come se fosse venuto direttamente da te. Questo potrebbe richiedere una rifinizione linguistica o stilistica per assicurare che il testo si allinei con il resto del tuo lavoro.

4. Uso Creativo dei Prompt: Quando interagisci con l'IA, usa prompt creativi che incoraggino l'IA a generare idee più vicine al tuo stile o al genere in cui scrivi. Puoi includere riferimenti stilistici o tematici nei tuoi prompt per guidare meglio l'output dell'IA.

5. Sperimentazione e Apertura: Sii aperto alla sperimentazione e non avere paura di esplorare idee che inizialmente potrebbero sembrare fuori dal tuo solito ambito. L'IA può offrire prospettive uniche che potresti non avere considerato, arricchendo il tuo processo creativo.

6. Equilibrio tra Innovazione e Coerenza: Trova un equilibrio tra l'incorporazione di nuove idee e il mantenimento della coerenza con il tuo stile e i tuoi obiettivi narrativi. È importante che il risultato finale sia sia fresco e innovativo, sia fedele alla tua visione originale.

7. Feedback Iterativo con l'IA: Utilizza un approccio iterativo, dove continui a fornire feedback all'IA basato sui risultati. Questo può

aiutare a perfezionare ulteriormente gli strumenti di IA per produrre idee che si allineino meglio al tuo stile nel tempo.

8. Collaborazione con Altri: Non esitare a condividere le idee adattate con altri scrittori o editori per ottenere feedback. A volte, una prospettiva esterna può offrire suggerimenti preziosi su come integrare al meglio le idee generate dall'IA nel tuo stile unico.

Adattare le idee generate dall'IA al proprio stile è un processo creativo in sé. Con pratica e sperimentazione, puoi imparare a utilizzare l'IA come una fonte di ispirazione che complemente e arricchisca il tuo processo di scrittura, preservando al contempo la tua voce e identità narrativa uniche.

3.6 Collaborare con l'IA per Sviluppare Personaggi e Trame

La collaborazione con l'intelligenza artificiale (IA) apre nuovi orizzonti nello sviluppo di personaggi e trame, offrendo uno strumento unico per esplorare la complessità narrativa. Ecco come puoi avvalerti dell'IA per arricchire e approfondire la creazione dei tuoi personaggi e la costruzione delle tue storie:

1. Creazione di Profili dei Personaggi: Utilizza l'IA per generare profili dettagliati dei personaggi, compresi tratti caratteriali, background storico e dinamiche relazionali. Fornendo all'IA parametri specifici, puoi ottenere profili complessi che serviranno da fondamento solido per lo sviluppo narrativo.

2. Generazione di Idee per la Trama: Presenta all'IA il contesto della tua storia e lascia che ti suggerisca possibili sviluppi della trama, svolte inaspettate o conflitti. Questi spunti possono stimolare la tua creatività e introdurre elementi narrativi che non avevi considerato.

3. Esplorazione di Relazioni Interpersonali: Sfrutta l'IA per esaminare e sviluppare le relazioni tra i personaggi. L'IA può suggerire interazioni realistiche basate sui profili dei personaggi, aiutandoti a costruire relazioni autentiche e dinamiche.

4. Ambientazione e Costruzione del Mondo: L'IA può assisterti nella creazione di ambientazioni ricche e dettagliate, fornendo descrizioni vivide e suggerendo elementi culturali, sociali e storici che rendono il tuo mondo narrativo credibile e immersivo.

5. Sperimentazione con Archetipi e Motivi: Invita l'IA a giocare con vari archetipi e motivi narrativi, integrandoli nella tua storia in modi unici. Questo approccio può rivelare nuove dimensioni dei tuoi personaggi e arricchire la trama con temi universali.

6. Affinamento di Dialoghi e Interazioni: L'IA può generare dialoghi sperimentali tra i tuoi personaggi, offrendoti una gamma di opzioni stilistiche e tonali da cui attingere. Questo è particolarmente utile per affinare la voce di ciascun personaggio e rendere le loro interazioni più naturali e convincenti.

7. Adattamento e Personalizzazione: Una volta ricevuti gli input dall'IA, è fondamentale adattarli per assicurare che si allineino con la tua visione narrativa. Personalizza gli spunti forniti dall'IA, modellandoli secondo il tuo stile e le necessità specifiche della tua storia.

8. Feedback Iterativo e Revisione: Utilizza l'IA come uno strumento di feedback iterativo, presentandole parti della tua storia per valutazioni e suggerimenti. Questo processo può aiutarti a identificare punti deboli nella trama o nei personaggi e a trovare soluzioni creative.

Incorporando l'IA nel processo di sviluppo di personaggi e trame, gli scrittori possono sfruttare una risorsa inestimabile per esplorare nuove direzioni narrative, superare blocchi creativi e arricchire la propria scrittura con insight e idee originali. La chiave è mantenere un dialogo aperto con l'IA, utilizzandola come uno strumento complementare alla propria creatività e intuizione narrativa.

3.7 L'IA e la Costruzione del Mondo Narrativo

L'intelligenza artificiale (IA) sta rivoluzionando il processo di world-building nei progetti narrativi, offrendo agli scrittori strumenti innovativi per creare mondi dettagliati e coerenti. Ecco come l'IA può essere sfruttata per arricchire la costruzione del mondo narrativo:

1. Generazione di Ambientazioni Dettagliate: L'IA può produrre descrizioni vivide di ambientazioni, da città futuristiche a paesaggi fantastici, complete di elementi culturali, architettonici e naturalistici. Fornendo input specifici all'IA, puoi ottenere ambientazioni che servono da sfondo ricco e immersivo per la tua narrazione.

2. Creazione di Sistemi Culturali e Sociali: Utilizza l'IA per esplorare e sviluppare sistemi culturali e sociali complessi. L'IA può suggerire usanze, tradizioni, lingue e sistemi di governo che aggiungono profondità e realismo al tuo mondo narrativo, rendendolo più coinvolgente per i lettori.

3. Sviluppo di Storia e Mitologia: L'IA può assisterti nella creazione di una storia e una mitologia di fondo per il tuo mondo, generando eventi storici, miti, leggende e conflitti che hanno plasmato la società narrativa. Questo strato di profondità storica contribuisce a un mondo narrativo più ricco e stratificato.

4. Progettazione di Ecosistemi e Specie: Sfrutta l'IA per ideare ecosistemi unici e specie viventi che abitano il tuo mondo, inclusi flora, fauna e creature fantastiche. L'IA può offrire idee innovative che stimolano la creatività e aiutano a popolare il tuo mondo con elementi originali.

5. Mappatura del Mondo: Alcuni strumenti di IA specializzati possono aiutare nella creazione di mappe dettagliate del tuo mondo narrativo, fornendo una rappresentazione visiva che aiuta nella pianificazione della trama e nella coerenza spaziale delle narrazioni.

6. Analisi di Coerenza e Plausibilità: Utilizza l'IA per valutare la coerenza e la plausibilità del mondo che stai costruendo. L'IA può identificare incongruenze o suggerire miglioramenti per assicurare che tutti gli elementi del tuo mondo funzionino armoniosamente insieme.

7. Simulazione di Dinamiche Sociali e Politiche: L'IA può simulare le dinamiche sociali e politiche all'interno del tuo mondo, offrendoti insight su come varie forze interagiscono e influenzano la società. Questo può ispirare trame complesse e conflitti narrativi profondi.

8. Integrazione con la Trama e i Personaggi: Assicurati che il mondo costruito con l'assistenza dell'IA sia strettamente integrato con la trama e i personaggi. Un mondo ben sviluppato dovrebbe influenzare direttamente le azioni, le decisioni e lo sviluppo dei personaggi.

L'IA, con le sue capacità di generare idee e analizzare grandi quantità di dati, offre agli scrittori una risorsa preziosa per il world-building. La sfida e l'opportunità risiedono nell'usare queste tecnologie per espandere i confini della creatività, creando
mondi narrativi che siano non solo vasti e dettagliati, ma anche profondamente intrecciati con la trama e i personaggi, arricchendo l'esperienza complessiva del lettore.

3.8 Uso dell'IA per Prevedere l'Accoglienza del Pubblico

L'intelligenza artificiale (IA) può svolgere un ruolo cruciale nell'aiutare gli scrittori a comprendere e prevedere come il loro lavoro potrebbe essere accolto dal pubblico. Attraverso l'analisi di dati e tendenze, gli strumenti basati sull'IA offrono insight preziosi che possono guidare la scrittura e la strategia di pubblicazione. Ecco come puoi sfruttare l'IA per questo scopo:

1. Analisi delle Tendenze di Lettura: Strumenti di IA possono esaminare vasti set di dati per identificare tendenze di lettura attuali, generi in ascesa, e tematiche di particolare interesse per diversi segmenti di pubblico. Questo ti permette di valutare se il tuo lavoro risponde a interessi popolari o emergenti.

2. Valutazione della Sentiment Analysis: Utilizzando la sentiment analysis, l'IA può analizzare recensioni e feedback su opere simili per determinare le reazioni emotive e le opinioni dei lettori. Queste informazioni possono aiutarti a capire quali aspetti del tuo lavoro potrebbero risuonare positivamente o negativamente con il pubblico.

3. Simulazione di Accoglienza: Alcuni strumenti avanzati di IA permettono di simulare l'accoglienza di specifici temi, stili narrativi o personaggi, basandosi su modelli predittivi alimentati da dati storici. Questo può offrire una stima preliminare della potenziale reazione del pubblico.

4. Test di Copertura e Titoli: L'IA può anche aiutarti a testare l'efficacia di titoli, copertine e descrizioni del libro, analizzando il loro impatto e attrattività per target demografici specifici. Questo è utile per ottimizzare il materiale di marketing prima del lancio.

5. Segmentazione del Pubblico: Strumenti di IA possono segmentare il pubblico in gruppi specifici in base a interessi, comportamenti di lettura e demografia. Questo ti permette di personalizzare il tuo approccio di marketing e di affinare il contenuto per soddisfare le aspettative di segmenti di pubblico mirati.

6. Predizione del Successo di Vendita: L'IA può analizzare dati di vendita di libri simili per prevedere il potenziale successo commerciale del tuo lavoro, aiutandoti a prendere decisioni informate riguardo la strategia di pubblicazione e di pricing.

7. Feedback Precoce: Utilizza l'IA per generare feedback precoce sul tuo manoscritto, fornendo una valutazione preliminare che può aiutarti a identificare aree di forza e di miglioramento prima della pubblicazione.

8. Personalizzazione del Contenuto: Basandoti sui dati analizzati, puoi utilizzare l'IA per suggerire adattamenti o modifiche al tuo lavoro che potrebbero aumentarne l'appello per specifici gruppi di lettori, mantenendo però la tua voce e integrità artistica.

L'uso dell'IA per prevedere l'accoglienza del pubblico non sostituisce il giudizio creativo e l'intuizione dello scrittore, ma offre un supporto basato su dati che può informare e arricchire il processo creativo. Come sempre, il successo dipende dalla capacità di bilanciare insight basati sull'IA con la visione unica e personale che ogni autore porta al suo lavoro.

3.9 Sperimentazione con Generi e Formati grazie all'IA

L'intelligenza artificiale (IA) apre nuove possibilità per gli scrittori di esplorare e sperimentare con generi e formati diversi, spingendo i confini della creatività e scoprendo nuove vie narrative. Ecco come l'IA può facilitare questa sperimentazione:

1. Identificazione di Tendenze e Nicchie: Utilizzando l'analisi dei dati, l'IA può aiutare a identificare tendenze emergenti e nicchie inesplorate nei vari generi letterari, offrendo spunti per sperimentazioni in aree potenzialmente fruttuose ma meno saturate.

2. Generazione di Idee Inter-genere: Strumenti di IA possono essere usati per generare idee che fondono elementi di diversi generi, creando ibridi unici che possono attrarre lettori alla ricerca di qualcosa di nuovo e diverso. Questa fusione di generi può portare a storie innovative e fresche.

3. Simulazione di Stili Narrativi: L'IA può emulare diversi stili narrativi, permettendoti di esplorare come una stessa storia potrebbe essere raccontata in modi differenti. Questo esercizio non solo è utile per trovare la voce giusta per il tuo racconto, ma può anche ispirare la creazione di opere del tutto nuove.

4. Adattamento a Diversi Formati: L'IA può assistere nella conversione di storie da un formato all'altro, ad esempio da romanzo a sceneggiatura, o da racconto breve a serie di blog post. Questo processo può aiutare a visualizzare come un'idea possa essere espansa o condensata efficacemente.

5. Creazione di Contenuti Multipli da una Singola Idea: Utilizza l'IA per esplorare come una singola idea di trama possa essere sviluppata in diversi generi o formati, massimizzando il potenziale creativo e commerciale di una buona idea iniziale.

6. Esperimenti con la Struttura Narrativa: L'IA può suggerire strutture narrative alternative, come narrazioni non lineari, punti di vista multipli o racconti a mosaico. Questo ti permette di giocare con la struttura della tua storia in modi che potresti non avere considerato.

7. Analisi e Feedback: Alcuni strumenti di IA offrono analisi e feedback su come specifici generi o formati risuonano con il pubblico, fornendo indicazioni utili per affinare ulteriormente la tua sperimentazione.

8. Isolamento di Elementi Trasversali ai Generi: L'IA può aiutare a identificare temi, archetipi o tratti caratteriali che hanno successo trasversalmente in diversi generi, offrendo una base solida su cui costruire mentre esplori nuovi territori narrativi.

La sperimentazione con generi e formati attraverso l'IA non solo può portare alla creazione di opere uniche e coinvolgenti, ma può anche stimolare la crescita personale come scrittore, spingendoti a esplorare fuori dalla tua zona di comfort e a sviluppare nuove competenze. Integrando l'IA nel tuo processo creativo, puoi sfruttare al massimo le sue capacità per esplorare il vasto panorama letterario in modi innovativi e sorprendenti.

3.10 Valutazione Critica delle Outline Generate dall'IA

Mentre l'intelligenza artificiale (IA) offre nuovi strumenti potenti per la generazione di outline e idee per la scrittura, è fondamentale approcciarsi a questi output con una valutazione critica. Ecco alcuni passaggi chiave per assicurarsi che le outline generate dall'IA allineino con la tua visione creativa e mantengano l'alta qualità necessaria per il tuo progetto di scrittura:

1. Coerenza Narrativa: Esamina l'outline generata dall'IA per verificare la coerenza interna della storia. Assicurati che ci sia un flusso logico tra inizio, sviluppo e conclusione, e che tutti i fili narrativi siano risolti in modo soddisfacente.

2. Originalità e Unicità: Valuta l'outline per originalità. L'IA può attingere a un vasto database di storie esistenti, il che potrebbe portare a suggerimenti che sembrano troppo derivativi. Assicurati che la tua storia mantenga elementi unici che la distinguono.

3. Adattabilità al Tuo Stile: Considera se l'outline riflette il tuo stile di scrittura e si adatta al tono che desideri per il tuo progetto.
L'IA può generare idee valide, ma potrebbero necessitare di adattamenti per rispecchiare la tua voce narrativa.

4. Profondità dei Personaggi: Controlla se i personaggi inclusi nell'outline sono ben sviluppati e se le loro motivazioni e arc narrativi sono credibili e interessanti. Potrebbe essere necessario arricchire i personaggi per conferire maggiore profondità alla storia.

5. Fattibilità e Interesse: Valuta l'interesse e la fattibilità dell'outline. Chiediti se la storia susciterà l'interesse dei lettori e se sei in grado (e desideroso) di dedicarti alla scrittura di questa specifica trama.

6. Identificazione di Possibili Lacune: Cerca eventuali lacune o aspetti trascurati nell'outline che potrebbero richiedere ulteriore sviluppo. L'IA può a volte trascurare dettagli importanti o sottotrame che arricchirebbero la narrazione.

7. Feedback Esterno: Non esitare a cercare feedback esterno sull'outline generata dall'IA. A volte, un'altra persona può offrire una prospettiva preziosa su aspetti della storia che potresti non avere considerato.

8. Revisione Iterativa: Usa l'outline come punto di partenza per un processo iterativo di revisione e perfezionamento. L'IA può fornire un'ottima base, ma è attraverso revisioni successive che la storia

verrà affinata e adattata alla tua visione unica.

9. Equilibrio tra Tecnologia e Creatività Umana: Ricorda che l'IA è uno strumento per assistere il processo creativo, non per sostituirlo. La decisione finale su quali elementi dell'outline mantenere, modificare o scartare dovrebbe sempre basarsi sul tuo giudizio creativo.

Approcciare le outline generate dall'IA con una valutazione critica ti permette di sfruttare al meglio le potenzialità offerte dalla tecnologia, assicurando al contempo che il prodotto finale sia autentico, coinvolgente e fedele alla tua voce come scrittore.

Capitolo 4:
Scrittura dei Capitoli

4.1 Tecniche per la Scrittura Assistita dall'IA

L'integrazione dell'intelligenza artificiale (IA) nel processo di scrittura dei capitoli può trasformare il modo in cui gli autori sviluppano i loro racconti, offrendo supporto creativo e migliorando l'efficienza. Ecco alcune tecniche per sfruttare al meglio la scrittura assistita dall'IA:

1. Generazione di Bozze Iniziali: Utilizza l'IA per creare bozze iniziali dei capitoli, fornendo un framework su cui costruire. Questo può essere particolarmente utile per superare il blocco dello scrittore, offrendo una base da cui partire.

2. Sviluppo di Dialoghi: Sfrutta gli strumenti di IA per generare dialoghi tra personaggi. Questo può aiutare a rendere le conversazioni più naturali e a sviluppare le dinamiche dei personaggi in modi inaspettati.

3. Ricerca e Integrazione di Informazioni: Usa l'IA per condurre ricerche rapide su contesti storici, dettagli scientifici o culturali, assicurando che i dettagli nei tuoi capitoli siano accurati e ben integrati nella narrazione.

4. Ampliamento delle Descrizioni: L'IA può assistere nell'elaborazione di descrizioni dettagliate e vivide di ambientazioni, personaggi e azioni, arricchendo il tessuto visivo della tua storia.

5. Suggerimenti per Migliorare lo Stile: Alcuni strumenti di IA offrono feedback su stile e leggibilità, suggerendo modifiche per migliorare la chiarezza e l'efficacia della tua scrittura.

6. Ottimizzazione del Ritmo Narrativo: L'IA può analizzare la struttura dei tuoi capitoli e fornire suggerimenti per ottimizzare il ritmo narrativo, assicurando che ci sia un equilibrio tra azione, descrizione e sviluppo dei personaggi.

7. Supporto per la Coerenza della Trama: Utilizza l'IA per verificare la coerenza della trama attraverso i capitoli, identificando eventuali discrepanze o elementi che richiedono ulteriore sviluppo o chiarimento.

8. Sperimentazione con Strutture Alternative: Sfrutta l'IA per esplorare strutture narrative alternative, giocando con diversi ordini dei capitoli o punti di vista per vedere come questi cambiano l'impatto della storia.

9. Revisione Iterativa Assistita: Impiega l'IA in un processo iterativo di revisione, utilizzando feedback e analisi per rifinire e perfezionare ciascun capitolo, migliorando la qualità complessiva del manoscritto.

10. Adattamento e Personalizzazione: Ricorda che gli output generati dall'IA sono solo suggerimenti. È essenziale adattare e personalizzare i contenuti per assicurare che rispecchino la tua voce unica e la visione della tua storia.
Utilizzare l'IA nella scrittura dei capitoli richiede un equilibrio
tra sfruttare le potenzialità offerte dalla tecnologia e mantenere
il controllo creativo sul processo. Approcciando l'IA come un collaboratore piuttosto che come un sostituto, puoi arricchire il tuo lavoro con nuove idee e ottimizzare il tuo flusso di lavoro, pur assicurando che la storia rimanga profondamente personale e autentica.

4.2 Mantenere la Voce e lo Stile con l'IA

Integrare l'intelligenza artificiale (IA) nel processo di scrittura presenta la sfida di mantenere una voce e uno stile unici, anche quando si sfruttano le capacità generative e di editing dell'IA. Ecco come assicurarti che la tua voce narrativa rimanga intatta mentre utilizzi gli strumenti di IA:

1. Personalizzazione degli Strumenti di IA: Molti strumenti di IA permettono agli utenti di personalizzare le impostazioni per adattarsi a specifici stili di scrittura. Sfrutta questa funzionalità fornendo esempi del tuo lavoro all'IA per "addestrarla" a riconoscere e imitare il tuo stile.

2. Uso Consapevole dei Prompt: Quando interagisci con strumenti di IA per la generazione di testo, usa prompt che riflettano il tono e lo stile del tuo progetto. Essere specifici nei prompt aiuta l'IA a produrre risultati che sono più in linea con la tua voce narrativa.

3. Integrazione Selettiva: Utilizza l'IA come uno strumento per generare idee e bozze iniziali, ma fai affidamento sulla tua revisione e riscrittura per assicurare che il testo finale rifletta la tua voce unica. La selezione e l'integrazione consapevole dei contenuti generati dall'IA sono fondamentali.

4. Analisi e Rifinimento: Dopo aver generato contenuti con l'IA, spendi del tempo nell'analisi critica e nel rifinimento del testo. Modifica il lavoro generato per assicurarti che si allinei con il tuo stile e che mantenga la coerenza con il resto del tuo manoscritto.

5. Sviluppo di una Checklist di Stile: Crea una checklist delle caratteristiche distintive del tuo stile di scrittura e utilizzala per valutare i testi generati dall'IA. Questo può includere elementi come l'uso di specifici costrutti linguistici, tono, ritmo e preferenze nella strutturazione delle frasi.

6. Feedback Iterativo all'IA: Sfrutta la capacità di alcuni strumenti di IA di apprendere dal feedback per affinare ulteriormente la loro capacità di imitare il tuo stile. Fornisci regolarmente feedback sui contenuti generati per migliorare la precisione dello strumento nel riflettere la tua voce.

7. Bilanciamento tra IA e Intervento Umano: Trova un equilibrio tra l'utilizzo dell'IA e l'intervento manuale nel processo di scrittura. Mentre l'IA può aiutare a generare idee e contenuti, la revisione umana è cruciale per mantenere l'autenticità della voce narrativa.

8. Collaborazione, Non Sostituzione: Considera l'IA come un collaboratore che offre supporto e ispirazione, piuttosto che come un sostituto della tua creatività. Mantenere questo approccio ti aiuterà a sfruttare l'IA senza perdere la tua identità come scrittore. Mantenere la tua voce e il tuo stile unici mentre utilizzi l'IA richiede un approccio attento e considerato. Attraverso la personalizzazione, la revisione critica e un equilibrio tra tecnologia e tocco umano, è possibile sfruttare i vantaggi degli strumenti di IA migliorando allo stesso tempo la qualità e l'originalità della tua scrittura.

4.3 Superare il Blocco dello Scrittore con l'IA

Il blocco dello scrittore è un ostacolo comune che molti autori affrontano, ma l'intelligenza artificiale (IA) offre strumenti innovativi per superarlo. Ecco come l'IA può aiutarti a ritrovare l'ispirazione e a continuare a scrivere:

1. Generazione di Idee e Spunti: Quando ti senti bloccato, l'IA può servire come una fonte inesauribile di idee e spunti. Fornendo prompt semplici o temi generali, puoi ricevere suggerimenti narrativi, situazioni di conflitto, o linee di dialogo che possono stimolare la tua creatività.

2. Proposte di Inizio e Conclusione: L'IA può aiutarti a superare l'ostacolo dell'inizio o della conclusione di un capitolo o di una storia, generando diverse opzioni di apertura o chiusura da cui trarre ispirazione o su cui costruire ulteriormente.

3. Variazione di Stile e Tono: Se il blocco dello scrittore deriva da incertezze sul tono o sullo stile, l'IA può offrire esempi variati che ti permettono di esplorare diverse direzioni narrative senza il timore di impegnarti in una specifica scelta stilistica.

4. Scrittura Collaborativa: Alcuni strumenti di IA permettono di intraprendere una forma di scrittura collaborativa, dove tu e l'IA alternativamente proponete parti di testo. Questo può aiutare a mantenere il flusso creativo e a vedere la storia evolversi in modi inaspettati.

5. Simulazione di Dialoghi: Se sviluppare dialoghi credibili rappresenta un punto di stallo, l'IA può generare scambi di battute tra i tuoi personaggi, offrendo una base da cui partire per affinare e approfondire le interazioni.

6. Esplorazione di Sottotrame: Utilizza l'IA per esplorare potenziali sottotrame quando la trama principale sembra arenarsi. Questo può aprire nuove vie narrative e arricchire il tessuto della tua storia.

7. Rifinimento e Editing: Se il blocco deriva dalla preoccupazione per la qualità del testo, l'IA può offrire supporto nell'editing, suggerendo miglioramenti stilistici o correggendo errori, permettendoti di concentrarti sul flusso creativo.

8. Rompere la Routine: A volte, il blocco dello scrittore può essere superato semplicemente cambiando approccio. Sperimenta con diversi strumenti di IA o cambia il tipo di prompt forniti per stimolare

nuove idee e prospettive.

9. Uso di Tecniche di Scrittura Automatica: Incoraggia l'uso di tecniche di scrittura automatica con l'IA, dove lasci che l'IA generi testo liberamente basato su un prompt minimale. Questo può aiutare a identificare nuovi temi o direzioni narrative interessanti.

10. Mantenere una Mentalità Aperta: Infine, approccia l'uso dell'IA con una mentalità aperta e curiosa. Considera ogni output dell'IA non come una soluzione definitiva, ma come un trampolino di lancio per ulteriori sviluppi creativi.

Utilizzare l'IA per superare il blocco dello scrittore significa abbracciare la tecnologia come una fonte di ispirazione e supporto. Che tu stia cercando un nuovo inizio, lottando con lo sviluppo della trama, o semplicemente cercando di ritrovare la tua scintilla creativa, l'IA può offrire le risorse per aiutarti a superare questi ostacoli e a portare avanti la tua scrittura.

4.4 Adattare il Tono e lo Stile con l'Aiuto dell'IA

L'intelligenza artificiale (IA) può essere uno strumento prezioso per affinare e adattare il tono e lo stile della tua scrittura, garantendo che rispecchino esattamente l'atmosfera e l'intento desiderati per il tuo lavoro. Ecco alcune strategie per utilizzare l'IA in questo processo:

1. Analisi del Tono Esistente: Utilizza strumenti di IA per analizzare il tono del tuo testo attuale. Questo può aiutarti a identificare inconsistenze o aree in cui il tono potrebbe non allinearsi completamente con le tue intenzioni narrative o il tuo pubblico target.

2. Sperimentazione con Vari Tonalità: L'IA può generare varianti di testo che esplorano diversi toni e stili. Questo è utile per vedere come piccole modifiche nel linguaggio o nella struttura delle frasi possono influenzare la percezione complessiva del testo.

3. Suggerimenti per la Modifica del Linguaggio: Ricevi suggerimenti dall'IA su come modificare il linguaggio per adattarlo a un tono specifico, che sia formale, informale, drammatico, o leggero. Questo può essere particolarmente utile per gli autori che mirano a colpire un'ampia gamma di lettori.

4. Implementazione di Stili Specifici di Genere: Se stai scrivendo in un genere specifico, l'IA può aiutare a identificare e implementare lo stile e il tono tipici di quel genere, assicurando che il tuo lavoro risuoni con le aspettative dei lettori.

5. Raffinamento delle Voci dei Personaggi: L'IA può anche essere impiegata per sviluppare e raffinare le voci individuali dei personaggi, assicurando che ognuno abbia un modo di esprimersi distinto e appropriato al suo background, personalità e ruolo nella storia.

6. Feedback sulla Leggibilità: Ottieni feedback dall'IA sulla leggibilità del tuo testo. Questo può aiutarti a determinare se il tuo stile di scrittura è adeguatamente accessibile per il tuo pubblico o se necessita di ulteriori adattamenti.

7. Adattamento Basato su Feedback del Pubblico: Utilizza strumenti di IA per analizzare i feedback dei lettori su lavori precedenti, identificando preferenze di tono e stile che potrebbero informare le modifiche ai tuoi testi attuali.

8. Conservazione della Voce Autentica: Mentre sfrutti l'IA per esplorare e implementare variazioni di tono e stile, è cruciale mantenere una voce autentica che rifletta la tua unicità come autore. Assicurati di utilizzare l'IA come uno strumento di supporto, piuttosto che permetterle di dettare completamente lo stile del tuo lavoro.

9. Revisione Iterativa: Vedi l'adattamento del tono e dello stile come un processo iterativo. L'IA può fornire un punto di partenza utile, ma le revisioni manuali successive sono fondamentali
per affinare il testo in modo che rispecchi accuratamente la tua visione.
Attraverso l'uso consapevole e strategico dell'IA, gli scrittori possono sperimentare con e adattare il tono e lo stile dei loro lavori in modi che erano precedentemente impensabili, ampliando le loro capacità espressive e assicurando che ogni pezzo di scrittura colpisca esattamente il giusto accordo con i suoi lettori.

4.5 Sfruttare l'IA per Migliorare la Coerenza Narrativa

Mantenere una coerenza narrativa solida è essenziale per qualsiasi opera letteraria. L'intelligenza artificiale (IA) offre strumenti avanzati che possono aiutarti a identificare e risolvere incongruenze nella trama, nei personaggi e nelle ambientazioni, contribuendo a creare una storia più fluida e convincente. Ecco come sfruttare l'IA per questo scopo:

1. Analisi della Trama e dei Personaggi: Utilizza strumenti di IA progettati per analizzare la coerenza interna della tua storia. Carica il tuo manoscritto e lascia che l'IA evidenzi eventuali discrepanze nella trama o nei profili dei personaggi, come cambiamenti improvvisi nelle loro motivazioni o azioni che non corrispondono alla loro evoluzione narrativa.

2. Verifica della Continuità Temporale: Impiega l'IA per controllare la continuità temporale all'interno del tuo racconto. Può rilevare errori come salti temporali incoerenti, eventi che si sovrappongono logicamente, o incongruenze nella sequenza delle azioni.

3. Mantenimento della Coerenza dello Stile: Alcuni strumenti di IA sono capaci di analizzare lo stile di scrittura attraverso l'intero testo, assicurando che mantenga una coerenza stilistica. Questo è particolarmente utile per i lavori lunghi o scritti in periodi di tempo estesi.

4. Supporto per la Costruzione del Mondo: Utilizza l'IA per mantenere la coerenza nelle descrizioni del mondo narrativo. Può aiutarti a tracciare elementi come la geografia, i sistemi politici e sociali, e le leggi della fisica o della magia nel tuo universo, assicurando che le informazioni rimangano consistenti in tutta la narrazione.

5. Monitoraggio dell'Uso del Linguaggio: L'IA può analizzare l'uso del linguaggio per assicurare che termini, espressioni e modi di parlare specifici dei personaggi o del setting siano usati in modo coerente, rafforzando la credibilità e l'immersione del lettore.

6. Feedback Iterativo: Sfrutta la capacità dell'IA di fornire feedback iterativo. Man mano che apporti modifiche al tuo manoscritto basate sulle indicazioni dell'IA, puoi ripetere l'analisi per verificare che le nuove versioni del testo mantengano o migliorino la coerenza narrativa.

7. Integrazione con il Processo di Revisione: Includi l'IA nel tuo processo di revisione come uno strumento complementare. Mentre l'IA può identificare incongruenze, il giudizio umano rimane fondamentale per decidere come risolvere queste questioni in modo che si adattino alla visione complessiva della tua storia.

8. Personalizzazione degli Strumenti di IA: Se possibile, personalizza le impostazioni degli strumenti di IA per concentrarti su aspetti specifici della coerenza narrativa che sono particolarmente rilevanti per il tuo progetto, come la coerenza tematica, la continuità dei personaggi, o la logica interna del mondo.

L'IA, come strumento di supporto nella scrittura, offre possibilità senza precedenti per rafforzare la coerenza narrativa del tuo lavoro. Integrando strategicamente queste tecnologie nel

tuo flusso di lavoro di scrittura e revisione, puoi migliorare significativamente la qualità e l'impatto della tua narrazione, rendendo la tua storia più immersiva e convincente per i lettori.

4.6 Utilizzare l'IA per Arricchire il Vocabolario e le Espressioni

L'uso dell'intelligenza artificiale (IA) può essere un metodo efficace per espandere e arricchire il vocabolario e le espressioni nel tuo lavoro di scrittura. Questo non solo migliora la qualità del testo ma può anche contribuire a rendere la tua narrazione più vivida e coinvolgente. Ecco come puoi sfruttare l'IA per questo scopo:

1. Suggerimenti di Sinonimi e Variazioni Lessicali: Utilizza strumenti di IA che offrono suggerimenti di sinonimi e variazioni lessicali per evitare ripetizioni e arricchire il linguaggio. Questo può aiutare a trovare la parola giusta per ogni contesto, migliorando la precisione e l'espressività del tuo testo.

2. Ampliamento delle Descrizioni: Impiega l'IA per generare descrizioni più dettagliate e vivide. Fornendo un breve input su un oggetto, un personaggio o un'ambientazione, l'IA può suggerire modi per espandere quella descrizione, aggiungendo dettagli sensoriali che portano il lettore più a fondo nel tuo mondo narrativo.

3. Integrazione di Modismi e Frasi Fatte: Strumenti di IA specifici possono suggerire modi di dire, frasi fatte o espressioni idiomatiche adatte al contesto della tua storia, contribuendo a creare un'atmosfera più autentica e a rendere i dialoghi più naturali.

4. Assistenza nella Scrittura Creativa: Alcuni strumenti di IA sono progettati per stimolare la scrittura creativa, offrendo esercizi, prompt o inizi di storie che possono ispirare nuove direzioni narrative o esplorazioni stilistiche nel tuo lavoro.

5. Miglioramento del Flusso Narrativo: Utilizza l'IA per analizzare e suggerire miglioramenti al flusso narrativo del tuo testo. Questo può includere l'ottimizzazione delle transizioni tra le sezioni, l'equilibrio tra azione e descrizione, e la coerenza nel ritmo della narrazione.

6. Adattamento a Diversi Registri Linguistici: L'IA può aiutare a identificare e adattare il registro linguistico a seconda del contesto, del pubblico target o del genere letterario. Questo è particolarmente utile per gli scrittori che desiderano variare lo stile in base alla situazione narrativa o ai diversi personaggi.

7. Correzione e Suggerimenti Grammaticali: Oltre all'arricchimento lessicale, l'IA può offrire correzioni grammaticali e suggerimenti per migliorare la struttura delle frasi, contribuendo a rendere il testo più chiaro e comprensibile.

8. Ispezione del Lessico Specifico del Genere: Per gli autori che scrivono in generi specifici, l'IA può suggerire terminologie e jargon caratteristici di quel genere, assicurando che il linguaggio utilizzato sia appropriato e immersivo.

L'implementazione di queste tecniche richiede un approccio equilibrato: è importante usare l'IA come uno strumento per arricchire e migliorare il tuo lavoro mantenendo la tua voce e integrità creativa. La chiave è integrare i suggerimenti dell'IA in modo che complementino e elevino la tua scrittura, piuttosto che sovrascriverla.

4.7 Gestire la Continuità della Storia con l'IA

Assicurare la continuità in una storia, soprattutto in opere complesse o in serie narrative, può essere una sfida. L'intelligenza artificiale (IA) offre strumenti preziosi per tracciare gli elementi della trama, i dettagli dei personaggi e gli aspetti dell'ambientazione, facilitando la gestione della continuità. Ecco come l'IA può aiutarti in questo compito:

1. Tracciamento dei Personaggi e degli Eventi: Utilizza strumenti di IA progettati per aiutarti a tenere traccia dei personaggi e degli eventi chiave nel corso della tua storia. Questi strumenti possono generare database o timeline interattive che ti permettono di visualizzare le relazioni tra i personaggi e la sequenza degli eventi, assicurando che mantengano coerenza e continuità.

2. Verifica di Coerenza dei Dettagli: Impiega l'IA per verificare la coerenza dei dettagli relativi ai personaggi, come l'aspetto fisico, le relazioni interpersonali e l'evoluzione nel tempo. L'IA può anche aiutarti a mantenere la coerenza nelle descrizioni delle ambientazioni, assicurando che elementi come la geografia e le caratteristiche culturali rimangano consistenti.

3. Rilevamento delle Incongruenze: Alcuni strumenti di IA sono capaci di rilevare incongruenze nella trama o nei dettagli dei personaggi e delle ambientazioni. Fornendo al sistema l'intero manoscritto o i documenti di pianificazione, puoi ricevere segnalazioni su potenziali errori di continuità che potrebbero sfuggire durante la revisione manuale.

4. Analisi delle Sottotrame: Utilizza l'IA per analizzare e gestire le sottotrame, assicurando che si intreccino efficacemente con la trama principale e che vengano risolte in modo soddisfacente, contribuendo alla continuità complessiva della storia.

5. Suggerimenti per il Miglioramento della Continuità: Oltre a identificare problemi di continuità, alcuni strumenti di IA possono suggerire modifiche o aggiunte per migliorare la coerenza narrativa, offrendo soluzioni creative a problemi di continuità che potresti non aver considerato.

6. Integrazione con Software di Scrittura: Molti software di scrittura moderni includono integrazioni con strumenti di IA che possono assistere nella gestione della continuità. Esplora queste funzionalità per vedere come possono essere utilizzate nel tuo processo di scrittura.

7. Creazione di Report Personalizzati: Configura l'IA per generare report personalizzati sulla continuità della storia, concentrando l'attenzione su aree specifiche di interesse, come la progressione temporale, le dinamiche dei personaggi o la coerenza tematica.

8. Supporto nella Revisione di Serie o Sequels: Per gli autori che lavorano su serie o sequels, l'IA può essere particolarmente utile nel mantenere la continuità tra i diversi libri, assicurando che tutti gli elementi narrativi rimangano coerenti dall'uno all'altro.
Utilizzando l'IA come uno strumento di supporto nella gestione della continuità, puoi migliorare significativamente la coerenza della tua storia, evitando errori che potrebbero distogliere i lettori o minare la credibilità del tuo mondo narrativo. Questo approccio tecnologico alla continuità non solo ti fa risparmiare tempo e fatica nel processo di revisione, ma assicura anche una lettura più fluida e coinvolgente per il tuo pubblico.

4.8 Imparare da Analisi Comparative dell'IA

L'intelligenza artificiale (IA) offre la possibilità di effettuare analisi comparative dettagliate tra il tuo lavoro e un vasto database di opere letterarie, fornendo insights preziosi che possono migliorare significativamente la tua scrittura. Ecco come puoi sfruttare l'IA per imparare e crescere come scrittore attraverso l'analisi comparativa:

1. Valutazione dello Stile di Scrittura: Utilizza strumenti di IA per confrontare il tuo stile di scrittura con quello di autori affermati nel tuo genere. Questo può aiutarti a identificare caratteristiche uniche del tuo stile e aree in cui potresti voler esplorare nuove tecniche o approcci.

2. Confronto delle Strutture Narrative: L'IA può analizzare la struttura narrativa del tuo manoscritto e confrontarla con quelle di opere riconosciute per la loro efficacia narrativa. Questo ti permette di vedere come il tuo lavoro si posiziona rispetto a standard consolidati e di identificare modi per migliorare la coerenza e l'impatto della tua storia.

3. Analisi dei Temi e dei Motivi: Impiega l'IA per scoprire come i temi e i motivi nel tuo lavoro si confrontano con quelli in storie simili. Questo può rivelare temi emergenti nel tuo genere o aiutarti a capire come presentare i tuoi temi in modo che risuonino in maniera unica con i lettori.

4. Ottimizzazione del Dialogo: Confronta i dialoghi nel tuo manoscritto con esempi eccellenti del tuo genere per capire come rendere le conversazioni tra i personaggi più naturali, incisive o influenti per lo sviluppo della trama.

5. Benchmarking della Leggibilità e della Complessità: L'IA può fornire una valutazione oggettiva della leggibilità e della complessità del tuo testo, confrontandolo con opere di successo targetizzate verso un pubblico simile. Questo ti aiuta a calibrare la tua scrittura per assicurare che sia accessibile e coinvolgente per il tuo pubblico di riferimento.

6. Identificazione di Gap Narrativi: Attraverso l'analisi comparativa, l'IA può aiutarti a identificare eventuali lacune narrative o aree sottosviluppate nel tuo lavoro che potrebbero non essere evidenti a una prima lettura.

7. Insights sulle Preferenze dei Lettori: Analizzando le reazioni e le recensioni dei lettori ad opere simili, l'IA può offrirti una panoramica delle preferenze del pubblico, aiutandoti a indirizzare meglio la tua scrittura per soddisfare o superare le aspettative dei lettori.

8. Apprendimento Continuo: Le analisi comparative dell'IA
non sono solo uno strumento di valutazione, ma anche di apprendimento. Ti permettono di stare al passo con le tendenze letterarie, di esplorare nuove tecniche narrative e di riflettere su come puoi evolvere come scrittore.

Approcciare l'analisi comparativa con l'IA come un'opportunità di crescita può aprire nuove prospettive sul tuo lavoro e stimolare l'innovazione nella tua scrittura. Ricorda che l'obiettivo non è copiare ciò che è stato fatto, ma imparare dai successi altrui per sviluppare un'opera autentica e risonante che parli con la tua voce unica.

4.9 Ottimizzazione dei Tempi di Scrittura con l'IA

L'intelligenza artificiale (IA) può essere un prezioso alleato per ottimizzare i tempi di scrittura, rendendo il processo più efficiente e permettendoti di concentrarti sugli aspetti creativi del tuo lavoro. Ecco come puoi sfruttare l'IA per migliorare la gestione del tempo durante la scrittura:

1. Pianificazione Assistita dall'IA: Utilizza strumenti di IA per aiutarti a creare una pianificazione dettagliata del tuo progetto di scrittura. L'IA può suggerire scadenze realistiche basate sulla lunghezza prevista del lavoro, sui tuoi ritmi di scrittura precedenti e su altri impegni calendarizzati.

2. Generazione Automatica di Contenuti: Per le parti del testo che richiedono meno tocco creativo, come descrizioni standard o informazioni di contesto, considera l'uso dell'IA per generare automaticamente questi segmenti, risparmiando tempo che può essere dedicato a parti della narrazione che richiedono una maggiore attenzione creativa.

3. Riassunti e Outline: Impiega l'IA per creare riassunti e outline dettagliati del tuo lavoro. Questo può aiutare a mantenere la focalizzazione sui punti chiave della trama e a evitare deviazioni non necessarie che richiedono tempo per essere corrette in seguito.

4. Ricerca Veloce: Usa l'IA per condurre ricerche rapide su fatti, dati storici, dettagli scientifici o culturali rilevanti per la tua storia, evitando lunghe ricerche che distolgono dal tempo di scrittura effettivo.

5. Ottimizzazione del Workflow: Strumenti di IA possono analizzare il tuo processo di scrittura e suggerire ottimizzazioni nel workflow, identificando i momenti più produttivi della giornata e suggerendo pause per massimizzare l'efficienza.

6. Revisione e Editing Assistiti: Utilizza l'IA per una prima passata di revisione e editing, correggendo errori grammaticali, stilistici e di coerenza. Questo può ridurre il tempo necessario per le revisioni manuali e migliorare la qualità del testo.

7. Monitoraggio dei Progressi: Strumenti di IA possono tenere traccia dei tuoi progressi verso gli obiettivi di scrittura, fornendo report periodici e motivandoti a mantenere o aumentare la tua produttività.

8. Gestione delle Distrazioni: Alcuni strumenti basati su IA offrono funzionalità per aiutare a gestire e ridurre le distrazioni durante le sessioni di scrittura, come il blocco di siti web o applicazioni che potrebbero interrompere il tuo flusso di lavoro.

9. Suggerimenti Personalizzati: L'IA può offrire suggerimenti personalizzati per migliorare la tua routine di scrittura, basandosi sulle tue abitudini e preferenze personali, suggerendo tecniche specifiche per aumentare l'efficienza.

Utilizzando l'IA per ottimizzare i tempi di scrittura, puoi non solo rendere il processo più efficiente ma anche aumentare la qualità del tuo lavoro, assicurandoti che il tempo speso scrivendo sia il più produttivo possibile. Ricorda, tuttavia, che la tecnologia dovrebbe servire come supporto al tuo processo creativo, non sostituirlo, preservando così l'autenticità e la profondità della tua espressione letteraria.

4.10 Utilizzo dell'IA per la Scrittura Collaborativa

L'intelligenza artificiale (IA) sta trasformando il concetto di scrittura collaborativa, permettendo a scrittori di combinare le loro capacità creative con algoritmi avanzati per produrre opere uniche. Ecco come puoi utilizzare l'IA per facilitare e arricchire la scrittura collaborativa:

1. Generazione di Idee e Contenuti: Usa l'IA come un terzo collaboratore nella fase di brainstorming. Inserendo prompt specifici o temi generali, l'IA può suggerire nuove idee, spunti narrativi, o sviluppi di trama che potrebbero non emergere in una collaborazione umana tradizionale.

2. Sviluppo e Ampliamento di Trame: Impiega l'IA per esplorare diverse direzioni narrative basate sulle idee iniziali. L'IA può generare rapidamente molteplici scenari di trama o sottotrame che i collaboratori umani possono poi discutere, modificare e perfezionare.

3. Creazione di Dialoghi Dinamici: Utilizza strumenti di IA per generare proposte di dialogo tra i personaggi. Questo può servire come punto di partenza per i collaboratori, stimolando la creatività e facilitando la creazione di scambi verbali autentici e coinvolgenti.

4. Revisione e Editing Collaborativo: Sfrutta l'IA per l'analisi preliminare di coerenza, grammatica e stile prima di condividere il testo con i collaboratori umani. Questo può semplificare il processo di revisione, permettendo ai collaboratori di concentrarsi su aspetti più sostanziali della scrittura.

5. Sincronizzazione del Lavoro: Utilizza piattaforme di scrittura assistite dall'IA che offrono funzionalità di condivisione e sincronizzazione in tempo reale. Questo permette ai collaboratori di vedere le modifiche degli altri in tempo reale, facilitando un flusso di lavoro più integrato e dinamico.

6. Gestione dei Feedback: Impiega l'IA per raccogliere e organizzare i feedback dei collaboratori in modo efficiente. Strumenti di IA possono aiutare a categorizzare i commenti e suggerire modifiche, rendendo il processo di revisione collaborativa più gestibile e produttivo.

7. Esplorazione di Formati Narrativi Alternativi: Sperimenta con l'IA per trasformare la narrativa in formati diversi, come sceneggiature, poesie, o articoli, esplorando come la storia si adatta a ciascun

formato e offrendo ai collaboratori diverse prospettive sul materiale.

8. Supporto nella Costruzione del Mondo: Usa l'IA per generare dettagli complessi del mondo narrativo, dalla geografia alle strutture sociali, che possono essere utilizzati come base comune su cui tutti i collaboratori possono costruire.

L'utilizzo dell'IA nella scrittura collaborativa non solo può migliorare l'efficienza e la produttività, ma anche aprire nuove possibilità creative, stimolando l'innovazione e offrendo prospettive uniche che potrebbero non emergere in un contesto puramente umano. Integrando l'IA come uno strumento collaborativo, gli scrittori possono superare limiti tradizionali e esplorare nuovi orizzonti narrativi.

Capitolo 5: Revisione e Editing

5.1 Utilizzare l'IA per la Revisione Iniziale

L'intelligenza artificiale (IA) può svolgere un ruolo significativo nel processo di revisione iniziale, offrendo uno strumento efficiente per migliorare la qualità del testo prima di procedere con revisioni più approfondite. Ecco come integrare l'IA nella tua fase di revisione iniziale:

1. Controllo Ortografico e Grammaticale: Utilizza l'IA per un controllo ortografico e grammaticale completo. Gli strumenti avanzati di IA possono identificare non solo errori evidenti, ma anche questioni più sottili come l'uso improprio di tempi verbali, preposizioni, e costruzioni frasali.

2. Miglioramento dello Stile e della Leggibilità: Impiega strumenti di IA che offrono suggerimenti per migliorare lo stile e la leggibilità del tuo testo. Questi possono includere proposte per variare la lunghezza delle frasi, evitare ripetizioni, e utilizzare sinonimi per arricchire il vocabolario.

3. Analisi della Coerenza: Alcuni programmi basati sull'IA sono capaci di valutare la coerenza del testo, verificando che il tono e lo stile rimangano uniformi in tutto il documento e che la narrazione segua una logica interna.

4. Identificazione di Frasi e Parole Sovrautilizzate: L'IA può aiutarti a identificare frasi cliché, parole sovrautilizzate o jargon che potrebbero diminuire l'effetto del tuo scritto, suggerendo alternative più fresche o originali.

5. Rilevamento di Ambiguità: Utilizza l'IA per rilevare sezioni del testo che potrebbero risultare ambigue o poco chiare per i lettori, permettendoti di apportare le necessarie chiarificazioni prima di una revisione più dettagliata.

6. Valutazione della Struttura Narrativa: Strumenti di IA specializzati possono offrire una valutazione preliminare della struttura narrativa, suggerendo aree in cui la tensione potrebbe essere aumentata o in cui il ritmo necessita di essere bilanciato.

7. Feedback Sulla Costruzione del Mondo e dei Personaggi: Per storie con elementi complessi di world-building o sviluppo dei personaggi, l'IA può fornire feedback iniziale su questi aspetti, assicurando che siano presentati in modo coerente e credibile.

8. Preparazione per Revisioni Umane: Dopo aver utilizzato l'IA per affrontare questioni tecniche e stilistiche, il tuo manoscritto sarà in una forma migliore, permettendo a revisori umani di concentrarsi su aspetti più sottili come il flusso narrativo, l'arco emotivo dei personaggi, e l'impatto complessivo.

L'integrazione dell'IA nella revisione iniziale del tuo lavoro non solo migliora l'efficienza del processo di editing, ma eleva anche la qualità del manoscritto, preparandolo per ulteriori fasi di revisione. Ricorda, tuttavia, che mentre l'IA può offrire una revisione accurata su molti fronti, il tocco finale di un editore umano rimane insostituibile per cogliere le sfumature e la profondità emotiva del testo.

5.2 Affinare la Prosa con Strumenti di Editing basati sull'IA

Gli strumenti di editing basati sull'intelligenza artificiale (IA) rappresentano una rivoluzione nel modo in cui gli scrittori possono affinare la loro prosa. Questi strumenti offrono analisi dettagliate e suggerimenti per migliorare la chiarezza, lo stile, e l'impatto del testo. Ecco come puoi utilizzarli per portare la tua scrittura a un nuovo livello:

1. Miglioramento della Chiarezza e Concisione: Utilizza l'IA per identificare e rivedere frasi lunghe o complesse che potrebbero confondere i lettori. Gli strumenti di IA possono suggerire modi per semplificare o spezzare le frasi, migliorando la leggibilità senza sacrificare il contenuto.

2. Rafforzamento dello Stile di Scrittura: Impiega strumenti di IA che analizzano il tuo stile di scrittura e offrono suggerimenti per renderlo più coerente e accattivante. Che tu miri a uno stile più diretto o desideri incorporare una maggiore varietà linguistica, l'IA può aiutarti a raggiungere i tuoi obiettivi stilistici.

3. Arricchimento del Vocabolario: L'IA può suggerire sinonimi e variazioni lessicali per evitare ripetizioni e arricchire il vocabolario del tuo testo. Questo non solo migliora la prosa, ma anche mantiene i lettori impegnati e interessati.

4. Consistenza del Tono: Assicurati che il tono del tuo manoscritto sia uniforme dall'inizio alla fine. Gli strumenti di IA possono aiutare a identificare cambiamenti involontari nel tono, garantendo che il tuo testo trasmetta l'atmosfera desiderata in ogni sezione.

5. Eliminazione di Cliché e Frasi Fatte: L'IA può riconoscere e suggerire alternative a espressioni trite o cliché, spingendoti a trovare modi più originali ed espressivi per comunicare le tue idee.

6. Adattamento al Pubblico Target: Alcuni strumenti di IA offrono la possibilità di adattare la tua scrittura a specifici pubblici target, analizzando il livello di complessità del linguaggio e assicurando che il testo sia accessibile e coinvolgente per i tuoi lettori ideali.

7. Feedback in Tempo Reale: Molti strumenti di editing basati sull'IA forniscono feedback in tempo reale mentre scrivi, permettendoti di apportare modifiche immediate e vedere gli effetti delle tue scelte stilistiche all'istante.

8. Analisi Tematica e di Contenuto: Alcuni avanzati strumenti di IA vanno oltre la forma e offrono insight sul contenuto, suggerendo aree in cui potresti approfondire temi, sviluppare ulteriormente personaggi, o rafforzare la trama.

L'utilizzo degli strumenti di editing basati sull'IA per affinare la tua prosa ti permette di sfruttare la potenza dell'analisi computazionale senza perdere il tocco personale e creativo che definisce il tuo stile unico. Incorporando questi strumenti nel tuo processo di revisione, puoi migliorare significativamente la qualità della tua scrittura, rendendo la tua prosa più chiara, coinvolgente e memorabile.

5.3 Preparare il Manoscritto Finale con il Supporto dell'IA

Preparare il manoscritto finale per la pubblicazione è una fase cruciale che beneficia notevolmente dell'integrazione dell'intelligenza artificiale (IA). Gli strumenti di IA possono aiutare a rifinire il tuo lavoro, garantendo che sia il più pulito, coerente e professionale possibile. Ecco come sfruttare l'IA in questo processo finale:

1. Revisione Completa di Ortografia e Grammatica: Utilizza strumenti di IA avanzati per una revisione finale dell'ortografia e della grammatica. Questi strumenti possono catturare errori che sono sfuggiti durante le revisioni precedenti, garantendo una pulizia testuale essenziale prima della pubblicazione.

2. Controllo di Coerenza Stilistica: Assicurati che lo stile del tuo manoscritto sia uniforme in tutto il testo. Gli strumenti di IA possono aiutare a identificare e correggere variazioni nello stile di scrittura, nell'uso del tempo verbale e nella formattazione.

3. Ottimizzazione della Struttura del Testo: Impiega l'IA per analizzare la struttura complessiva del tuo manoscritto, suggerendo modifiche che possono migliorare il flusso della narrazione, l'equilibrio tra le sezioni e la distribuzione dei capitoli.

4. Raffinamento delle Descrizioni: Utilizza strumenti di IA per arricchire e variare le descrizioni all'interno del tuo manoscritto. L'IA può suggerire aggiustamenti per rendere le tue descrizioni più vivide, precise o emotivamente impattanti.

5. Verifica delle Citazioni e delle Fonti: Per i manoscritti che richiedono l'uso di citazioni o riferimenti, gli strumenti di IA possono verificare l'accuratezza delle fonti e il corretto formato di citazione, riducendo il rischio di errori.

6. Analisi del Target di Lettura: Alcuni strumenti di IA possono analizzare il tuo manoscritto per determinare se il linguaggio, il tono e il contenuto sono adeguati al tuo pubblico target, offrendo la possibilità di apportare modifiche mirate prima della pubblicazione.

7. Feedback sul Ritmo Narrativo: Usa l'IA per valutare il ritmo della tua storia, identificando sezioni che potrebbero beneficiare di maggior tensione o momenti in cui il ritmo potrebbe essere rallentato per effetto drammatico.

8. Preparazione dei Materiali di Presentazione: L'IA può assisterti nella creazione di sinossi, lettere di presentazione e proposte editoriali, generando testi che catturano l'essenza del tuo lavoro e lo presentano nel modo più attraente possibile agli editori o agli agenti.

9. Adattamento per Diversi Formati di Pubblicazione: Se prevedi di pubblicare il tuo lavoro in formati diversi (ad esempio, stampa, e-book, audiolibro), l'IA può aiutare a ottimizzare il testo per ciascun formato, garantendo che sia accessibile e godibile in tutti i formati scelti.

10. Assistenza nella Selezione delle Parole Chiave: Per la pubblicazione digitale, utilizza l'IA per identificare parole chiave ottimali per il titolo, la sinossi e la descrizione del tuo libro, migliorando la visibilità e l'ottimizzazione per i motori di ricerca (SEO).

Preparare il manoscritto finale con il supporto dell'IA consente di affrontare con fiducia il processo di pubblicazione, assicurando che il tuo lavoro sia presentato nella sua forma migliore. Integrando strategicamente l'IA nel tuo flusso di lavoro editoriale, puoi sfruttare la tecnologia per elevare la qualità del tuo manoscritto, aumentando le tue possibilità di successo nel mercato editoriale.

5.4 L'IA nel Miglioramento della Leggibilità

L'intelligenza artificiale (IA) ha trasformato il modo in cui gli scrittori possono migliorare la leggibilità dei loro testi, rendendo i contenuti più accessibili e piacevoli per un'ampia gamma di lettori. Ecco alcune strategie efficaci per utilizzare l'IA per ottimizzare la leggibilità:

1. Valutazione Automatica della Leggibilità: Utilizza strumenti di IA che forniscono punteggi di leggibilità basati su vari indici, come il Flesch Reading Ease o il Gunning Fog Index. Questi strumenti analizzano il tuo testo per determinare la facilità di lettura, suggerendoti dove potresti semplificare il linguaggio o la struttura delle frasi.

2. Suggerimenti per la Semplicità Linguistica: Impiega l'IA per identificare frasi complesse, jargon o terminologia tecnica che potrebbe essere difficile da comprendere per i lettori generali. Gli strumenti di IA possono suggerire alternative più semplici o definizioni chiare per termini specializzati.

3. Ottimizzazione della Struttura delle Frasi: Strumenti basati sull'IA possono analizzare la struttura delle tue frasi e suggerire modifiche per migliorare la chiarezza e la fluidità, come la divisione di frasi lunghe o la ristrutturazione di costrutti complessi.

4. Adattamento al Pubblico Target: Alcuni strumenti di IA consentono di personalizzare l'analisi della leggibilità in base al pubblico target, fornendo suggerimenti specifici per rendere il testo accessibile a gruppi di lettori con diverse capacità e aspettative di lettura.

5. Riduzione delle Ripetizioni: L'IA può aiutare a identificare e ridurre le ripetizioni nel tuo testo, sia a livello di parole sia di idee, suggerendo sinonimi o modi diversi per presentare le stesse informazioni, contribuendo a mantenere l'interesse dei lettori.

6. Miglioramento del Flusso Narrativo: Utilizza l'IA per valutare il flusso e la coerenza della tua narrazione. Può segnalare salti improvvisi nella storia o nella logica che potrebbero confondere i lettori, suggerendo modifiche per una transizione più fluida.

7. Personalizzazione della Voce Narrativa: Gli strumenti di IA possono aiutare a calibrare la voce narrativa per adattarla meglio al tuo pubblico, suggerendo aggiustamenti nello stile di scrittura che possono rendere il testo più risonante e coinvolgente.

8. Feedback Continuo e Iterativo: Molti strumenti di IA offrono la possibilità di ricevere feedback in tempo reale mentre scrivi, permettendoti di apportare modifiche immediate per migliorare la leggibilità del tuo testo.

9. Integrazione con la Ricerca di Parole Chiave: Per contenuti online, l'IA può suggerire l'integrazione di parole chiave pertinenti in modo naturale all'interno del testo, migliorando non solo la SEO, ma anche assicurando che il linguaggio sia in linea con ciò che i lettori stanno cercando.
L'uso dell'IA per migliorare la leggibilità rappresenta un passo avanti significativo nell'editing, offrendo agli scrittori la possibilità di affinare i loro testi in modo più efficiente e mirato. Integrando questi strumenti nel processo di revisione, è possibile rendere i contenuti non solo più accessibili ma anche più coinvolgenti per una vasta gamma di lettori.

5.5 Uso dell'IA per la Correzione di Continuità e Coerenza

L'intelligenza artificiale (IA) offre soluzioni avanzate per affrontare le sfide di continuità e coerenza nei manoscritti, aspetti fondamentali per garantire una narrazione fluida e senza incongruenze. Ecco come sfruttare l'IA per identificare e correggere problemi di continuità e coerenza nel tuo lavoro:

1. Rilevamento Automatico di Incongruenze: Utilizza strumenti di IA capaci di scansionare il tuo testo alla ricerca di incongruenze nella trama, nei dettagli dei personaggi, o nelle ambientazioni. Questi strumenti possono individuare cambiamenti accidentali nel nome dei personaggi, discrepanze temporali, o dettagli ambientali che variano in modo non intenzionale.

2. Tracciamento dei Personaggi e degli Elementi della Trama: Impiega l'IA per mantenere un database dinamico dei personaggi, dei luoghi e degli oggetti chiave menzionati nel tuo racconto. Questo aiuta a garantire che le caratteristiche e le storie dei personaggi rimangano consistenti in tutto il testo e che gli elementi della trama siano coerenti e logici.

3. Analisi della Coerenza Tematica: Sfrutta l'IA per analizzare i temi e i motivi ricorrenti nel tuo manoscritto, assicurando che siano trattati in modo coerente e contribuiscano efficacemente allo sviluppo della storia e dei personaggi.

4. Revisione dello Stile e del Tono: Utilizza strumenti di IA per esaminare il tono e lo stile del tuo testo, identificando sezioni in cui questi elementi potrebbero divergere in modo non intenzionale dal resto del manoscritto, garantendo così una lettura omogenea.

5. Suggerimenti per Miglioramenti: Oltre a identificare problemi di continuità e coerenza, alcuni strumenti di IA avanzati offrono suggerimenti concreti su come risolvere queste incongruenze, aiutandoti a effettuare modifiche mirate che migliorano la qualità complessiva del manoscritto.

6. Confronto con Opere Simili: Alcuni strumenti di IA possono confrontare il tuo lavoro con opere simili per identificare differenze significative nello stile di trattamento di temi o argomenti simili, offrendo un'ulteriore prospettiva sulla coerenza del tuo approccio.

7. Feedback Iterativo: Molti strumenti di IA permettono un approccio iterativo alla revisione, dove le correzioni e le modifiche apportate al testo possono essere nuovamente analizzate per

assicurare che i problemi di continuità e coerenza siano stati completamente risolti.

8. Assistenza nella Creazione di Outline: Prima di iniziare la scrittura, l'IA può aiutare a creare un outline dettagliato che tenga traccia dei principali elementi narrativi, fornendo una solida base per evitare incongruenze e problemi di coerenza fin dall'inizio.

L'integrazione dell'IA nel processo di revisione non solo semplifica l'identificazione e la correzione di problemi di continuità e coerenza, ma migliora anche l'efficienza e la precisione di questo processo. Facendo affidamento su questi strumenti, gli autori possono dedicare più attenzione e risorse allo sviluppo creativo e alla raffinatura del loro racconto, assicurando che il prodotto finale sia il più coerente e coinvolgente possibile.

5.6 Analisi Predittiva del Ricevimento del Lettore con l'IA

L'analisi predittiva basata sull'intelligenza artificiale (IA) apre nuove possibilità per gli scrittori, permettendo loro di anticipare come il loro lavoro potrebbe essere ricevuto dal pubblico. Questo tipo di analisi utilizza dati, tendenze e modelli comportamentali per prevedere le reazioni dei lettori a vari elementi di una storia. Ecco come puoi sfruttare l'IA per una previsione efficace del ricevimento dei lettori:

1. Analisi dei Trend Letterari: Utilizza strumenti di IA per analizzare i trend attuali nel mondo letterario, identificando temi, generi e stili di scrittura che stanno guadagnando popolarità. Questo può aiutarti a posizionare strategicamente il tuo lavoro in modo che risuoni con gli interessi attuali dei lettori.

2. Valutazione delle Preferenze del Pubblico Target: Impiega l'IA per analizzare le preferenze di specifici segmenti di pubblico, basandoti su recensioni di libri, discussioni sui social media e altri feedback disponibili online. Questo ti permette di adattare il tuo lavoro in modo che soddisfi meglio le aspettative e i desideri del tuo pubblico ideale.

3. Simulazione di Reazioni dei Lettori: Alcuni strumenti di IA avanzati possono simulare le potenziali reazioni dei lettori a diversi aspetti della tua storia, come trama, personaggi e temi. Questo può darti un'idea preliminare del loro impatto emotivo e della loro accoglienza.

4. Test A/B di Elementi Narrativi: Utilizza l'IA per condurre test A/B su elementi narrativi specifici, come titoli, copertine o descrizioni. Questo ti aiuta a determinare quali opzioni hanno maggiori probabilità di attirare l'attenzione dei lettori e stimolare l'interesse.
5. Analisi del Sentimento: Strumenti di analisi del sentimento basati sull'IA possono esaminare il linguaggio e il tono utilizzati nel tuo testo per prevedere la risposta emotiva dei lettori. Questo può guidarti nel rifinire il tuo lavoro per evocare le reazioni desiderate.

6. Predizione del Successo di Vendita: L'IA può analizzare dati storici di vendita per opere simili e utilizzare questi dati per prevedere il potenziale successo commerciale del tuo libro, aiutandoti a prendere decisioni informate su strategie di marketing e pubblicazione.

7. Personalizzazione del Contenuto: Basandoti sull'analisi predittiva, puoi utilizzare l'IA per suggerire adattamenti personalizzati al tuo manoscritto che potrebbero aumentare la sua risonanza con i lettori, senza compromettere la tua visione artistica.

8. Monitoraggio Continuo: Mantieni un monitoraggio continuo delle tendenze e delle reazioni dei lettori anche dopo la pubblicazione, utilizzando l'IA per adattare le tue strategie di marketing e di engagement in base ai feedback ricevuti.

Sfruttare l'analisi predittiva basata sull'IA per anticipare il ricevimento dei lettori offre agli scrittori un vantaggio unico, permettendo loro di affinare il loro lavoro in modo che soddisfi meglio le aspettative del pubblico. Tuttavia, è importante bilanciare queste intuizioni con la propria integrità creativa, assicurando che qualsiasi adattamento rimanga fedele alla voce e agli obiettivi originali dell'autore.

5.7 Feedback Automatizzato sull'Arco Narrativo

Gli strumenti di intelligenza artificiale (IA) possono offrire feedback automatizzato sull'arco narrativo di un manoscritto, analizzando la struttura della storia, l'evoluzione dei personaggi e il ritmo narrativo. Questa tecnologia offre agli scrittori una preziosa prospettiva esterna sullo sviluppo della loro narrazione. Ecco come può essere utilizzato l'IA per questo scopo:

1. Valutazione della Struttura Narrativa: Utilizza l'IA per analizzare la struttura globale della tua storia, verificando che segua modelli narrativi riconosciuti o innovativi in modo efficace. L'IA può identificare punti di forza e debolezza nella sequenza degli eventi, suggerendo dove potrebbero essere necessari maggiori sviluppi o modifiche.

2. Analisi dell'Evoluzione dei Personaggi: Strumenti di IA specializzati possono tracciare l'evoluzione dei personaggi principali e secondari lungo l'arco della storia, assicurando che ogni personaggio mostri una crescita coerente e motivata, e identificando eventuali incongruenze nello sviluppo del carattere.

3. Rilevamento di Punti di Svolta: L'IA può identificare i principali punti di svolta narrativi e valutare la loro efficacia nel trasformare la trama o nel definire gli obiettivi e le motivazioni dei personaggi, offrendo suggerimenti su come rendere questi momenti più impattanti.

4. Valutazione del Ritmo Narrativo: Gli strumenti di IA analizzano il ritmo della storia, identificando sezioni in cui il ritmo potrebbe rallentare eccessivamente o accelerare troppo rapidamente, suggerendo modifiche per mantenere l'interesse del lettore costante.

5. Identificazione di Temi e Motivi: L'IA può esaminare il manoscritto per identificare i temi e i motivi ricorrenti, offrendo feedback su come questi elementi contribuiscono all'arco narrativo complessivo e alla coerenza tematica della storia.

6. Suggerimenti per Migliorare la Conclusione: Basandosi sull'analisi dell'intera narrazione, l'IA può offrire suggerimenti specifici per rafforzare la conclusione della storia, assicurando che soddisfi le aspettative narrative accumulate e offra una chiusura soddisfacente.

7. Feedback Iterativo: Molti strumenti di IA consentono di ricevere feedback iterativo, consentendo agli scrittori di apportare modifiche e poi ri-analizzare l'arco narrativo per valutare gli effetti delle loro revisioni, facilitando un processo di miglioramento continuo.

8. Confronto con Opere Simili: Alcuni sistemi di IA possono confrontare l'arco narrativo del tuo manoscritto con quelli di opere simili nel tuo genere, fornendo insight su come la tua storia si posiziona all'interno di tendenze narrative più ampie e identificando opportunità per distinguersi.

Utilizzare l'IA per ottenere feedback automatizzato sull'arco narrativo permette agli scrittori di affinare la struttura della
loro storia con una precisione e una profondità che sarebbero difficili da raggiungere solo con la revisione umana. Questo tipo di analisi può accelerare il processo di revisione, migliorando significativamente la qualità narrativa del manoscritto prima della sua pubblicazione.

5.8 Uso dell'IA per l'Editing di Dialoghi

L'intelligenza artificiale (IA) offre strumenti rivoluzionari per l'editing di dialoghi, aiutando gli scrittori a rendere le loro conversazioni più naturali, coinvolgenti e verosimili. Ecco come puoi utilizzare l'IA per affinare i dialoghi nel tuo manoscritto:

1. Miglioramento della Naturalità: Utilizza strumenti di IA che analizzano la fluidità e la naturalità dei dialoghi. L'IA può suggerire modifiche per rendere i dialoghi più realistici, eliminando costruzioni innaturali o rigide e sostituendole con espressioni che suonano più come una conversazione reale.

2. Variazione del Linguaggio dei Personaggi: Impiega l'IA per assicurare che ogni personaggio abbia una voce distinta. Gli strumenti di IA possono identificare e suggerire variazioni nel linguaggio, nel gergo o nelle espressioni tipiche di ogni personaggio, rafforzando la loro unicità.

3. Analisi del Ritmo del Dialogo: Utilizza l'IA per valutare il ritmo dei dialoghi, identificando dove potrebbero essere necessari tagli o dove aggiungere pause e battute per migliorare il flusso della conversazione e aumentare l'impatto emotivo o drammatico.

4. Rilevamento di Ripetizioni e Cliché: L'IA può scansionare i dialoghi alla ricerca di ripetizioni o cliché, suggerendo alternative fresche e originali che migliorano la qualità del testo e mantengono l'interesse dei lettori.

5. Adattamento dei Dialoghi al Contesto: Strumenti di IA specializzati possono analizzare il contesto in cui si svolge il dialogo, assicurando che le conversazioni siano appropriate per la situazione, l'ambientazione e il tono generale della scena.

6. Feedback su Coerenza e Credibilità: Ricevi feedback automatizzato sull'IA riguardo la coerenza e la credibilità dei dialoghi, in particolare se le conversazioni riflettono in modo accurato le personalità dei personaggi e la loro evoluzione nel corso della storia.

7. Integrazione con la Narrazione: Alcuni strumenti di IA possono aiutare a integrare meglio i dialoghi nella narrazione, suggerendo modi per usare il dialogo per rivelare informazioni sul plot, approfondire i personaggi o avanzare la trama in modo sottile ed efficace.

8. Supporto Multilingue: Per gli scrittori che lavorano con dialoghi in lingue diverse o che includono termini stranieri, l'IA può offrire supporto nella traduzione e nell'editing per assicurare che l'uso del linguaggio sia corretto e naturale.

Utilizzando l'IA per l'editing di dialoghi, puoi sfruttare la potenza dell'analisi computazionale per affinare ogni scambio verbale, migliorando significativamente l'autenticità e l'impatto dei tuoi dialoghi. Ricorda, tuttavia, che mentre l'IA può fornire suggerimenti preziosi, il tocco finale e le decisioni creative spettano sempre all'autore, garantendo che i dialoghi rimangano fedeli alla voce e all'intento narrativo originale.

5.9 Ottimizzazione della Trama con l'IA

L'intelligenza artificiale (IA) offre strumenti potenti per analizzare e ottimizzare la trama di un manoscritto, assicurando che la storia sia coerente, coinvolgente e priva di buchi narrativi. L'uso dell'IA in questo processo può aiutare a identificare aree di miglioramento e fornire soluzioni creative. Ecco come sfruttare l'IA per ottimizzare la tua trama:

1. Analisi della Coerenza Narrativa: Utilizza l'IA per verificare la coerenza interna della tua trama. Gli strumenti di IA possono rilevare incongruenze, come eventi che si contraddicono o sequenze temporali confuse, e suggerire correzioni per garantire una narrazione fluida e logica.

2. Valutazione dei Punti di Svolta: Impiega l'IA per analizzare i punti di svolta cruciali nella tua storia, valutando la loro efficacia nel cambiare la direzione della narrazione o nel contribuire allo sviluppo dei personaggi. L'IA può suggerire modi per rendere questi momenti più impattanti o significativi.

3. Identificazione di Sottotrame: L'IA può aiutarti a identificare e sviluppare sottotrame all'interno della tua storia, assicurando che siano ben integrate nella trama principale e contribuiscano alla ricchezza e alla profondità della narrazione.

4. Suggerimenti per l'Intensificazione del Conflitto: Utilizza l'IA per esplorare modi per intensificare i conflitti all'interno della tua storia, suggerendo nuovi ostacoli o sfide per i personaggi che possono aumentare la tensione narrativa e mantenere l'interesse dei lettori.

5. Ottimizzazione del Ritmo Narrativo: Gli strumenti di IA possono analizzare il ritmo della tua storia, identificando aree in cui il ritmo potrebbe essere troppo lento o troppo veloce. L'IA può suggerire modifiche per migliorare il flusso della narrazione, equilibrando azione, descrizione e sviluppo dei personaggi.

6. Miglioramento delle Conclusione: L'IA può valutare la conclusione della tua storia per garantire che sia soddisfacente e risolva tutti i fili narrativi principali. Può suggerire modi per rafforzare l'impatto emotivo o tematico della conclusione.

7. Feedback Iterativo: Molti strumenti di IA consentono di ricevere feedback iterativo sulla tua trama. Puoi apportare modifiche in base ai suggerimenti dell'IA e sottoporre nuovamente la trama a valutazione per un ulteriore affinamento.

8. Confronto con Storie di Successo: Alcuni strumenti di IA possono confrontare la struttura della tua trama con quelle di storie di successo nel tuo genere, fornendo insight su elementi narrativi che tendono a risuonare bene con il pubblico e identificando opportunità per differenziare la tua storia.

L'ottimizzazione della trama con l'aiuto dell'IA può trasformare un buon racconto in una storia memorabile e profondamente coinvolgente. Integrando queste analisi basate sull'IA nel tuo processo di revisione, puoi elevare la qualità della tua narrazione, garantendo che ogni aspetto della trama contribuisca a una lettura soddisfacente e arricchente per il tuo pubblico.

5.10 Preparazione della versione beta del libro con l'IA

Per la preparazione della versione beta del tuo libro con l'intelligenza artificiale (IA), ci sono diversi passaggi chiave che possiamo seguire per assicurarci che il prodotto finale sia di alta qualità e pronto per essere condiviso con un gruppo selezionato di lettori beta. Questa fase è cruciale per raccogliere feedback e fare gli aggiustamenti necessari prima della pubblicazione definitiva. Ecco una guida passo-passo:

1. Revisione e Formattazione Iniziale
Prima di tutto, è importante che il manoscritto sia completamente rivisto e formattato correttamente. Questo include la correzione di errori grammaticali, ortografici e di punteggiatura, oltre alla verifica della coerenza dello stile e del tono. L'IA può assisterti in questa fase offrendo strumenti di correzione e suggerimenti stilistici.
Suggerimento: Utilizza strumenti IA per la revisione grammaticale e stilistica, come Grammarly o Hemingway, per migliorare la qualità del testo.

2. Strutturazione e Organizzazione dei Contenuti
Assicurati che la struttura del libro sia logica e fluida. L'IA può aiutarti a valutare la coerenza e la progressione logica dei capitoli o delle sezioni.
Suggerimento: Utilizza strumenti di organizzazione del testo basati sull'IA per visualizzare la struttura del tuo libro e fare eventuali aggiustamenti.

3. Selezione dei Lettori Beta
Identifica un gruppo di lettori beta che rappresentino il tuo pubblico di riferimento. L'IA può aiutarti a individuare potenziali lettori beta attraverso piattaforme social o forum specifici del settore.
Suggerimento: Cerca su piattaforme come Reddit o Goodreads per trovare comunità interessate al genere del tuo libro.

4. Creazione di Questionari o Guide per i Feedback
Sviluppa un questionario o una guida che i lettori beta possono utilizzare per fornire feedback strutturati. Questi possono includere domande specifiche sui personaggi, sulla trama, sul ritmo e su altri elementi critici.
Suggerimento: Usa strumenti di creazione sondaggi come Google Forms o SurveyMonkey per facilitare la raccolta e l'analisi dei feedback.

5. Distribuzione della Versione Beta

Invia il tuo libro ai lettori beta in un formato facilmente accessibile. PDF è un formato comune, ma potresti considerare altri formati a seconda delle preferenze dei lettori.

Suggerimento: Usa piattaforme di condivisione file come Google Drive o Dropbox per distribuire il tuo libro ai lettori beta.

6. Raccolta e Analisi dei Feedback

Una volta che i feedback iniziano ad arrivare, utilizza l'IA per analizzare le risposte e identificare tendenze o temi comuni. Questo può aiutarti a focalizzare le modifiche da apportare.

Suggerimento: Strumenti di analisi testuale IA possono aiutarti a sintetizzare e interpretare i feedback dei lettori.

7. Revisione Finale e Modifiche

Basandoti sui feedback ricevuti, apporta le modifiche necessarie al tuo libro. Questo potrebbe includere l'aggiustamento di trama, personaggi, stile o altri elementi cruciali.

8. Preparazione per la Pubblicazione

Dopo aver apportato tutte le modifiche necessarie e aver rifinito il libro, è il momento di prepararsi per la pubblicazione. Questo include la selezione di una casa editrice o la scelta di un percorso di auto-pubblicazione.

Capitolo 6: Design e Formattazione

6.1 Design della copertina utilizzando l'IA

Il design della copertina è un elemento cruciale nella creazione di un libro, poiché rappresenta il primo punto di contatto visivo tra il libro e il potenziale lettore. L'utilizzo dell'intelligenza artificiale (IA) per il design della copertina può rendere questo processo più accessibile e innovativo. Ecco una guida per utilizzare l'IA nella creazione della copertina del tuo libro:

Passo 1: Definizione del Concept
Identifica il Tema Centrale: Rifletti sul tema centrale del tuo libro. Che sia narrativa, saggistica o educativa, il tema guiderà il design della copertina.
Scegli i Colori e gli Elementi Visivi: Decidi i colori dominanti e gli elementi visivi che vuoi che la copertina rifletta. Questo potrebbe basarsi sul tono del libro, su simboli ricorrenti nella narrazione, o su elementi chiave del contenuto.

Passo 2: Utilizzo di Strumenti di Design Assistiti dall'IA
Selezione dello Strumento: Scegli uno strumento di design assistito dall'IA. Esistono diverse piattaforme online che offrono servizi di design di copertine basati su IA, come Canva, Adobe Spark, o Book Brush.
Input Creativi: Inserisci nel sistema le tue idee, i colori, gli elementi visivi e qualsiasi testo specifico (titolo, sottotitolo, nome dell'autore). Molti strumenti di IA richiedono solo poche parole chiave per generare proposte di design.

Passo 3: Generazione e Selezione del Design
Generazione di Proposte: Lascia che l'IA generi diverse proposte di design basate sui tuoi input. Questo processo può richiedere da pochi secondi a qualche minuto.
Selezione e Modifica: Scegli il design che più si avvicina alla tua visione. La maggior parte degli strumenti permette di affinare e modificare i design generati, permettendoti di personalizzare ulteriormente la copertina.

Passo 4: Feedback e Revisione
Raccolta di Feedback: Condividi il design scelto con colleghi, amici o un gruppo di lettura per ottenere feedback. L'IA può offrire soluzioni innovative, ma il feedback umano è cruciale per valutare

l'impatto emotivo del design.
Revisione Finale: Usa i feedback raccolti per apportare modifiche finali al design della copertina. Potresti dover iterare questo passo più volte per perfezionare il design.

Passo 5: Finalizzazione
Esportazione del Design: Una volta soddisfatto del risultato, esporta il design della copertina nel formato richiesto dalla tua piattaforma di pubblicazione o stampa.
Considerazioni Tecniche: Assicurati che la risoluzione e le dimensioni del file rispettino le specifiche tecniche richieste per la pubblicazione.
Utilizzare l'IA per il design della copertina può non solo semplificare il processo creativo ma anche offrire soluzioni
visive che potresti non aver considerato. Ricorda, tuttavia, che
la copertina è un elemento critico della percezione del tuo libro, quindi dedica il tempo necessario per ottenere il miglior risultato possibile.

6.2 Formattazione del libro per pubblicazione con l'IA

La formattazione del libro per la pubblicazione è un processo cruciale che influisce sull'aspetto finale del tuo lavoro e sulla sua leggibilità. Utilizzare l'intelligenza artificiale (IA) e gli strumenti automatizzati può rendere questo processo più efficiente e meno soggetto a errori. Ecco una guida passo passo per la formattazione del tuo libro per la pubblicazione, sfruttando la potenza dell'IA.

Passo 1: Scegli la Piattaforma di Pubblicazione
Identifica il Formato: Prima di iniziare la formattazione, determina il formato di pubblicazione (ebook, stampa, o entrambi) e la piattaforma (Amazon KDP, Ingram Spark, ecc.).
Requisiti di Formattazione: Ogni piattaforma ha specifici requisiti di formattazione. Familiarizza con questi prima di procedere.

Passo 2: Preparazione del Manoscritto
Pulizia del Testo: Usa strumenti IA per eliminare errori di formattazione invisibili, come spazi doppi, tabulazioni inconsistenti, e interruzioni di linea errate.
Struttura dei Capitoli: Assicurati che ogni capitolo inizi su una nuova pagina. Puoi utilizzare strumenti IA per automatizzare questo processo, specialmente se stai convertendo il libro in un formato per ebook.

Passo 3: Utilizzo di Strumenti di Formattazione Assistiti dall'IA
Software di Formattazione: Ci sono diversi software e servizi basati su IA che possono aiutarti nella formattazione, come Vellum, Scrivener, o l'estensione Reedsy per Google Docs.
Automazione: Questi strumenti offrono modelli preimpostati per diversi stili di libro e generi, automatizzando l'impaginazione, la generazione di sommari, e la formattazione di titoli e sottotitoli.

Passo 4: Impostazione degli Elementi di Stile
Carattere e Dimensione: Scegli un carattere e una dimensione adatti alla lettura. Molti strumenti offrono consigli basati sul genere e sul pubblico di destinazione del tuo libro.
Margini e Interlinea: Imposta margini e interlinea. Questi parametri variano a seconda del formato di pubblicazione e possono essere ottimizzati automaticamente da alcuni strumenti di formattazione IA.

Passo 5: Revisione e Test
Anteprima del Libro: Utilizza la funzione di anteprima offerta dalla maggior parte degli strumenti di formattazione per vedere come apparirà il tuo libro una volta pubblicato.

Test su Dispositivi Diversi: Se pubblichi un ebook, testa il file su diversi dispositivi e applicazioni di lettura per assicurarti che la formattazione sia corretta ovunque.

Passo 6: Esportazione e Pubblicazione
Esportazione del File: Una volta che sei soddisfatto della formattazione, esporta il tuo libro nel formato richiesto dalla piattaforma di pubblicazione scelta.
Caricamento: Segui le istruzioni della piattaforma di pubblicazione per caricare il tuo manoscritto formattato e qualsiasi altro materiale richiesto (copertina, descrizione, ecc.).
Utilizzare l'IA e gli strumenti automatizzati per la formattazione
del tuo libro può risparmiarti tempo e fatica, consentendoti di concentrarti sugli aspetti creativi della scrittura. Tuttavia, ricorda che l'occhio umano è insostituibile per la revisione finale, quindi assicurati di controllare attentamente il tuo lavoro prima della pubblicazione.

6.3 Preview e test del layout con strumenti IA

La preview e il test del layout del tuo libro sono passaggi fondamentali prima della pubblicazione. Utilizzare strumenti basati sull'intelligenza artificiale (IA) per eseguire queste operazioni può semplificare il processo, migliorare l'accessibilità e assicurare che il libro appaia al meglio su vari dispositivi. Ecco come procedere:

1. Scegliere lo Strumento di Preview e Test IA Adatto
Ricerca: Esplora strumenti online che offrono preview e test del layout assistiti dall'IA. Questi strumenti possono variare da soluzioni complete di auto-pubblicazione a software specifici per il layout.
Caratteristiche: Cerca strumenti che permettano di visualizzare come il tuo libro apparirà su differenti dispositivi (eReaders, tablet, smartphone) e formati (ePub, Mobi, PDF).

2. Preparare il Manoscritto per il Test
Formattazione Iniziale: Assicurati che il tuo manoscritto sia formattato correttamente secondo le linee guida del software scelto. Ciò include titoli, sottotitoli, margini, font e dimensioni del testo.
Caricamento: Carica il tuo manoscritto sullo strumento IA selezionato. Alcuni strumenti possono richiedere formati specifici come DOCX, RTF o PDF.

3. Utilizzare l'IA per la Preview del Layout
Generazione Automatica: Lascia che l'IA generi automaticamente una preview del layout del tuo libro. Questo può includere la disposizione del testo, l'inserimento di immagini e la formattazione dei capitoli.
Vari Dispositivi e Formati: Testa il layout su vari dispositivi e formati per assicurarti che sia visivamente coerente e facilmente leggibile.

4. Analisi e Ottimizzazione
Feedback IA: Presta attenzione ai feedback forniti dall'IA, che possono includere suggerimenti per migliorare la leggibilità o l'aspetto su specifici dispositivi.
Modifiche Manuali: Dopo il test iniziale, potresti dover fare modifiche manuali per ottimizzare ulteriormente il layout. Questo è normale, poiché l'IA può non catturare tutte le sfumature di design desiderate.

5. Test con Utenti Reali
Gruppo di Test: Oltre ai test IA, considera di condividere il layout con un piccolo gruppo di lettori beta per ottenere feedback reali. I

loro commenti possono essere preziosi per identificare problemi non rilevati dall'IA.
Iterazione: Usa i feedback per apportare ulteriori miglioramenti. Questo processo iterativo aiuterà a perfezionare il layout per la pubblicazione finale.

6. Finalizzazione
Approvazione Finale: Una volta soddisfatto del layout e dopo aver incorporato tutti i feedback necessari, il libro è pronto per la pubblicazione.
Preparazione per la Pubblicazione: Prepara i file finali secondo i requisiti della piattaforma di pubblicazione scelta, assicurandoti che il layout sia preservato nel formato finale.
Gli strumenti di IA possono significativamente semplificare e migliorare il processo di preview e test del layout, ma il giudizio umano rimane essenziale per garantire che il libro soddisfi gli standard di qualità desiderati.

6.4 Selezione del formato e della dimensione del libro con l'IA

La selezione del formato e della dimensione del libro è una decisione cruciale che può influenzare non solo l'aspetto estetico del libro ma anche la sua fruibilità da parte dei lettori. L'intelligenza artificiale (IA) può assisterti in questa scelta, fornendo analisi basate su dati e preferenze del mercato, oltre a simulare come il tuo libro apparirà in diversi formati. Ecco come puoi utilizzare l'IA per guidare questa decisione:

1. Analisi del Target di Mercato
Identifica il Tuo Pubblico: Definisci il pubblico di riferimento del tuo libro. L'età, gli interessi e anche il settore possono influenzare la preferenza per certi formati.
Strumenti di Analisi IA: Usa strumenti di analisi basati su IA per studiare le tendenze di mercato relative al tuo genere o settore. Questi strumenti possono fornire dati su quali formati e dimensioni sono più popolari tra il tuo pubblico di riferimento.

2. Simulazione dei Formati
Sperimentazione Virtuale: Utilizza software di preview assistito da IA per simulare come il tuo libro apparirà in vari formati e dimensioni. Questo può includere formati tradizionali come A5, A4, 6"x9", e altri specifici per il tuo settore.
Valutazione dell'Impatto Visivo: Considera l'impatto visivo di ogni formato sul design della copertina, sulla lunghezza del testo e sulla disposizione generale. Alcuni formati potrebbero essere più adatti a garantire una buona leggibilità e una disposizione esteticamente piacevole.

3. Feedback IA su Leggibilità e Design
Analisi della Leggibilità: Impiega strumenti IA per valutare come la dimensione del testo e la disposizione complessiva influenzino la leggibilità in ciascun formato. Questi strumenti possono suggerire modifiche per migliorare l'esperienza di lettura.
Ottimizzazione del Layout: Sfrutta le capacità dell'IA per testare e ottimizzare il layout delle pagine, inclusi margini, spazi bianchi e interruzioni di capitolo, in base al formato selezionato.

4. Considerazioni sul Costo e sulla Distribuzione
Analisi dei Costi di Stampa: Usa modelli di IA per calcolare i costi di stampa associati a diversi formati e dimensioni, tenendo conto di fattori come il numero di pagine e il tipo di carta.
Preferenze di Distribuzione: Valuta come il formato influenzerà le tue opzioni di distribuzione. Alcuni formati potrebbero essere preferiti da determinate piattaforme di pubblicazione o da negozi

fisici.

5. Decisione Finale
Confronto e Scelta: Basandoti sui dati raccolti e sulle simulazioni effettuate, scegli il formato e la dimensione che meglio si adattano al tuo libro, considerando l'impatto visivo, la leggibilità, i costi e le preferenze del pubblico.
Test Finale: Prima di procedere con la pubblicazione finale, effettua un ultimo round di test e revisioni per assicurarti che il formato selezionato soddisfi tutte le tue esigenze e quelle dei tuoi lettori.
Utilizzare l'IA per guidare la selezione del formato e della dimensione del tuo libro può aiutarti a prendere decisioni informate, massimizzando l'attrattiva e la fruibilità del tuo libro per il pubblico target.

6.5 Personalizzazione dei template di design con l'IA

La personalizzazione dei template di design del libro con l'intelligenza artificiale (IA) offre un modo efficiente e innovativo per creare un layout unico e professionale. Utilizzando l'IA, è possibile adattare i template esistenti alle proprie esigenze specifiche, garantendo che il design del libro rispecchi il contenuto e lo stile desiderati. Ecco come procedere:

1. Selezione del Template di Base
Ricerca di Template IA: Esplora piattaforme che offrono template di design basati su IA. Questi possono includere layout per interni di libri, copertine e altri elementi grafici.
Scelta del Template: Scegli un template che si avvicina di più allo stile e al formato desiderati. Considera la struttura del tuo libro, il genere e il pubblico di destinazione.

2. Inserimento dei Dati nel Template
Caricamento del Contenuto: Carica il tuo manoscritto o i dati specifici (titolo, autore, capitoli) nel sistema. Alcuni strumenti IA richiedono solo testo di base per iniziare la personalizzazione.
Specifiche di Design: Fornisci dettagli aggiuntivi relativi alle tue preferenze di design, come colori, font e elementi visivi che desideri incorporare o evitare.

3. Personalizzazione con IA
Generazione Automatica: Lascia che l'IA adatti il template scelto in base alle tue specifiche. Questo può includere l'aggiustamento di layout, stili di font, colori e l'inserimento di elementi grafici.
Previsualizzazione e Modifiche: Visualizza le proposte generate dall'IA e apporta modifiche se necessario. Alcuni strumenti permettono una modifica diretta e interattiva del design.

4. Feedback e Iterazione
Raccolta di Feedback: Condividi i design generati con colleghi, amici o un gruppo di lettura per raccogliere feedback. È importante considerare diverse prospettive per assicurarsi che il design comunichi efficacemente il contenuto del libro.
Iterazione del Design: Utilizza i feedback raccolti per affinare ulteriormente il design. Potrebbe essere necessario ripetere questo passaggio più volte per raggiungere il risultato desiderato.

5. Finalizzazione del Design
Convalida Finale: Una volta soddisfatto del design, esegui una revisione finale per assicurarti che tutti gli elementi siano corretti e

ben posizionati.
Esportazione: Esporta il design finale nei formati richiesti per la stampa o la pubblicazione digitale, assicurandoti che rispettino le specifiche tecniche necessarie.

6. Considerazioni Aggiuntive
Diritti d'Autore e Licenze: Assicurati che tutti gli elementi utilizzati nel design (immagini, font) siano liberi da vincoli di copyright o disponibili per l'uso commerciale.
Test su Dispositivi: Se possibile, testa il design su diversi dispositivi e piattaforme di lettura per assicurarti che mantenga la sua efficacia in vari formati.
L'utilizzo dell'IA per personalizzare i template di design del libro può notevolmente semplificare il processo di design, rendendolo accessibile anche a chi non ha competenze grafiche avanzate.
Tuttavia, un approccio iterativo e il feedback umano rimangono componenti chiave per ottenere un risultato che soddisfi pienamente le tue aspettative.
Se hai bisogno di assistenza su strumenti specifici o desideri esplorare ulteriori opzioni per la personalizzazione dei template con l'IA, sono qui per aiutarti!

6.6 Uso dell'IA per la creazione di illustrazioni interne

L'uso dell'IA per la creazione di illustrazioni interne apre nuove frontiere nella personalizzazione e nell'arricchimento visivo dei libri. Questo strumento può generare illustrazioni uniche che complementano il testo, migliorano l'engagement dei lettori e contribuiscono all'atmosfera generale dell'opera. Ecco come puoi procedere per incorporare efficacemente illustrazioni generate dall'IA nel tuo libro:

1. Definizione dello Stile e del Tema
Identifica lo Stile: Prima di iniziare, definisci lo stile delle illustrazioni che desideri. Questo potrebbe variare da realistico a stilizzato, da astratto a dettagliato, a seconda del tono del tuo libro e del pubblico di riferimento.
Tema delle Illustrazioni: Decidi i temi o i soggetti delle tue illustrazioni. Questi dovrebbero riflettere o complementare
il contenuto del testo, arricchendo la narrazione o fornendo approfondimenti visivi.

2. Selezione di Strumenti di Generazione IA
Ricerca Strumenti: Esplora gli strumenti di generazione di immagini basati su IA disponibili sul mercato. Alcuni popolari includono DALL-E, Artbreeder e DeepArt, ciascuno con peculiarità e opzioni di personalizzazione uniche.
Valutazione delle Funzionalità: Scegli lo strumento che meglio si adatta alle tue esigenze, considerando fattori come la facilità d'uso, la varietà di stili disponibili e le opzioni di personalizzazione.

3. Creazione delle Illustrazioni
Inserimento dei Prompt: Utilizza prompt dettagliati per guidare la generazione delle illustrazioni. I prompt dovrebbero descrivere accuratamente ciò che desideri rappresentare, inclusi stile, tono, colori e elementi specifici.
Iterazione e Modifica: Genera diverse varianti e sperimenta con modifiche ai prompt per ottenere i risultati desiderati. Questo processo può richiedere diverse iterazioni.

4. Integrazione nel Testo
Posizionamento Strategico: Determina la posizione ottimale per ciascuna illustrazione all'interno del libro. Le immagini dovrebbero arricchire il testo circostante, non interromperlo o sovraccaricarlo.
Formattazione e Adattamento: Assicurati che le dimensioni e la
risoluzione delle illustrazioni siano appropriate per la stampa o la visualizzazione digitale. Potrebbe essere necessario modificare le

illustrazioni per adattarle al layout del tuo libro.

5. Valutazione e Revisione
Feedback: Ottieni feedback su come le illustrazioni si integrano nel libro da lettori beta o colleghi. Questo può fornire preziosi spunti su come migliorare ulteriormente l'integrazione visiva.
Rifinitura: Apporta le modifiche necessarie in base al feedback ricevuto e alle tue valutazioni personali. Questo potrebbe includere aggiustamenti sia alle illustrazioni sia al testo.

6. Considerazioni Legali
Diritti e Licenze: Assicurati di comprendere i termini di utilizzo delle illustrazioni generate dall'IA. Alcuni strumenti potrebbero richiedere l'acquisto di licenze per l'uso commerciale delle immagini generate.

7. Finalizzazione
Incorporazione nel Manoscritto: Una volta soddisfatto delle illustrazioni e del loro posizionamento, incorporale nel manoscritto finale. Verifica nuovamente la qualità delle immagini e l'allineamento con il layout.
L'impiego dell'IA nella creazione di illustrazioni offre un'opportunità senza precedenti di personalizzare e arricchire il tuo libro con immagini uniche. Ricorda, tuttavia, che il processo richiede sperimentazione, rifinitura e un attento esame delle implicazioni legali delle immagini generate.

6.7 L'IA nella scelta dei font e nella composizione tipografica

L'utilizzo dell'intelligenza artificiale (IA) nella scelta dei font e nella composizione tipografica può trasformare il modo in cui presenti il tuo libro, influenzando profondamente l'esperienza di lettura. L'IA può aiutare a selezionare il font più adatto al contenuto e allo stile del libro, oltre a ottimizzare la leggibilità e l'estetica della pagina. Ecco come sfruttare l'IA per queste scelte cruciali:

1. Analisi del Contenuto e del Pubblico
Definizione dello Stile: Utilizza strumenti di IA per analizzare il tono e il genere del tuo libro, suggerendo font che meglio si allineano allo stile narrativo o informativo del testo.
Considerazioni sul Pubblico: Implementa soluzioni IA che considerano il pubblico di destinazione, suggerendo scelte tipografiche che migliorano la leggibilità per specifici gruppi di lettori, come bambini o anziani.

2. Selezione del Font con IA
Raccolta di Opzioni: Usa strumenti di IA che generano una lista di font consigliati basandosi su analisi semantiche e estetiche del tuo manoscritto.
Preview e Confronto: Sfrutta piattaforme che permettono di visualizzare come ciascun font appare nel contesto del tuo libro, facilitando il confronto diretto tra diverse opzioni.

3. Ottimizzazione della Composizione Tipografica
Regolazioni Automatiche: Applica strumenti di IA che automaticamente regolano spaziatura, allineamento, e margini basandosi sul font selezionato e sul formato del libro, assicurando una disposizione armoniosa del testo.
Analisi di Leggibilità: Utilizza software basati su IA per valutare la leggibilità del layout proposto, suggerendo modifiche che possono migliorare l'esperienza di lettura.

4. Test e Feedback
Simulazioni di Lettura: Impiega strumenti di IA per simulare diverse condizioni di lettura (es. luce bassa, schermi di varie dimensioni) e raccogliere dati sull'impatto dei font e del layout sulla leggibilità.
Raccolta di Feedback: Considera l'utilizzo di piattaforme di IA
per analizzare il feedback dei lettori beta su diverse versioni tipografiche, identificando quelle che offrono la migliore esperienza di lettura.

5. Implementazione Finale

Scelta Consapevole: Basandoti sull'analisi e sui feedback raccolti, scegli il font e la composizione tipografica che meglio rispondono alle esigenze del tuo libro e dei tuoi lettori.

Revisione e Ottimizzazione: Prima della pubblicazione, effettua una revisione finale del layout, assicurandoti che il testo sia uniformemente leggibile e visivamente attraente su tutti i dispositivi e formati di lettura.

Considerazioni Aggiuntive

Diritti sui Font: Verifica sempre i diritti d'uso dei font selezionati, assicurandoti di avere le licenze necessarie per la pubblicazione.

Accessibilità: Non trascurare l'importanza dell'accessibilità nella scelta del font e nella composizione tipografica, specialmente per lettori con difficoltà di lettura.

L'IA offre un supporto prezioso nella scelta dei font e nella composizione tipografica, consentendo di prendere decisioni informate che migliorano l'aspetto e la fruibilità del libro. Ricorda che la scelta finale dovrebbe sempre riflettere il tuo gusto personale e le esigenze dei tuoi lettori, integrando i consigli dell'IA con il tuo giudizio creativo.

6.8 Automazione del processo di proofreading del layout

L'automazione del processo di proofreading (revisione delle bozze) del layout tramite l'intelligenza artificiale (IA) rappresenta una svolta nella fase di preparazione di un libro per la pubblicazione. Questi strumenti possono individuare e correggere errori che possono sfuggire durante la revisione umana, migliorando la qualità complessiva del libro. Vediamo come integrare l'IA in questo processo:

1. Selezione degli Strumenti di Proofreading Assistiti da IA
Esplorazione e Valutazione: Inizia con una ricerca approfondita degli strumenti di proofreading basati su IA disponibili sul mercato. Cerca soluzioni specifiche per la lingua in cui è scritto il libro e che offrono funzionalità avanzate di rilevamento degli errori. Considerazioni sui Costi e Accessibilità: Valuta il costo degli strumenti e la loro accessibilità, inclusa la compatibilità con i formati di file che utilizzi.

2. Preparazione del Manoscritto
Formato Compatibile: Assicurati che il tuo manoscritto sia in un formato compatibile con lo strumento di IA scelto. Alcuni strumenti richiedono formati specifici come DOCX, PDF o RTF.
Backup: Prima di procedere, crea una copia di backup del tuo manoscritto per evitare la perdita di dati durante il processo di proofreading.

3. Automazione del Proofreading
Analisi del Layout: Carica il tuo manoscritto nello strumento di IA e avvia l'analisi. Lo strumento esaminerà il layout per rilevare problemi come errori di formattazione, inconsistenze nei font, spaziatura irregolare, e problemi di allineamento.
Rilevamento di Errori di Battitura e Grammaticali: Oltre al layout, la maggior parte degli strumenti di IA può anche identificare errori di battitura, errori grammaticali, e problemi di punteggiatura.
Suggerimenti Automatici: Molti strumenti forniscono correzioni automatiche o suggerimenti che puoi accettare o rifiutare. Questo può notevolmente accelerare il processo di revisione.

4. Revisione e Correzioni Manuali
Controllo dei Suggerimenti: Anche se l'IA può essere estremamente accurata, è essenziale rivedere manualmente i suggerimenti di correzione per assicurarsi che siano appropriati e non alterino il significato del testo.
Applicazione delle Modifiche: Applica le modifiche consigliate
che ritieni valide, prestando particolare attenzione a quelle che

potrebbero avere un impatto significativo sul significato o sul flusso del testo.

5. Feedback e Valutazione
Raccolta di Feedback: Dopo aver applicato le correzioni, può essere utile ottenere feedback da un piccolo gruppo di lettori beta per identificare eventuali problemi residui nel layout o nel testo.
Valutazione dell'Efficienza dello Strumento IA: Rifletti sull'efficacia dello strumento IA utilizzato. Ha identificato la maggior parte degli errori? Ci sono stati molti falsi positivi? Questa valutazione può aiutarti a decidere se continuare a utilizzare lo stesso strumento in futuro.

6. Iterazione Finale
Ultime Correzioni: Basandoti sul feedback ricevuto, apporta qualsiasi correzione finale necessaria.
Verifica Completa: Esegui un'ultima verifica completa del manoscritto per assicurarti che sia pronto per la pubblicazione.
L'automazione del proofreading del layout tramite IA può semplificare significativamente la preparazione del tuo libro,
ma è importante ricordare che la supervisione umana rimane indispensabile. La combinazione di strumenti di IA e revisione umana garantisce il raggiungimento della massima qualità possibile nel prodotto finito.

6.9 Ottimizzazione del design per diversi formati (eBook, stampa)

L'ottimizzazione del design del tuo libro per diversi formati, come eBook e stampa, è essenziale per garantire che i lettori abbiano un'esperienza soddisfacente indipendentemente dalla piattaforma che scelgono per leggere il tuo lavoro. L'IA può giocare un ruolo cruciale in questo processo, aiutandoti a adattare e perfezionare il layout e il design per ogni formato specifico. Ecco come procedere:

1. Analisi dei Requisiti di Formato
Differenze tra eBook e Stampa: Comprendi le differenze chiave nella formattazione tra eBook e libri stampati. Gli eBook richiedono un layout reattivo che possa adattarsi a diverse dimensioni di schermo e preferenze dei lettori, mentre i libri stampati hanno specifiche fisse riguardanti dimensioni, margini e qualità della carta.
Guida ai Formati eBook: I formati comuni per eBook includono ePub per la maggior parte dei distributori digitali e MOBI per Amazon Kindle. Ogni formato ha le sue specificità che influenzano la formattazione, come il supporto per immagini, note a piè di pagina e stili di testo.

2. Utilizzo di Strumenti di IA per l'Adattamento
Selezione di Strumenti di Conversione: Utilizza strumenti di IA e software che automatizzano la conversione del tuo manoscritto da un formato di libro stampato a vari formati di eBook, preservando la formattazione essenziale e adattando il layout per garantire la migliore leggibilità.
Ottimizzazione delle Immagini: Impiega soluzioni IA per ottimizzare le immagini per i diversi formati, ridimensionandole e adattandole per garantire che siano visibili chiaramente sia sui dispositivi elettronici che sulla carta stampata.

3. Test su Diversi Dispositivi
Simulazioni di Lettura: Sfrutta strumenti di IA che simulano
come il tuo libro apparirà su vari dispositivi, da eReader a tablet
e smartphone. Questo può aiutarti a identificare e correggere problemi di layout o leggibilità prima della pubblicazione.
Feedback Reale dai Lettori: Considera di utilizzare un gruppo di beta lettori con diversi dispositivi per testare i formati del tuo eBook e fornire feedback sulla loro esperienza di lettura.

4. Rifinitura e Correzioni
Apportare Modifiche Specifiche per Formato: Basandoti sui risultati dei test e sui feedback, apporta modifiche specifiche per ciascun

formato. Ciò può includere l'aggiustamento di margini, la dimensione del testo, l'interlinea e la disposizione delle immagini. Verifica dei Link e della Navigazione: Assicurati che tutti i link interni, le note a piè di pagina e l'indice interattivo funzionino correttamente nei formati di eBook.

5. Considerazioni Finali

Accessibilità: Non trascurare l'accessibilità, specialmente per gli eBook. Assicurati che il tuo libro sia fruibile anche da lettori con disabilità visive, ad esempio attraverso l'uso di testo alternativo per le immagini e una struttura logica del contenuto.

Aggiornamenti Continui: I formati digitali ti permettono di aggiornare facilmente il tuo libro. Sfrutta questa flessibilità per migliorare continuamente il design e la formattazione in base ai feedback dei lettori e alle nuove tecnologie.

L'ottimizzazione del design del libro per diversi formati può sembrare un compito arduo, ma con l'aiuto degli strumenti di IA, puoi semplificare il processo e garantire che il tuo libro sia presentato nel miglior modo possibile a tutti i lettori.

6.10 Test di usabilità e leggibilità con l'IA

Il test di usabilità e leggibilità del tuo libro con l'ausilio dell'intelligenza artificiale (IA) è un passo fondamentale
per assicurarsi che i lettori abbiano un'esperienza fluida e coinvolgente. Questi test possono aiutarti a identificare e risolvere problemi che potrebbero non essere evidenti al primo sguardo. Ecco come puoi utilizzare l'IA per ottimizzare la leggibilità e l'usabilità del tuo libro:

1. Scelta degli Strumenti di IA
Ricerca di Strumenti: Esplora gli strumenti di IA disponibili che sono specificamente progettati per analizzare la leggibilità e l'usabilità dei testi. Questi possono variare da soluzioni che offrono feedback sulla complessità del linguaggio a quelli che simulano l'esperienza di lettura su vari dispositivi.
Valutazione delle Funzionalità: Scegli strumenti che offrono analisi dettagliate e sono in grado di fornire suggerimenti pratici per migliorare il tuo testo. Considera strumenti che integrano test di leggibilità come l'indice di Flesch-Kincaid o il Gunning Fog.

2. Preparazione del Materiale per il Test
Formattazione del Testo: Assicurati che il testo sia in un formato compatibile con gli strumenti di IA selezionati. Potrebbe essere necessario convertire il tuo documento in formati come DOCX, PDF o TXT.
Selezione dei Segmenti di Testo: Non è necessario testare l'intero libro in una volta sola. Puoi iniziare selezionando capitoli o sezioni rappresentative per analizzare e ottimizzare.

3. Esecuzione dei Test di Usabilità e Leggibilità
Analisi IA: Carica i segmenti di testo selezionati nello strumento di IA e avvia l'analisi. Lo strumento esaminerà vari aspetti del tuo testo, inclusa la facilità di lettura, la densità di parole complesse, e la struttura delle frasi.
Interpretazione dei Risultati: Una volta completata l'analisi, esamina i risultati per capire dove il testo potrebbe essere migliorato. Gli strumenti di IA possono evidenziare sezioni particolarmente complesse o consigliare semplificazioni per rendere il testo più accessibile.

4. Apportare le Modifiche Suggerite
Implementazione delle Raccomandazioni: Basandoti sui feedback ricevuti dall'IA, apporta le modifiche necessarie al testo. Ciò potrebbe includere la semplificazione del linguaggio, la riduzione delle frasi lunghe, o la chiarificazione di concetti complessi.

Revisione Iterativa: Dopo aver implementato le modifiche, potresti voler rieseguire il test su quelle sezioni per assicurarti che le modifiche abbiano effettivamente migliorato la leggibilità e l'usabilità.

5. Feedback Umano

Confronto con il Feedback Umano: Nonostante l'efficacia degli strumenti di IA, il feedback umano rimane insostituibile. Confronta i risultati dei test IA con le impressioni di lettori reali per ottenere una visione completa delle aree che necessitano di miglioramento.

6. Valutazione Finale

Valutazione Complessiva: Dopo aver apportato le modifiche, esegui una valutazione complessiva del libro per assicurarti che sia coerente e offra un'esperienza di lettura piacevole su tutti i dispositivi e formati.

Documentazione delle Modifiche: Tieni traccia delle modifiche apportate in base ai suggerimenti dell'IA. Questo può aiutarti a identificare tendenze o problemi ricorrenti nel tuo stile di scrittura che potresti voler affrontare in futuro.

L'uso dell'IA per testare la leggibilità e l'usabilità del tuo libro può portare a miglioramenti significativi nel modo in cui i lettori interagiscono con il tuo lavoro. Integrando questi strumenti con il feedback umano, puoi assicurarti che il tuo libro sia il più accessibile e coinvolgente possibile.

Capitolo 7: Strategie di Pubblicazione e Distribuzione

7.1 Scegliere la piattaforma di self-publishing giusta con l'aiuto dell'IA

La scelta della piattaforma di self-publishing giusta è cruciale per il successo del tuo libro. Con l'evoluzione dell'intelligenza artificiale (IA), ora è possibile utilizzare strumenti e servizi basati su IA per analizzare, confrontare e selezionare la piattaforma
di autopubblicazione che meglio si adatta alle tue esigenze e obiettivi. Ecco come procedere:

1. Definizione dei Tuoi Obiettivi e Bisogni
Identifica il Tuo Pubblico di Destinazione: Chi sono i tuoi lettori ideali? Dove è più probabile che acquistino i loro libri?
Determina i Tuoi Obiettivi: Vuoi massimizzare i guadagni? Raggiungere il maggior numero possibile di lettori? Avere il controllo creativo completo?
Formato del Libro: Decidi i formati in cui desideri pubblicare il tuo libro (eBook, cartaceo, audiobook).

2. Ricerca delle Piattaforme di Self-Publishing
Esplora le Opzioni: Fai una lista delle piattaforme di self-publishing disponibili, come Amazon Kindle Direct Publishing (KDP), Apple Books, Barnes & Noble Press, Kobo Writing Life e altre.
Valuta i Servizi Offerti: Considera i servizi offerti da ciascuna piattaforma, inclusi formati di pubblicazione supportati, opzioni
di distribuzione, royalty, strumenti di marketing e assistenza agli autori.

3. Utilizzo di Strumenti di IA per l'Analisi
Strumenti di Confronto Basati su IA: Utilizza strumenti di IA
che analizzano e confrontano le piattaforme di self-publishing basandosi su dati di mercato, recensioni degli utenti e criteri specifici come visibilità, costi, facilità d'uso e successo degli autori nelle varie piattaforme.
Predizioni e Raccomandazioni IA: Alcuni strumenti possono
offrire predizioni sul potenziale successo del tuo libro su diverse piattaforme, basandosi su analisi del genere, delle tendenze di mercato e del comportamento dei lettori.

4. Valutazione dei Risultati e Decisione

Confronto dei Pro e dei Contro: Valuta i pro e i contro di ciascuna piattaforma basandoti sui risultati forniti dagli strumenti di IA e sulla tua ricerca personale.

Decisione Informata: Scegli la piattaforma che meglio si allinea ai tuoi obiettivi di pubblicazione, al tuo pubblico di destinazione e che offre le migliori condizioni per il tuo libro.

5. Preparazione alla Pubblicazione

Ottimizzazione del Libro: Prima di pubblicare, assicurati che il tuo libro sia ottimizzato per la piattaforma scelta, incluse la formattazione, la copertina e le descrizioni.

Strategia di Marketing: Sviluppa una strategia di marketing che sfrutti gli strumenti e le opportunità offerte dalla piattaforma, come promozioni, annunci e recensioni.

6. Monitoraggio e Adattamento

Analisi delle Performance: Dopo la pubblicazione, utilizza gli strumenti analitici della piattaforma e strumenti di IA esterni per monitorare le vendite, le recensioni e il coinvolgimento dei lettori.

Iterazione: Sii pronto ad adattare la tua strategia di marketing e a esplorare altre piattaforme se i risultati non sono all'altezza delle aspettative.

L'uso dell'IA nel processo di selezione della piattaforma di self-publishing può rendere la tua decisione più informata e basata su dati concreti. Questo approccio ti aiuta a navigare l'ampia varietà di opzioni disponibili e a scegliere la piattaforma che offre le migliori opportunità per il successo del tuo libro.

7.2 Ottimizzare la distribuzione con analisi predittiva

L'ottimizzazione della distribuzione del tuo libro attraverso l'analisi predittiva implica l'uso di modelli di intelligenza artificiale (IA) per prevedere tendenze di mercato, preferenze dei lettori e potenziali canali di vendita più efficaci. Questo approccio può aiutarti a prendere decisioni informate su dove, come e quando distribuire il tuo libro per massimizzare la sua visibilità e le vendite. Ecco come procedere:

1. Comprensione dell'Analisi Predittiva
Definizione: L'analisi predittiva utilizza dati storici e algoritmi di apprendimento automatico per prevedere comportamenti futuri e tendenze di mercato.
Applicazioni: Nel contesto della pubblicazione di libri, può aiutare a identificare quali generi o temi saranno popolari, i migliori periodi dell'anno per la pubblicazione, e quali piattaforme di vendita genereranno il maggior numero di vendite.

2. Raccolta e Analisi dei Dati
Dati Storici: Raccogli dati storici sulle vendite di libri simili al tuo in termini di genere, target di pubblico e tematica. Considera anche dati sulle tendenze di lettura, recensioni e comportamenti di acquisto.
Strumenti di IA: Utilizza strumenti di analisi predittiva basati su IA per elaborare questi dati. Questi strumenti possono essere software specifici per editori, piattaforme di analisi di mercato o customizzati da data scientist.

3. Identificazione di Tendenze e Pattern
Tendenze di Mercato: Identifica le tendenze emergenti nel mercato editoriale che possono influenzare la domanda per il tuo libro.
Preferenze dei Lettori: Rileva cambiamenti nelle preferenze dei lettori che potrebbero impattare il tuo target di pubblico.
Canali di Vendita Effettivi: Determina quali piattaforme di vendita hanno avuto più successo per libri simili al tuo.

4. Strategia di Distribuzione Basata sui Dati
Scelta del Periodo di Pubblicazione: Usa le informazioni raccolte per scegliere il momento migliore per pubblicare il tuo libro, evitando periodi di bassa domanda o saturazione di mercato.
Selezione dei Canali di Distribuzione: Identifica i canali di distribuzione più promettenti per il tuo libro, sia online che offline, basandoti sulla performance di titoli simili.
Targetizzazione Geografica: Considera di focalizzare la tua distribuzione in specifiche aree geografiche dove i dati indicano

una domanda più elevata per il tuo genere o tema.

5. Implementazione e Monitoraggio
Attuazione della Strategia: Implementa la tua strategia di distribuzione basandoti sull'analisi predittiva, preparando il materiale di marketing e le copie del libro in linea con le previsioni.
Monitoraggio dei Risultati: Utilizza strumenti di analisi per monitorare le vendite e il feedback dei lettori, confrontandoli con le previsioni dell'analisi predittiva.

6. Adattamento e Ottimizzazione
Adattamento Strategico: Sii pronto a modificare la tua strategia di distribuzione in base ai risultati reali, ai cambiamenti di mercato o a nuove informazioni ottenute dall'analisi continua.
Ottimizzazione Continua: Utilizza l'analisi predittiva su base regolare per affinare e ottimizzare la tua strategia di distribuzione, massimizzando così la visibilità e le vendite del tuo libro nel tempo.
Utilizzare l'analisi predittiva per ottimizzare la distribuzione del tuo libro ti consente di prendere decisioni basate sui dati, riducendo il rischio e aumentando le possibilità di successo. Ricorda che, nonostante l'efficacia di questi strumenti, la flessibilità e l'adattamento alle reali dinamiche di mercato rimangono fondamentali.

7.3 Utilizzare l'IA per definire il pricing del libro

Definire il pricing del tuo libro con l'aiuto dell'intelligenza artificiale (IA) può massimizzare le tue vendite e ottimizzare i profitti, utilizzando dati e algoritmi per prendere decisioni informate sui prezzi. L'IA può analizzare una vasta gamma di fattori, inclusi la domanda di mercato, i prezzi dei libri concorrenti, le tendenze stagionali e il comportamento d'acquisto dei lettori. Ecco come puoi utilizzare l'IA per definire il pricing del tuo libro:

1. Analisi del Mercato e dei Concorrenti
Raccolta Dati: Utilizza strumenti di IA per raccogliere e analizzare dati sui prezzi dei libri simili o concorrenti nel tuo genere o nicchia. Include informazioni sulle variazioni di prezzo nel tempo e l'impatto sulle vendite.
Identificazione di Trend: Gli algoritmi di IA possono identificare trend di mercato e modelli di prezzo efficaci per il tuo tipo di libro, consentendoti di posizionarti strategicamente.

2. Analisi del Comportamento dei Lettori
Preferenze di Prezzo: Analizza dati sulle preferenze di prezzo dei lettori, comprese le soglie di prezzo per la massima disposizione all'acquisto.
Sensibilità al Prezzo: Determina la sensibilità al prezzo del tuo pubblico di riferimento, cioè come variazioni di prezzo possono influenzare la domanda.

3. Simulazioni di Pricing
Modelli Predittivi: Impiega modelli di IA per simulare come variazioni di prezzo potrebbero impattare le vendite e i profitti del tuo libro. Questo può includere la simulazione di scenari diversi per trovare il punto di prezzo ottimale.
Test A/B Virtuale: Alcuni strumenti di IA possono eseguire test A/B virtuali, confrontando i risultati potenziali di diversi punti di prezzo senza doverli testare effettivamente nel mercato.

4. Determinazione del Prezzo Dinamico
Flessibilità del Prezzo: Considera un approccio di prezzo dinamico, dove il prezzo del tuo libro può variare in risposta a cambiamenti di mercato, eventi speciali, o periodi di alta domanda, come le festività.
Adattabilità: Usa l'IA per monitorare costantemente il mercato e adattare il prezzo del tuo libro in modo ottimale basandoti su dati in tempo reale.

5. Integrazione con Strategie di Marketing
Promozioni: Combina la strategia di pricing con promozioni mirate, utilizzando l'IA per identificare i momenti migliori per lanciare offerte speciali o sconti che possono massimizzare le vendite.
Bundling: Considera la possibilità di usare l'IA per analizzare l'efficacia di strategie di bundling (ad esempio, vendere il tuo libro insieme ad altri prodotti a un prezzo combinato) per incrementare il valore percepito e stimolare le vendite.

6. Monitoraggio e Ottimizzazione Continui
Feedback Loop: Stabilisci un sistema di monitoraggio continuo per valutare l'efficacia della tua strategia di pricing e apportare modifiche in base ai feedback del mercato e alle nuove analisi di IA.
Utilizzando l'IA per definire il pricing del tuo libro, puoi prendere decisioni basate su dati solidi, aumentando le possibilità di successo commerciale. Ricorda, tuttavia, che il mercato editoriale è influenzato da molti fattori, inclusi quelli non quantificabili facilmente. Pertanto, è importante combinare le intuizioni fornite dall'IA con la conoscenza del tuo pubblico e l'esperienza nel settore.

7.5 Gestione dei diritti digitali (DRM) con l'IA

La gestione dei diritti digitali (DRM) è una componente critica della distribuzione di contenuti digitali, inclusi gli eBook. L'obiettivo del DRM è proteggere il copyright e prevenire la distribuzione non autorizzata del tuo lavoro. Con l'avvento dell'intelligenza artificiale (IA), ci sono nuove opportunità per gestire i DRM in modo più efficace e meno intrusivo per l'utente. Ecco come l'IA può assisterti nella gestione dei DRM per i tuoi libri digitali:

1. Analisi dei Pattern di Utilizzo
Rilevamento del Comportamento: Utilizza l'IA per analizzare i pattern di utilizzo degli eBook dai lettori. Questo può aiutarti a identificare potenziali abusi, come la condivisione non autorizzata o il download eccessivo, mantenendo un equilibrio tra protezione dei diritti e usabilità per l'utente legittimo.

2. Adattamento Dinamico dei DRM
Personalizzazione dei Permessi: Impiega modelli di IA per adattare i permessi DRM in base al comportamento dell'utente. Ad esempio, lettori che acquistano regolarmente potrebbero ricevere permessi più flessibili, mentre comportamenti sospetti potrebbero attivare restrizioni più rigide.
DRM Contestuale: L'IA può permettere di applicare politiche
DRM che si adattano al contesto, come la geolocalizzazione o il dispositivo utilizzato, offrendo una protezione mirata che riduce l'impatto sull'esperienza dell'utente legittimo.

3. Rilevamento e Risposta alle Violazioni
Monitoraggio in Tempo Reale: Configura sistemi di IA per il monitoraggio in tempo reale delle violazioni dei diritti d'autore, utilizzando algoritmi di rilevamento per identificare la distribuzione non autorizzata del tuo libro.
Risposta Automatica: L'IA può automatizzare le risposte alle violazioni rilevate, da semplici avvisi a misure più severe come
la revoca dell'accesso al contenuto o azioni legali, riducendo il bisogno di intervento umano costante.

4. Miglioramento dell'Accessibilità e della Distribuzione
Riduzione dell'Impatto sui Lettori Legittimi: Utilizza l'IA per minimizzare l'impatto dei DRM sui lettori legittimi, assicurando che le misure di protezione non degradino l'esperienza di lettura.
Distribuzione Ottimizzata: Analizza i dati di vendita e utilizzo per ottimizzare le strategie di distribuzione, garantendo che i DRM siano applicati in modo efficace senza limitare inutilmente la

disponibilità del tuo libro.

5. Feedback Continuo e Adattamento
Apprendimento dall'Interazione dell'Utente: Lascia che l'IA apprenda dai feedback e dalle interazioni degli utenti per affinare continuamente le politiche DRM, equilibrando protezione dei contenuti e usabilità.
Adattabilità alle Nuove Minacce: Mantieni i tuoi sistemi di DRM aggiornati contro nuove forme di pirateria e abuso, sfruttando l'apprendimento automatico per adattarsi rapidamente alle evoluzioni del panorama digitale.
L'integrazione dell'IA nella gestione dei DRM rappresenta un equilibrio tra la protezione efficace dei diritti d'autore e la garanzia di un'esperienza utente positiva. Le tecnologie basate su IA possono offrire soluzioni dinamiche e adattive, riducendo le limitazioni imposte dai sistemi DRM tradizionali e migliorando la soddisfazione del lettore.
Ricorda, tuttavia, che l'efficacia di queste strategie dipende dalla qualità e dalla configurazione degli algoritmi di IA, nonché da
una comprensione chiara dei tuoi obiettivi come autore o editore. Implementare un approccio basato sull'IA richiede attenzione e, in alcuni casi, una collaborazione con specialisti in sicurezza digitale e analisi dei dati.

7.6 Uso dell'IA per la scelta dei canali di distribuzione

L'uso dell'intelligenza artificiale (IA) per scegliere i canali di distribuzione del tuo libro può rivoluzionare il modo in cui raggiungi il tuo pubblico, massimizzando la visibilità e le vendite. L'IA può analizzare enormi quantità di dati per identificare dove il tuo libro potrebbe avere il maggior successo, basandosi su fattori come tendenze di mercato, comportamento dei lettori, e performance di titoli simili. Ecco come puoi utilizzare l'IA per ottimizzare la tua strategia di distribuzione:

1. Definizione degli Obiettivi di Distribuzione
Prima di tutto, chiarisci i tuoi obiettivi. Vuoi massimizzare i profitti, la visibilità, o raggiungere un particolare segmento di pubblico? La tua strategia sarà diversa a seconda di questi obiettivi.

2. Raccolta e Analisi dei Dati
Utilizza strumenti di IA per raccogliere dati relativi al tuo genere di libro, incluse le preferenze di acquisto dei lettori, i canali di vendita più popolari per libri simili, e le tendenze di mercato attuali. Analizza i dati sui comportamenti di acquisto in relazione a variabili come la geografia, l'età e gli interessi per identificare dove il tuo libro potrebbe avere la maggiore accoglienza.

3. Identificazione dei Canali di Distribuzione
Sfrutta l'IA per identificare i canali di distribuzione che hanno mostrato il maggior successo per libri simili al tuo, che potrebbero variare da piattaforme di self-publishing online, a librerie fisiche, a canali specializzati come riviste o siti web di settore.
Valuta la performance di diversi formati di libro (eBook, cartaceo, audiobook) attraverso i vari canali per determinare la strategia di formato più efficace.

4. Predizione e Simulazione
Impiega modelli predittivi per simulare come il tuo libro potrebbe performare in diversi canali di distribuzione, prendendo in considerazione vari scenari di mercato e reazioni dei consumatori. Usa queste simulazioni per fare scelte informate sulla distribuzione, potenzialmente scoprendo canali non convenzionali o sottoutilizzati che potrebbero portare a un successo inaspettato.

5. Strategia di Distribuzione Personalizzata
Basandoti sull'analisi IA, crea una strategia di distribuzione che combina canali tradizionali e digitali in modo da allinearsi con i tuoi obiettivi specifici.

Considera una strategia multicanale che possa adattarsi dinamicamente in risposta ai feedback di mercato e alle prestazioni di vendita.

6. Monitoraggio e Ottimizzazione Continui
Una volta implementata la tua strategia di distribuzione, utilizza strumenti di IA per monitorare continuamente le prestazioni del tuo libro attraverso i vari canali.
Sii pronto a regolare la tua strategia in base ai dati raccolti, sfruttando l'IA per identificare rapidamente le tendenze emergenti e adattarti di conseguenza.

7. Integrazione con Marketing e Promozione
Integra la scelta dei canali di distribuzione con le tue strategie di marketing e promozione, utilizzando l'IA per analizzare l'efficacia delle campagne pubblicitarie attraverso diversi canali e per ottimizzare l'allocazione delle risorse.
L'approccio basato sull'IA alla scelta dei canali di distribuzione offre un potenziale enorme per personalizzare la tua strategia
e raggiungere il tuo pubblico nel modo più efficace possibile. Mantenendo un approccio flessibile e adattivo, e sfruttando i dati e le analisi fornite dall'IA, puoi ottimizzare la visibilità e il successo del tuo libro nel panorama editoriale sempre più competitivo.

7.7 Strategie di pre-lancio basate sull'IA

Le strategie di pre-lancio sono cruciali per il successo di un libro, stabilendo le basi per la visibilità e l'anticipazione prima che il libro arrivi sul mercato. L'intelligenza artificiale (IA) può giocare un ruolo significativo nel potenziare queste strategie, offrendo insights basati sui dati, ottimizzando le campagne di marketing e personalizzando l'approccio per il tuo pubblico target. Ecco come puoi utilizzare l'IA nelle tue strategie di pre-lancio:

1. Analisi del Pubblico e Segmentazione
Identificazione del Target: Usa l'IA per analizzare dati demografici, interessi e comportamenti di lettura, permettendoti di identificare con precisione il tuo pubblico di riferimento.
Segmentazione Personalizzata: Segmenta il tuo pubblico in gruppi più piccoli basati su interessi specifici o comportamenti di lettura per campagne di marketing mirate.

2. Ottimizzazione dei Contenuti Promozionali
Generazione di Contenuti: Sfrutta strumenti di IA per creare o suggerire modifiche ai contenuti promozionali, inclusi post sui social media, descrizioni del libro e materiale pubblicitario, ottimizzandoli per l'engagement del pubblico target.
Test A/B Automatico: Utilizza l'IA per eseguire test A/B su vari elementi delle tue campagne di pre-lancio, come titoli di email, immagini di copertina e call-to-action, per determinare quali versioni generano le migliori risposte.

3. Previsione delle Tendenze di Mercato
Analisi Predittiva: Applica l'analisi predittiva per identificare tendenze emergenti nel mercato del libro che possono influenzare l'interesse per il tuo libro, permettendoti di adattare le tue strategie di pre-lancio di conseguenza.
Adattamento ai Trend: Adatta rapidamente i tuoi messaggi promozionali e le strategie di lancio per allinearli con gli ultimi trend, massimizzando la risonanza con il pubblico.

4. Pianificazione Strategica dei Canali di Distribuzione
Scelta dei Canali: Analizza quali piattaforme digitali e tradizionali sono più efficaci per raggiungere il tuo pubblico target, utilizzando l'IA per valutare la performance di canali simili per libri o prodotti affini.
Ottimizzazione della Visibilità: Determina i momenti migliori per pubblicare sui vari canali basandoti su analisi predittive, massimizzando la visibilità e l'engagement.

5. Personalizzazione dell'Esperienza del Lettore

Raccomandazioni Personalizzate: Crea esperienze personalizzate per i potenziali lettori utilizzando l'IA, come suggerire contenuti o libri correlati basati sui loro interessi precedenti.

Interazioni Automatizzate: Implementa chatbot AI per fornire risposte immediate e personalizzate a domande frequenti, aumentando l'engagement dei lettori e l'anticipazione per il lancio del libro.

6. Analisi e Adattamento in Tempo Reale

Monitoraggio in Tempo Reale: Utilizza strumenti di IA per monitorare l'efficacia delle tue strategie di pre-lancio in tempo reale, consentendoti di fare aggiustamenti rapidi basati sulle performance.

Rapporti Analitici: Genera rapporti dettagliati sulle performance delle diverse strategie e campagne, utilizzando questi dati per ottimizzare future iniziative di lancio.

Integrare l'IA nelle tue strategie di pre-lancio non solo può aumentare significativamente l'efficacia delle tue campagne, ma anche fornire una comprensione più profonda del tuo pubblico
e del mercato. Questo approccio basato sui dati ti permette di prendere decisioni informate, personalizzare l'esperienza per i tuoi lettori e massimizzare le possibilità di successo del tuo libro.

7.8 Uso dell'IA per monitorare le tendenze di pubblicazione

L'utilizzo dell'intelligenza artificiale (IA) per monitorare le tendenze di pubblicazione può offrire vantaggi significativi a scrittori, editori e professionisti del settore. Grazie alla sua capacità di analizzare grandi volumi di dati in tempo reale, l'IA può identificare pattern emergenti, preferenze dei lettori, e tendenze di mercato, fornendo insights preziosi che possono informare decisioni strategiche riguardanti la creazione, la promozione e la vendita di libri. Ecco come puoi sfruttare l'IA per restare al passo con le tendenze di pubblicazione:

1. Analisi del Mercato e Identificazione di Trend
Raccolta Dati: Utilizza strumenti di IA per raccogliere dati da una varietà di fonti, incluse recensioni di libri online, social media, forum di lettura, e database di vendite di libri.
Identificazione di Trend: Impiega algoritmi di machine learning
per analizzare questi dati, identificare tendenze emergenti nel comportamento dei lettori, generi popolari, argomenti di interesse crescente, e variazioni stagionali nella domanda di certi tipi di libri.

2. Previsione della Domanda
Modelli Predittivi: Sviluppa modelli predittivi che utilizzano i dati raccolti per prevedere future tendenze di mercato, consentendoti di anticipare cambiamenti nella domanda prima che diventino evidenti.
Personalizzazione dell'Offerta: Usa queste previsioni per adattare la tua offerta editoriale, sia in termini di contenuto che di marketing, per soddisfare meglio le esigenze e gli interessi del tuo pubblico di riferimento.

3. Ottimizzazione della Strategia di Marketing
Targetizzazione del Pubblico: Analizza i dati demografici e comportamentali del tuo pubblico per identificare segmenti specifici di lettori interessati a trend emergenti, consentendoti di personalizzare le tue strategie di marketing e comunicazione.
Analisi delle Prestazioni: Monitora le performance delle tue campagne di marketing in tempo reale, adattando le strategie
in base all'efficacia e ai feedback dei lettori per massimizzare il ritorno sugli investimenti.

4. Sviluppo di Contenuti Dinamici
Contenuti Basati sui Trend: Utilizza insights generati dall'IA per guidare lo sviluppo di nuovi contenuti, inclusi libri, articoli, e post sui social media, che riflettono gli interessi attuali e futuri del tuo

pubblico.
Personalizzazione dei Contenuti: Adatta i contenuti in base ai diversi segmenti di pubblico, migliorando l'engagement e la risonanza emotiva con i lettori.

5. Rilevamento in Tempo Reale di Nuovi Autori e Opere
Scoperta di Talenti: Implementa strumenti di IA per identificare nuovi autori emergenti e opere inedite che stanno guadagnando popolarità online, consentendoti di rimanere all'avanguardia nella scoperta di nuovi talenti.
Analisi del Sentimento: Valuta il sentiment del pubblico riguardo nuove pubblicazioni o autori, utilizzando questa informazione
per prendere decisioni informate su quali opere promuovere o acquisire.

6. Monitoraggio Continuo e Apprendimento
Apprendimento Automatico: Configura i tuoi sistemi di IA
per apprendere continuamente dai dati raccolti, migliorando costantemente la precisione delle previsioni e l'efficacia delle strategie basate sui dati.
Aggiornamenti Regolari: Assicurati di ricevere report regolari o dashboard aggiornate dalle tue soluzioni IA, mantenendoti sempre informato sulle ultime tendenze di pubblicazione.
Utilizzando l'IA per monitorare le tendenze di pubblicazione,
puoi posizionarti strategicamente per sfruttare le opportunità emergenti, rispondere in modo proattivo ai cambiamenti del mercato e costruire una connessione più forte e significativa con il tuo pubblico. Questo approccio data-driven alla pubblicazione non solo può aumentare le tue possibilità di successo commerciale, ma anche aiutarti a rimanere rilevante in un settore in rapida evoluzione.

7.9 L'IA nella negoziazione con piattaforme e distributori

L'uso dell'intelligenza artificiale (IA) nella negoziazione con piattaforme di pubblicazione e distributori rappresenta un'avanguardia strategia che può significativamente influenzare il successo delle tue pubblicazioni. L'IA può aiutarti a analizzare e comprendere meglio le tendenze di mercato, le performance passate e le proiezioni future, offrendo un supporto solido durante le negoziazioni. Ecco come potresti sfruttare l'IA in questo contesto:

1. Analisi del Mercato e delle Prestazioni
Valutazione dei Dati di Vendita: Usa l'IA per analizzare i dati storici di vendita dei tuoi libri e di titoli simili per identificare tendenze di mercato, preferenze dei consumatori e performance di vendita attraverso diverse piattaforme e distributori.
Previsioni di Vendita: Impiega modelli predittivi basati sull'IA per proiettare le potenziali vendite del tuo libro, fornendo un solido punto di partenza per le trattative sui termini di distribuzione e sui tassi di royalty.

2. Ottimizzazione delle Condizioni Contrattuali
Analisi Contrattuale Assistita da IA: Utilizza strumenti di IA per analizzare e confrontare contratti di pubblicazione e distribuzione, identificando clausole standard, termini di royalty favorevoli e potenziali aree di negoziazione.
Simulazione degli Scenari Contrattuali: Sfrutta l'IA per simulare l'impatto di vari termini contrattuali sulle tue entrate e sulla distribuzione del libro, aiutandoti a prendere decisioni informate sui termini da negoziare.

3. Negoziazione Supportata da IA
Strumenti di Supporto alla Decisione: Impiega sistemi di supporto alla decisione basati sull'IA per valutare le offerte dei distributori, pesando i pro e i contro di ciascuna opzione in base ai tuoi obiettivi specifici.
Comunicazione Ottimizzata: Usa software di IA per analizzare le comunicazioni passate con piattaforme e distributori, identificando strategie di negoziazione efficaci e aree di miglioramento nelle tue tecniche di negoziazione.

4. Monitoraggio e Adattamento Continuo
Monitoraggio del Mercato in Tempo Reale: Configura l'IA per monitorare costantemente il mercato e le prestazioni dei distributori, permettendoti di identificare rapidamente le opportunità di rinegoziare i termini o di cambiare strategia di

distribuzione. Adattabilità: Sfrutta l'IA per rimanere agile, adattando le tue strategie di distribuzione e negoziazione in risposta a cambiamenti del mercato, nuove opportunità di distribuzione e feedback dei lettori.

5. Rafforzamento delle Relazioni di Partnership
Analisi delle Partnership: Utilizza l'IA per valutare la performance e la solidità delle tue relazioni con piattaforme e distributori, identificando partner chiave e aree per sviluppare collaborazioni più profonde o diversificate.
Strategie di Collaborazione Basate sui Dati: Basa le tue proposte di collaborazione su analisi dettagliate e su proiezioni affidabili fornite dall'IA, dimostrando il valore reciproco di una partnership rafforzata.
Incorporare l'IA nelle tue strategie di negoziazione con piattaforme e distributori non solo può migliorare le tue capacità di negoziazione ma anche offrire un vantaggio competitivo nel posizionare efficacemente il tuo libro nel mercato. Con l'accesso a dati e analisi approfondite, sei meglio equipaggiato per prendere decisioni informate che massimizzano il potenziale di successo delle tue pubblicazioni.

7.10 Analisi post-pubblicazione e iterazioni future con l'IA

L'analisi post-pubblicazione è cruciale per comprendere l'impatto del tuo libro sul mercato e pianificare efficacemente le iterazioni future o le strategie di pubblicazione. Utilizzare l'intelligenza artificiale (IA) in questo processo può fornirti insight dettagliati sul comportamento dei lettori, sulle prestazioni di vendita e sulle tendenze di mercato, aiutandoti a prendere decisioni informate per future pubblicazioni. Ecco come sfruttare l'IA in questa fase:

1. Raccolta e Analisi dei Dati di Vendita

Monitoraggio delle Vendite: Utilizza l'IA per monitorare e analizzare le vendite del tuo libro attraverso vari canali, identificando pattern di acquisto, picchi di vendita e possibili cali.
Confronto con Benchmark di Settore: Confronta le prestazioni del tuo libro con quelle di opere simili nel tuo genere o nicchia, utilizzando l'IA per identificare dove il tuo libro si posiziona nel mercato.

2. Analisi del Feedback dei Lettori
Sentiment Analysis: Impiega strumenti di IA per eseguire un'analisi del sentiment sui social media, recensioni online e forum di discussione, per ottenere un quadro chiaro delle percezioni dei lettori sul tuo libro.
Rilevamento dei Temi: Usa l'IA per identificare i temi ricorrenti nei feedback dei lettori, sia positivi che negativi, che possono informare revisioni del libro esistente o lo sviluppo di futuri progetti.

3. Identificazione di Opportunità e Sfide
Analisi delle Performance: Valuta le prestazioni del libro in relazione a obiettivi specifici pre-pubblicazione, come la penetrazione di mercato, l'engagement dei lettori o la realizzazione di specifici traguardi di vendita.
Rilevamento di Sfide: Identifica eventuali sfide incontrate durante la fase di lancio e distribuzione, come problemi di visibilità o difficoltà nella penetrazione di determinati segmenti di mercato.

4. Ottimizzazione delle Strategie di Marketing
Analisi delle Campagne di Marketing: Analizza le performance delle tue campagne di marketing utilizzando l'IA, determinando quali messaggi, canali e tattiche hanno generato il maggior engagement e conversioni.
Adattamento Strategico: Basandoti sull'analisi, adatta e ottimizza le future strategie di marketing per massimizzare l'efficacia e il ritorno sull'investimento.

5. Pianificazione delle Iterazioni Future

Sviluppo di Nuovi Contenuti: Utilizza le insight acquisite per guidare lo sviluppo di nuovi contenuti, che possono includere sequel, libri correlati o revisioni del lavoro esistente per meglio allinearsi alle preferenze dei lettori.

Decisioni Editoriali Informed: Fai informare le tue decisioni editoriali future dalle tendenze di mercato e dalle preferenze dei lettori rilevate attraverso l'analisi IA, migliorando così le possibilità di successo delle prossime pubblicazioni.

6. Valutazione Continua e Apprendimento

Feedback Loop Continuo: Stabilisci un processo continuo di feedback e apprendimento, utilizzando l'IA per monitorare costantemente le tendenze di mercato, il feedback dei lettori e le prestazioni di vendita.

Adattabilità e Crescita: Sii pronto ad adattare rapidamente le tue strategie basandoti su nuove informazioni e insight, promuovendo una cultura di crescita e innovazione continua nel tuo approccio alla pubblicazione.

L'impiego dell'IA nell'analisi post-pubblicazione offre una potente leva per comprendere il successo del tuo libro e per pianificare strategie future più efficaci. Questo approccio basato sui dati
ti permette di affinare continuamente i tuoi sforzi editoriali e di marketing, massimizzando le possibilità di successo nel dinamico mercato editoriale.

Capitolo 8:
Marketing e Promozione

8.1 Creare materiali di marketing con l'IA

La creazione di materiali di marketing con l'ausilio dell'intelligenza artificiale (IA) può trasformare il modo in cui promuovi il tuo libro, rendendo il processo più efficiente e personalizzato. L'IA non solo può aiutare a generare contenuti creativi ma anche ottimizzare le strategie di marketing basandosi su analisi predittive e comportamentali. Ecco come puoi utilizzare l'IA per creare materiali di marketing efficaci:

1. Generazione di Contenuti
Copywriting Assistito dall'IA: Usa strumenti di IA per generare descrizioni accattivanti del libro, post sui social media, e-mail di marketing e altri testi pubblicitari, risparmiando tempo e risorse.
Creazione di Immagini e Video: Sfrutta piattaforme basate su IA per disegnare immagini, copertine, banner pubblicitari e persino video promozionali che catturano l'essenza del tuo libro e colpiscono il pubblico target.

2. Personalizzazione dei Materiali di Marketing
Targetizzazione del Pubblico: Impiega l'IA per analizzare dati demografici e comportamentali, personalizzando i tuoi materiali di marketing per risuonare meglio con segmenti specifici del tuo pubblico.
Contenuto Dinamico: Crea versioni dinamiche dei tuoi materiali di marketing che si adattano in tempo reale alle preferenze e al comportamento dei lettori, aumentando l'engagement e le conversioni.

3. Ottimizzazione delle Campagne
Test A/B Automatico: Utilizza l'IA per eseguire test A/B su larga scala sui tuoi materiali di marketing, identificando quali versioni generano il maggior engagement e conversioni.
Analisi Predittiva: Prevedi l'efficacia di varie strategie di marketing prima del loro lancio, utilizzando l'IA per analizzare tendenze di mercato, dati storici e comportamenti dei consumatori.

4. Distribuzione Mirata
Pianificazione Strategica dei Canali: Decidi su quali canali distribuire i tuoi materiali di marketing (social media, email, siti web, piattaforme di pubblicazione) basandoti su analisi predittive

che indicano dove il tuo pubblico è più attivo e ricettivo. Ottimizzazione del Timing: Sfrutta l'IA per determinare i momenti migliori della giornata o della settimana per pubblicare i tuoi materiali di marketing, massimizzando la visibilità e l'engagement.

5. Monitoraggio e Analisi delle Performance
Analisi delle Performance in Tempo Reale: Configura dashboard basate su IA per monitorare le performance dei tuoi materiali di marketing in tempo reale, permettendoti di fare aggiustamenti rapidi basati su dati concreti.
Insight Profondi: Ottieni insight dettagliati sull'efficacia delle diverse componenti dei tuoi materiali di marketing, dalle parole chiave ai layout delle immagini, per continuare a migliorare le tue campagne.

6. Feedback Continuo e Iterazione
Apprendimento Continuo: Assicurati che i tuoi strumenti di IA apprendano dai risultati di ogni campagna, migliorando continuamente l'efficacia dei materiali di marketing che produci.
Iterazione Veloce: Sii pronto a iterare rapidamente i tuoi materiali di marketing basandoti sul feedback del mercato e sui dati analitici, affinando costantemente la tua strategia per raggiungere e coinvolgere il tuo pubblico target.
L'integrazione dell'IA nella creazione e ottimizzazione dei materiali di marketing non solo rende il processo più efficiente ma anche più efficace, permettendoti di connetterti con il tuo pubblico in modi innovativi e personalizzati. Con l'IA, hai gli strumenti per fare del tuo libro un successo, sfruttando dati e tecnologie all'avanguardia.

8.2 Utilizzare l'IA per la segmentazione del pubblico e targeting

L'utilizzo dell'intelligenza artificiale (IA) per la segmentazione del pubblico e il targeting può trasformare radicalmente le tue strategie di marketing e promozione per il tuo libro. Grazie all'IA, è possibile analizzare grandi volumi di dati comportamentali e demografici, identificando pattern specifici che aiutano a definire segmenti di pubblico precisi e a personalizzare le campagne per massimizzare l'engagement e le conversioni. Ecco come puoi sfruttare l'IA per ottimizzare la segmentazione del pubblico e il targeting:

1. Analisi Comportamentale e Demografica
Raccolta Dati: Utilizza strumenti di IA per raccogliere dati dettagliati sui potenziali lettori, inclusi dati demografici, interessi, comportamenti di lettura e interazioni sui social media.
Analisi Profonda: Impiega algoritmi di machine learning per analizzare questi dati, identificando pattern e tendenze che possono non essere evidenti attraverso metodi di analisi tradizionali.

2. Definizione di Segmenti di Pubblico Precisi
Segmentazione Avanzata: Usa l'IA per creare segmenti di pubblico altamente definiti, basati su una combinazione di caratteristiche come età, genere, interessi, abitudini di lettura, e preferenze di acquisto.
Predizione dei Bisogni del Pubblico: Sfrutta l'IA per prevedere
i bisogni e le preferenze dei diversi segmenti di pubblico, consentendoti di personalizzare le tue strategie di marketing in modo da rispondere in modo proattivo alle loro esigenze.

3. Targeting Personalizzato
Messaggi Personalizzati: Utilizza l'IA per generare messaggi di marketing personalizzati che risuonino con i singoli segmenti di pubblico, aumentando l'efficacia delle tue campagne.
Raccomandazioni su Misura: Implementa sistemi di IA che forniscono raccomandazioni di libri personalizzate ai potenziali lettori basandosi sul loro storico di lettura e interessi, migliorando l'engagement e le possibilità di conversione.

4. Ottimizzazione delle Campagne in Tempo Reale
Adattamento Dinamico: Configura i tuoi strumenti di IA per adattare automaticamente le campagne di marketing in tempo reale, basandosi sull'analisi continua del comportamento del pubblico e delle performance delle campagne.
Test A/B Automatizzato: Impiega l'IA per eseguire test A/B su larga

scala, valutando l'efficacia di diversi approcci di targeting e messaggi per ottimizzare le tue strategie.

5. Analisi Predittiva per il Futuro
Previsione delle Tendenze: Utilizza modelli predittivi basati sull'IA per identificare future tendenze di mercato e cambiamenti nelle preferenze del pubblico, permettendoti di anticipare e pianificare le strategie di marketing future.
Identificazione di Nuovi Segmenti: L'IA può aiutarti a identificare emergenti segmenti di pubblico o nicchie di mercato inesplorate, offrendo opportunità per espandere il tuo pubblico e aumentare le vendite.

6. Feedback Continuo e Iterazione
Apprendimento dal Feedback: Assicurati che i tuoi strumenti di
IA siano configurati per apprendere continuamente dal feedback delle campagne, migliorando costantemente l'accuratezza della segmentazione e l'efficacia del targeting.
Iterazione Basata sui Dati: Sfrutta i dati raccolti per iterare e perfezionare le tue strategie di segmentazione e targeting, assicurando che le tue campagne rimangano pertinenti e coinvolgenti per il tuo pubblico.
Implementando l'IA nelle tue strategie di segmentazione del pubblico e targeting, puoi non solo migliorare significativamente
la precisione e l'efficacia delle tue campagne di marketing, ma anche offrire esperienze altamente personalizzate che aumentano l'engagement dei lettori e guidano le vendite.

8.3 Campagne pubblicitarie automatizzate e analisi dei risultati

Le campagne pubblicitarie automatizzate, potenziate dall'intelligenza artificiale (IA), offrono un metodo efficace e efficiente per raggiungere il tuo pubblico target, ottimizzare il budget pubblicitario e analizzare i risultati delle tue campagne in tempo reale. Ecco come puoi sfruttare l'IA per le tue campagne pubblicitarie e l'analisi dei risultati:

Impostazione di Campagne Pubblicitarie Automatizzate.

1. Definizione degli Obiettivi
Stabilisci obiettivi chiari per le tue campagne, come aumentare la consapevolezza del brand, generare lead, o incrementare le vendite del libro.

2. Selezione del Pubblico di Destinazione
Utilizza strumenti di IA per segmentare il tuo pubblico basandoti su dati demografici, interessi, comportamenti di lettura e interazioni precedenti con il tuo contenuto.

3. Creazione di Contenuti Personalizzati
Sfrutta l'IA per generare o suggerire modifiche ai contenuti pubblicitari, garantendo che siano ottimizzati per il coinvolgimento del pubblico di destinazione.

4. Scelta dei Canali
Impiega l'IA per identificare i canali più efficaci per la distribuzione delle tue campagne, che possono includere social media, email, motori di ricerca, e altri canali digitali.

5. Ottimizzazione del Budget
Usa l'IA per allocare e ottimizzare il budget delle campagne in modo dinamico, assicurando il miglior ritorno sull'investimento possibile attraverso la regolazione in tempo reale delle spese.

Analisi dei Risultati delle Campagne
1. Monitoraggio in Tempo Reale
Configura dashboard analitiche basate su IA per monitorare le performance delle campagne in tempo reale, consentendoti di vedere quali annunci, contenuti e canali stanno performando meglio.

2. Analisi del ROI e delle Conversioni

Analizza il ritorno sull'investimento (ROI) e le metriche di conversione con strumenti di IA, che possono aiutarti a comprendere il valore generato dalle tue campagne rispetto al costo sostenuto.

3. Ottimizzazione Continua

Utilizza l'analisi dei dati fornita dall'IA per apportare miglioramenti continui alle tue campagne. Ciò può includere l'aggiustamento dei messaggi, la riallocazione del budget, o la sperimentazione di nuovi canali pubblicitari.

4. Feedback e Apprendimento

L'IA può fornire insights non solo sui successi ma anche sui fallimenti, permettendoti di apprendere da ogni campagna e migliorare le strategie future.

5. Previsioni Future

Impiega modelli predittivi di IA per fare previsioni sui futuri comportamenti dei consumatori e sulle tendenze di mercato, aiutandoti a pianificare campagne future più efficaci. L'integrazione dell'IA nelle tue strategie pubblicitarie trasforma non solo il modo in cui crei e distribuisci i tuoi annunci, ma anche come misuri e rispondi alle performance delle tue campagne. Questo approccio basato sui dati rende possibile una personalizzazione senza precedenti e un'efficienza ottimizzata, guidando risultati significativamente migliori e fornendoti un vantaggio competitivo nel promuovere il tuo libro.

8.4 Sviluppo di contenuti per social media con l'IA

Lo sviluppo di contenuti per social media con l'aiuto dell'intelligenza artificiale (IA) offre una modalità innovativa ed efficiente per creare post accattivanti, personalizzati e ottimizzati per il tuo pubblico. L'uso dell'IA può semplificare il processo creativo, fornire analisi predittive per migliorare l'engagement e aiutarti a gestire la presenza sui social media in modo più efficace. Ecco come puoi sfruttare l'IA per lo sviluppo di contenuti per social media:

1. Generazione di Idee di Contenuto
Analisi delle Tendenze: Usa strumenti di IA per monitorare e analizzare le tendenze correnti sui social media, aiutandoti a generare idee di contenuto pertinenti e coinvolgenti che risuonano con il tuo pubblico.
Suggerimenti Basati sui Dati: Sfrutta l'IA per ricevere suggerimenti su argomenti di interesse basati sull'analisi dei dati di engagement dei tuoi follower e delle discussioni in corso nei tuoi settori di riferimento.

2. Creazione di Contenuti
Testi Creativi: Utilizza piattaforme di scrittura assistite da IA per creare copie accattivanti, titoli di post e descrizioni che catturano l'attenzione e stimolano l'interazione.
Immagini e Video: Impiega strumenti di IA per la creazione e l'editing di immagini e video, personalizzando i contenuti visivi per adattarli ai vari formati richiesti dalle piattaforme di social media.

3. Personalizzazione e Targetizzazione
Segmentazione del Pubblico: Analizza il tuo pubblico
utilizzando l'IA per segmentarlo in gruppi specifici, permettendo di personalizzare i contenuti in base alle preferenze e ai comportamenti di ciascun segmento.
Contenuto Dinamico: Crea versioni dinamiche dei tuoi post che si adattano ai diversi segmenti del pubblico, massimizzando l'engagement personalizzando i messaggi.

4. Pianificazione e Automazione
Programmazione dei Post: Usa strumenti di IA per la programmazione ottimizzata dei post, determinando
i migliori orari per pubblicare in base all'analisi dei pattern di attività del tuo pubblico sui social media.
Automazione del Posting: Imposta sistemi di pubblicazione automatica che gestiscono la frequenza dei post su diverse piattaforme, assicurando una presenza costante senza richiedere

un intervento manuale continuo.

5. Analisi e Ottimizzazione dei Contenuti
Monitoraggio in Tempo Reale: Configura dashboard basate su IA per tracciare le performance dei tuoi contenuti sui social media in tempo reale, permettendoti di valutare l'engagement, la portata e le conversioni.
Insight Azionabili: Utilizza l'analisi avanzata per ricevere suggerimenti su come ottimizzare i futuri contenuti, identificando quali tipi di post generano maggior interesse, quali hashtag aumentano la visibilità, e quali formati visivi attirano più attenzione.

6. Interazione e Engagement
Risposte Automatizzate: Implementa chatbot AI e strumenti di risposta automatica per gestire le interazioni iniziali con i follower, garantendo risposte tempestive che possono aumentare l'engagement e la soddisfazione del pubblico.
Analisi del Sentimento: Applica l'IA per analizzare il sentimento e il tono dei commenti e delle interazioni sui social media, fornendoti insight su come il tuo pubblico percepisce il tuo brand e i tuoi contenuti.

7. Reportistica e Feedback
Report Personalizzati: Genera report dettagliati sull'efficacia delle tue strategie di contenuto sui social media, utilizzando l'IA per estrarre i dati più rilevanti e presentarli in formati facilmente interpretabili.
Ciclo di Feedback Continuo: Stabilisci un processo di feedback continuo dove l'IA aiuta a iterare e migliorare costantemente i contenuti basandosi sulle performance passate e sulle tendenze emergenti.
Integrando l'IA nella creazione e gestione dei contenuti per social media, puoi non solo aumentare l'efficacia delle tue campagne ma anche stabilire una connessione più profonda e personalizzata con il tuo pubblico. Questo approccio data-driven ti permette di rimanere agile e reattivo in un paesaggio digitale in rapida evoluzione, ottimizzando continuamente la tua presenza online.

8.5 Uso dell'IA per analizzare l'efficacia delle campagne

L'utilizzo dell'intelligenza artificiale (IA) per analizzare l'efficacia delle campagne di marketing offre una prospettiva dettagliata e basata sui dati che può significativamente migliorare le strategie future. L'IA può aiutare a identificare quali elementi della campagna stanno funzionando, quali no, e perché, permettendo agli editori e agli autori di ottimizzare le risorse e aumentare il ritorno sull'investimento. Ecco come puoi sfruttare l'IA in questo contesto:

1. Misurazione dell'Engagement e della Portata
Analisi del Traffico Web e Social: Utilizza l'IA per tracciare e analizzare il traffico generato dalle tue campagne verso siti web e pagine social, valutando metriche chiave come visualizzazioni, tempo di permanenza e tassi di interazione.
Valutazione dell'Engagement: Impiega algoritmi di IA per misurare l'engagement dei tuoi contenuti, inclusi like, condivisioni, commenti e altre forme di interazione, fornendo un'analisi dettagliata di ciò che suscita maggiore interesse.

2. Analisi del Sentimento
Monitoraggio delle Reazioni: Sfrutta l'IA per analizzare il sentimento delle reazioni online, distinguendo tra feedback positivo, neutro e negativo per avere un'idea chiara della percezione pubblica della tua campagna.
Comprensione delle Motivazioni: Usa l'analisi del sentimento per identificare le ragioni dietro le reazioni del pubblico, aiutandoti a capire cosa esattamente sta risuonando o meno con il tuo target.

3. Ottimizzazione dei Contenuti
Identificazione di Contenuti ad Alte Prestazioni: Analizza quali tipi di contenuto generano maggior engagement e conversioni, utilizzando l'IA per identificare pattern e tendenze nei dati.
Suggerimenti per l'Adattamento: Ricevi raccomandazioni automatizzate su come modificare i contenuti delle future campagne basandoti sull'analisi delle prestazioni, ottimizzando così la strategia di contenuto.

4. Segmentazione del Pubblico e Personalizzazione
Analisi del Pubblico: Impiega l'IA per segmentare il tuo pubblico in gruppi più specifici basati su comportamenti, interessi e interazioni, permettendo di personalizzare ulteriormente le campagne.
Targetizzazione Predittiva: Utilizza modelli predittivi per identificare segmenti di pubblico che hanno maggior probabilità di rispondere positivamente a determinate tipologie di messaggi o offerte.

5. Previsione e Simulazione di Campagne Future

Simulazioni di Campagne: Sfrutta l'IA per creare simulazioni di possibili campagne future, predire il loro potenziale impatto e identificare le strategie più promettenti prima del lancio effettivo.
Analisi Costi-Benefici: Valuta il potenziale ritorno sull'investimento di diverse strategie di campagna, considerando vari scenari e utilizzando l'IA per prevedere i risultati.

6. Feedback Continuo e Apprendimento

Cicli di Feedback: Stabilisci un processo di feedback continuo dove i risultati delle analisi vengono utilizzati per migliorare costantemente le campagne.
Apprendimento Automatico: Assicurati che i tuoi strumenti di IA apprendano dai risultati di ogni campagna, perfezionando le loro capacità di analisi e previsione con ogni nuovo set di dati.
Integrare l'IA nell'analisi delle campagne di marketing ti permette di navigare il complesso paesaggio digitale con maggiore precisione, adattando le tue strategie in modo proattivo per massimizzare l'impatto e il ritorno sull'investimento.

8.6 Gestione della reputazione online con l'IA

La gestione della reputazione online è fondamentale per mantenere e migliorare l'immagine del tuo libro o del tuo brand nell'era digitale. Utilizzare l'intelligenza artificiale (IA) in questo processo può offrire metodi avanzati per monitorare, analizzare e intervenire su come il tuo lavoro viene percepito online. Ecco come puoi sfruttare l'IA per una gestione efficace della reputazione online:

1. Monitoraggio Continuo
Sorveglianza dei Social Media e del Web: Impiega strumenti di IA per monitorare continuamente i social media, blog, forum e recensioni online per rilevare menzioni del tuo libro o brand. Questo permette di catturare il feedback dei lettori, le recensioni e le discussioni pertinenti in tempo reale.
Rilevamento Automatico: Configura l'IA per identificare automaticamente commenti, recensioni e post sia positivi che negativi, utilizzando l'analisi del sentiment per valutare il tono generale delle conversazioni.

2. Analisi del Sentiment e Identificazione di Tendenze
Valutazione del Sentimento: Usa l'analisi del sentiment basata sull'IA per valutare le emozioni e le opinioni espresse nei contenuti raccolti, offrendoti una visione complessiva del sentiment verso il tuo libro o brand.
Riconoscimento di Pattern e Tendenze: L'IA può aiutarti a identificare pattern nei dati raccolti, come ricorrenze di specifiche lodi o critiche, consentendoti di riconoscere tendenze emergenti o problemi ricorrenti.

3. Gestione Proattiva delle Risposte
Risposte Automatizzate: Implementa sistemi di risposta automatizzata per gestire interazioni routinarie o per fornire risposte immediate a commenti o domande frequenti, migliorando l'engagement e la percezione di attenzione al cliente.
Interventi Mirati: Utilizza le analisi fornite dall'IA per sviluppare strategie di risposta mirate, intervenendo in modo proattivo su feedback negativo o situazioni potenzialmente dannose per la tua reputazione online.

4. Ottimizzazione delle Strategie di Comunicazione
Personalizzazione dei Messaggi: Sfrutta i dati e le analisi raccolti per personalizzare i tuoi messaggi e le tue comunicazioni con il pubblico, rendendoli più rilevanti e risuonanti con le esigenze e le percezioni dei tuoi lettori.

Miglioramento Continuo: Usa il feedback e le tendenze rilevate per affinare le tue strategie di comunicazione e marketing, migliorando la qualità del tuo engagement online e costruendo una reputazione positiva nel lungo termine.

5. Rapporti Dettagliati e Insights Azionabili

Reportistica Avanzata: Genera report dettagliati sull'andamento della tua reputazione online, utilizzando l'IA per estrarre insights significativi dalle enormi quantità di dati raccolti.

Decisioni Basate sui Dati: Le analisi e i rapporti generati ti permettono di prendere decisioni informate riguardo alla gestione della tua reputazione, all'identificazione di aree di miglioramento e alla definizione di strategie efficaci per la risoluzione di problemi specifici.

Integrando l'IA nella gestione della reputazione online, puoi non solo monitorare e rispondere più efficacemente alle conversazioni sul tuo libro o brand ma anche utilizzare i dati raccolti per migliorare proattivamente la tua immagine pubblica. Questo approccio basato sui dati ti consente di rimanere al passo con il dinamismo del web, proteggendo e potenziando la tua reputazione nel mondo digitale.

8.7 Creazione di trailer e materiali promozionali con l'IA

La creazione di trailer e materiali promozionali per il tuo libro con l'aiuto dell'intelligenza artificiale (IA) può rendere il processo non solo più efficiente ma anche incredibilmente creativo e personalizzato. Gli strumenti di IA possono aiutarti a generare video accattivanti, immagini e altri materiali promozionali che catturano l'essenza del tuo libro e stimolano l'interesse del pubblico. Ecco come puoi sfruttare l'IA in questo ambito:

1. Generazione di Idee
Brainstorming Assistito dall'IA: Usa strumenti di IA per generare idee creative per i tuoi materiali promozionali, basandosi su analisi del contenuto del tuo libro, temi prevalenti, e tendenze attuali nei media correlati al tuo genere.

2. Creazione di Contenuti Visivi
Immagini e Grafiche: Impiega piattaforme di design basate su IA per creare copertine di libri, poster, e grafiche per i social media che sono visivamente coinvolgenti e tematicamente allineate al contenuto del tuo libro.
Video e Trailer: Utilizza software di IA che può aiutarti a montare trailer di libri combinando testi estratti dal tuo libro, immagini, video clip e musica, creando un'esperienza visiva coinvolgente che cattura l'interesse dei potenziali lettori.

3. Personalizzazione del Contenuto
Adattamento al Pubblico: Configura gli strumenti di IA per personalizzare i materiali promozionali in base al tuo target
di pubblico, adattando il linguaggio, le immagini e il tono del messaggio per massimizzare l'engagement e la risonanza emotiva.
Versioni Dinamiche: Crea versioni multiple dei tuoi materiali promozionali per testare quale combinazione di elementi visivi e testuali funziona meglio con diversi segmenti del tuo pubblico.

4. Ottimizzazione Basata su Dati
Analisi delle Performance: Utilizza l'IA per analizzare come il tuo pubblico interagisce con i materiali promozionali, identificando quali aspetti generano maggiore engagement, condivisioni e conversioni.
Iterazione e Miglioramento: Basandoti sull'analisi delle performance, usa l'IA per iterare rapidamente i tuoi materiali promozionali, migliorandoli continuamente in base ai feedback e ai dati raccolti.

5. Distribuzione Mirata

Scelta dei Canali: Impiega l'IA per determinare i canali di distribuzione più efficaci per i tuoi materiali promozionali, sia online che offline, basandoti su dove il tuo target di pubblico è più attivo e ricettivo.

Programmazione Intelligente: Usa strumenti di IA per programmare la pubblicazione dei tuoi materiali promozionali nei momenti ottimali, aumentando la probabilità di visualizzazioni e interazioni.

6. Feedback e Adattamento

Monitoraggio in Tempo Reale: Configura sistemi di IA per monitorare in tempo reale il feedback e le interazioni con i tuoi materiali promozionali, permettendoti di adattare rapidamente la tua strategia in risposta al comportamento del pubblico.

Analisi del Sentimento: Utilizza l'IA per valutare il sentiment del pubblico nei confronti dei tuoi materiali promozionali, fornendoti insight preziosi su come vengono percepiti e su come potresti migliorarli.

L'integrazione dell'IA nella creazione di trailer e materiali promozionali offre un approccio rivoluzionario alla promozione del tuo libro, permettendoti di sfruttare dati e tecnologie avanzate per coinvolgere il tuo pubblico in modi sempre più efficaci e personalizzati.

8.8 Automazione delle risposte ai lettori con l'IA

L'automazione delle risposte ai lettori tramite l'intelligenza artificiale (IA) può migliorare significativamente l'efficienza della comunicazione con il tuo pubblico, garantendo risposte tempestive e personalizzate alle loro domande o commenti. Questo approccio non solo aiuta a mantenere un elevato livello di engagement, ma consente anche di gestire in modo più efficace grandi volumi di interazioni. Ecco come implementare l'automazione delle risposte ai lettori con l'IA:

1. Chatbot IA per la Comunicazione
Implementazione di Chatbot: Sviluppa o integra chatbot basati su IA nel tuo sito web, pagine social o piattaforme di messaggistica. Questi chatbot possono essere addestrati per rispondere a domande frequenti, fornire informazioni sui tuoi libri, o guidare i lettori verso risorse utili.
Personalizzazione e Apprendimento: Assicurati che il tuo chatbot IA sia in grado di apprendere dalle interazioni per migliorare continuamente le risposte. Può anche personalizzare le comunicazioni basandosi sulle preferenze e sul comportamento passato dei lettori.

2. Risposte Personalizzate sui Social Media
Monitoraggio e Risposta: Utilizza strumenti di IA per monitorare i social media alla ricerca di menzioni, commenti o domande riguardanti i tuoi libri. Strumenti avanzati possono automaticamente rispondere o fornire risposte personalizzate basate sul contesto della discussione.
Analisi del Sentimento: Implementa strumenti di analisi del sentiment per comprendere il tono delle domande o dei commenti (positivi, negativi, neutrali) e adattare le risposte di conseguenza per ottimizzare l'engagement.

3. Gestione delle Email
Risposte Automatiche Personalizzate: Configura il tuo sistema di gestione email con l'IA per fornire risposte automatiche personalizzate a domande frequenti, richieste di informazioni o feedback. Questo può includere l'invio di ringraziamenti per recensioni, risposte a domande su prossime pubblicazioni o eventi. Segmentazione e Targeting: Usa l'IA per segmentare automaticamente le email in arrivo in base al tipo di richiesta, priorità o interesse specifico, consentendo una gestione più efficiente e risposte mirate.

4. Supporto Post-Vendita

Assistenza Post-Acquisto: Fornisci supporto post-acquisto automatizzato, come informazioni sulla spedizione, suggerimenti di lettura basati sui libri acquistati, o inviti a lasciare una recensione, migliorando l'esperienza complessiva del lettore.

Raccolta di Feedback: Utilizza l'IA per invitare i lettori a condividere il loro feedback su libri specifici in modo automatico dopo un certo periodo dalla loro acquisto, aiutandoti a raccogliere preziose recensioni e suggerimenti.

5. Analisi e Ottimizzazione

Monitoraggio delle Interazioni: Analizza le interazioni dei lettori con i sistemi di risposta automatizzata per identificare aree di miglioramento, domande frequenti non ancora coperte, o argomenti che richiedono risposte più dettagliate.

Ottimizzazione Continua: Utilizza i dati raccolti per ottimizzare continuamente i tuoi script di risposta, la personalizzazione e l'efficacia del tuo chatbot, migliorando l'engagement dei lettori e la loro soddisfazione.

Implementando l'automazione delle risposte ai lettori con l'IA, puoi non solo gestire in modo più efficace il flusso di comunicazione con il tuo pubblico, ma anche arricchire l'esperienza dei lettori, offrendo interazioni tempestive, personalizzate e informative. Questo approccio incentrato sul lettore contribuisce a costruire una comunità più impegnata e fedele intorno ai tuoi libri.

8.9 L'IA nella creazione di eventi virtuali e promozioni

L'intelligenza artificiale (IA) può rivoluzionare la creazione e la gestione di eventi virtuali e promozioni per i tuoi libri, rendendoli più interattivi, personalizzati e accessibili a un pubblico globale. Dai webinar ai tour di libri virtuali e sessioni di Q&A, l'IA può aiutare a ottimizzare ogni aspetto dell'evento, dalla pianificazione alla realizzazione e all'analisi post-evento. Ecco come puoi sfruttare l'IA per i tuoi eventi virtuali e promozioni:

1. Pianificazione e Personalizzazione dell'Evento
Suggerimenti Tematici: Usa l'IA per analizzare tendenze e dati di interesse per suggerire temi e argomenti rilevanti che attraggano il tuo pubblico target.
Ottimizzazione della Data e dell'Ora: Impiega algoritmi di IA per determinare i migliori giorni e orari per massimizzare la partecipazione all'evento, analizzando dati su fusi orari del pubblico, preferenze e storico di partecipazione.

2. Inviti e Registrazione Personalizzati
Targetizzazione degli Inviti: Utilizza l'IA per segmentare il tuo pubblico e personalizzare gli inviti in base agli interessi specifici, al comportamento di lettura precedente o alla partecipazione a eventi passati.
Processo di Registrazione Semplificato: Ottimizza il processo di registrazione con l'IA, utilizzando chatbot per rispondere a domande frequenti e assistere gli utenti durante la registrazione.

3. Contenuti Interattivi e Coinvolgenti
Sessioni di Q&A Guidate dall'IA: Organizza sessioni di Q&A dove l'IA aiuta a moderare le domande, selezionando quelle più rilevanti o frequenti da porre durante l'evento.
Raccomandazioni Personalizzate: Durante l'evento, utilizza l'IA per fornire raccomandazioni personalizzate agli spettatori, come suggerimenti su quale dei tuoi libri leggere in base ai loro interessi mostrati durante l'evento.

4. Promozione dell'Evento
Strategie di Marketing Basate su Dati: Sviluppa e implementa strategie di marketing per l'evento basate su analisi predittive, utilizzando l'IA per identificare i canali più efficaci e i messaggi che probabilmente genereranno maggiore interesse.
Monitoraggio in Tempo Reale: Utilizza l'IA per monitorare l'efficacia delle campagne promozionali in tempo reale, permettendoti di apportare modifiche rapide per migliorare la visibilità e la partecipazione.

5. Analisi Post-Evento e Feedback

Raccolta e Analisi del Feedback: Impiega strumenti di IA per raccogliere e analizzare feedback post-evento, fornendo insight su ciò che ha funzionato bene e aree di miglioramento per eventi futuri.

Misurazione dell'Impatto: Valuta l'impatto dell'evento sulle vendite del libro, l'engagement del pubblico e la crescita dei follower, utilizzando l'IA per correlare i dati dell'evento con le metriche di successo.

6. Automazione e Assistenza Durante l'Evento

Assistenza AI in Tempo Reale: Durante l'evento, utilizza l'IA per fornire assistenza in tempo reale ai partecipanti, rispondendo automaticamente a domande tecniche o informative tramite chatbot.

7. Personalizzazione dell'Esperienza dell'Utente

Esperienze Utente Uniche: Crea esperienze uniche per ciascun partecipante basate sul loro comportamento e preferenze, utilizzando l'IA per adattare i contenuti visualizzati o le interazioni durante l'evento.

L'uso dell'IA nella creazione e promozione di eventi virtuali può notevolmente aumentare la portata e l'efficacia delle tue iniziative di marketing, consentendoti di coinvolgere in modo più profondo e personalizzato con il tuo pubblico, indipendentemente dalla loro posizione geografica.

8.10 Strategie di cross-promotion e collaborazioni con l'IA

L'impiego dell'intelligenza artificiale (IA) nelle strategie di cross-promotion e nelle collaborazioni può trasformare il modo in cui promuovi il tuo libro, sfruttando dati e analisi per identificare opportunità di partnership vantaggiose e ottimizzare le campagne congiunte. Ecco come puoi sfruttare l'IA per potenziare le tue strategie di cross-promotion e collaborazione:

1. Identificazione di Partner Strategici
Analisi dei Dati di Mercato: Usa l'IA per analizzare dati di mercato e identificare autori, editori o brand con pubblici simili o complementari al tuo. L'IA può aiutare a scoprire opportunità di collaborazione che potrebbero non essere immediatamente evidenti.
Valutazione della Compatibilità: Implementa algoritmi di IA per valutare la compatibilità e il potenziale di successo delle collaborazioni basandosi su precedenti performance di campagne simili e feedback dei lettori.

2. Ottimizzazione delle Campagne di Cross-Promotion
Pianificazione Condivisa: Utilizza strumenti di IA per pianificare e coordinare campagne di cross-promotion, assicurando che le tempistiche e i messaggi siano ottimizzati per entrambi i partner.
Analisi Predittiva: Impiega l'IA per fare previsioni sull'impatto di varie strategie di cross-promotion, permettendo di scegliere gli approcci più promettenti prima di lanciare la campagna.

3. Personalizzazione del Contenuto
Targetizzazione Avanzata: Sfrutta l'IA per segmentare e targetizzare i pubblici in modo più preciso, personalizzando i contenuti promozionali per risuonare al meglio con i diversi segmenti.
Contenuti Dinamici: Crea contenuti dinamici che si adattano in tempo reale alle interazioni dei lettori, migliorando l'engagement e l'efficacia delle campagne congiunte.

4. Monitoraggio e Analisi in Tempo Reale
Tracciamento delle Performance: Configura dashboard basate su IA per monitorare le performance delle campagne di cross-promotion in tempo reale, permettendo una rapida iterazione e ottimizzazione.
Valutazione dell'Impatto: Analizza l'impatto delle collaborazioni sull'engagement dei lettori, sulle vendite del libro e sulla crescita del pubblico, utilizzando l'IA per correlare specifiche attività promozionali con i risultati ottenuti.

5. Feedback e Apprendimento Automatico

Raccolta di Feedback: Utilizza strumenti di IA per raccogliere e analizzare il feedback dei lettori sulle campagne di cross-promotion, guadagnando preziosi insight su ciò che funziona meglio.

Miglioramento Continuo: Assicurati che i tuoi sistemi di IA apprendano dai risultati di ogni campagna, migliorando continuamente l'efficacia delle future collaborazioni promozionali.

6. Sviluppo di Partnership a Lungo Termine

Analisi delle Relazioni: Impiega l'IA per valutare la forza e il valore delle relazioni di collaborazione nel tempo, identificando partner chiave con cui sviluppare strategie promozionali a lungo termine.

Ottimizzazione delle Strategie Condivise: Usa l'analisi basata su IA per affinare e ottimizzare le strategie di partnership, massimizzando i benefici reciproci e sostenendo una crescita condivisa.

L'integrazione dell'IA nelle tue strategie di cross-promotion e collaborazione ti permette di navigare il complesso panorama promozionale con dati e analisi a supporto, identificando le opportunità più promettenti e ottimizzando le campagne per il successo condiviso. Questo approccio basato sui dati non solo migliora l'efficacia delle tue iniziative promozionali, ma può anche aiutare a costruire relazioni di collaborazione più forti e produttive nel lungo termine.

Capitolo 9:
Vendita e Gestione dei Diritti

9.1 Monitoraggio delle vendite con strumenti basati sull'IA

Il monitoraggio delle vendite dei tuoi libri è fondamentale per capire il successo delle tue strategie editoriali e di marketing. L'utilizzo di strumenti basati sull'intelligenza artificiale (IA) per questo scopo può fornirti insights dettagliati e aiutarti a prendere decisioni informate. Ecco come puoi sfruttare l'IA per il monitoraggio delle vendite:

1. Analisi Predittiva delle Vendite
Previsioni di Vendita: Usa l'IA per analizzare i dati storici di vendita e identificare pattern che possono prevedere le tendenze future. Questo può aiutarti a ottimizzare le scorte, pianificare ristampe e modulare le campagne di marketing.

2. Segmentazione del Pubblico
Comprensione del Pubblico: L'IA può segmentare i tuoi lettori in gruppi specifici basandosi sui loro comportamenti di acquisto e preferenze, permettendoti di targetizzare più efficacemente le tue strategie di marketing e di vendita.

3. Ottimizzazione dei Prezzi
Strategie di Pricing Dinamico: Utilizza l'IA per analizzare il comportamento del mercato e adattare i prezzi in tempo reale, massimizzando i profitti e rimanendo competitivo.

4. Analisi dei Canali di Vendita
Valutazione dei Canali: Con l'IA, puoi determinare quali canali di vendita stanno performando meglio, consentendoti di concentrare le tue risorse dove sono più efficaci.

5. Rilevamento di Copie Piratate
Protezione della Proprietà Intellettuale: Strumenti di IA possono monitorare il web per identificare e segnalare copie non autorizzate dei tuoi libri, aiutandoti a proteggere i tuoi diritti d'autore.

6. Feedback e Recensioni
Analisi del Sentiment: L'IA può analizzare le recensioni e il feedback dei lettori sui social media e sui siti di e-commerce per darti una visione generale del sentiment nei confronti del tuo libro,

informando potenziali miglioramenti o strategie di engagement.

7. Personalizzazione delle Offerte
Offerte Mirate: Basandoti sui dati di vendita e sui comportamenti dei lettori, puoi utilizzare l'IA per creare offerte personalizzate che aumentano la probabilità di acquisto da parte di lettori specifici o segmenti di mercato.

8. Reportistica Avanzata
Dashboard Intuitivi: I dati di vendita possono essere complessi e difficili da interpretare. L'IA può aiutarti a visualizzare questi dati attraverso dashboard intuitivi, rendendo più semplice identificare le tendenze, le performance dei libri e gli insights del mercato.
L'adozione di strumenti basati sull'IA per il monitoraggio delle vendite non solo rende il processo più efficiente ma ti fornisce anche una comprensione più profonda delle dinamiche di mercato. Questa conoscenza può guidare le decisioni strategiche, dalla produzione alla promozione, e aiutarti a costruire relazioni più forti con il tuo pubblico.

9.2 Gestione dei diritti d'autore e contratti con l'assistenza dell'IA

La gestione dei diritti d'autore e dei contratti è un aspetto cruciale dell'industria editoriale, spesso complesso e dispendioso in termini di tempo. L'intelligenza artificiale (IA) può offrire assistenza preziosa, semplificando la gestione dei diritti e l'elaborazione dei contratti. Ecco come l'IA può essere utilizzata in questo contesto:

1. Automazione della Redazione dei Contratti
Generazione di Contratti: Utilizza strumenti di IA per generare automaticamente bozze di contratti basate su template predefiniti, personalizzandoli in base alle specifiche necessità di ogni accordo editoriale. Questo processo può ridurre significativamente i tempi di preparazione e minimizzare gli errori umani.

2. Analisi e Revisione dei Contratti
Esame dei Documenti: Strumenti di IA possono analizzare i contratti per identificare clausole standard, anomalie, discrepanze o termini potenzialmente sfavorevoli. Questo aiuta gli editori e gli autori a navigare meglio nei dettagli legali dei documenti contrattuali.

Comparazione Contrattuale: L'IA può confrontare i termini di un contratto con quelli di contratti simili nel database, offrendo una visione immediata su quanto siano competitivi o equi.

3. Gestione dei Diritti d'Autore
Catalogazione e Monitoraggio: Utilizza sistemi basati sull'IA per catalogare e monitorare lo stato dei diritti d'autore, incluse le scadenze, i rinnovi e le licenze in uso. Questo consente una gestione più efficiente e riduce il rischio di violazioni involontarie dei diritti.
Rilevamento della Violenza dei Diritti: Implementa software di IA per scansionare il web alla ricerca di copie piratate dei tuoi libri, facilitando l'azione legale contro la distribuzione non autorizzata.

4. Ottimizzazione delle Strategie di Licenza
Analisi del Mercato: Strumenti di IA possono analizzare i dati di mercato per identificare tendenze e opportunità di licenza, aiutando a determinare quando e dove potrebbe essere vantaggioso vendere i diritti di pubblicazione internazionali o di adattamento.

Valutazione delle Offerte: L'IA può assistere nella valutazione delle offerte di licenza, fornendo analisi basate sui dati per aiutare a negoziare i termini migliori.

5. Negoziazione Supportata dall'IA
Supporto alle Decisioni: Sfrutta algoritmi di IA per fornire raccomandazioni durante le negoziazioni contrattuali, basate su analisi di contratti simili, performance di vendita prevista e standard del settore.
Simulazioni di Negoziazione: Usa modelli di IA per simulare scenari di negoziazione, aiutando a prepararsi per le discussioni sui contratti e a prevedere le contromosse delle controparti.

6. Formazione e Consulenza
Assistenza Legale Virtuale: Implementa assistenti virtuali basati sull'IA per fornire consulenza legale di base su diritti d'autore e contratti, rendendo l'informazione facilmente accessibile agli autori e ai professionisti dell'editoria meno esperti.
L'integrazione dell'IA nella gestione dei diritti d'autore e dei contratti non solo rende i processi più efficienti ma offre anche una maggiore sicurezza legale e una migliore capacità di negoziazione. Ciò consente agli editori e agli autori di concentrarsi maggiormente sulla creazione e promozione dei contenuti, affidandosi all'IA per la gestione degli aspetti più tecnici e ripetitivi.

9.3 Espansione in nuovi mercati con analisi basate sull'intelligenza artificiale

Espandersi in nuovi mercati è un passo cruciale per autori ed editori che mirano ad aumentare la loro portata e impatto. L'analisi guidata dall'intelligenza artificiale (IA) può giocare un ruolo fondamentale nell'identificare i mercati più promettenti per l'espansione, ottimizzando le strategie di ingresso e adattando i contenuti per soddisfare le preferenze locali. Ecco come puoi sfruttare l'IA per entrare efficacemente in nuovi mercati:

Identificazione e Analisi del Mercato

Analisi dei Trend: Utilizza l'IA per analizzare i trend globali di lettura, la popolarità dei generi e i temi emergenti. Questo può aiutare a identificare mercati in cui il genere o l'argomento del tuo libro sta guadagnando trazione.

Insight sul Comportamento dei Consumatori: Gli algoritmi di IA possono setacciare enormi quantità di dati per fornire insight sul comportamento dei consumatori, le preferenze e i modelli di acquisto nei diversi mercati, aiutandoti a identificare quelli più propensi ad accogliere il tuo lavoro.

Analisi Competitiva

Prestazioni dei Concorrenti: Distribuisci strumenti di IA per monitorare le prestazioni di libri e autori simili nei mercati target. Comprendere ciò che funziona bene può informare la tua strategia e aiutarti a posizionare il tuo libro più efficacemente.

Analisi delle Lacune: L'IA può aiutare a identificare lacune nel mercato dove esiste una domanda non adeguatamente soddisfatta dall'attuale offerta di libri o contenuti, presentando un'opportunità per il tuo lavoro.

Strategie di Localizzazione

Adattamento Culturale: Usa l'IA per analizzare le sfumature culturali e le preferenze nei nuovi mercati. Questo può guidare la localizzazione del tuo libro e dei materiali di marketing per assicurare che risuonino con il pubblico locale.

Ottimizzazione Linguistica: Gli strumenti di traduzione e ottimizzazione linguistica guidati dall'IA possono garantire che il tuo libro e i materiali promozionali non siano solo tradotti ma adattati ai dialetti e agli idiomi locali, migliorando la leggibilità e l'attrattiva.

Ottimizzazione del Marketing e della Promozione

Campagne di Marketing Mirate: Sfrutta l'IA per creare e gestire campagne di marketing mirate che affrontano gli interessi e i comportamenti specifici dei lettori nei nuovi mercati. L'IA può ottimizzare la tempistica delle campagne, i canali e i messaggi per il massimo impatto.

Insight sui Social Media: Utilizza l'IA per analizzare i trend e le conversazioni sui social media nei nuovi mercati, aiutandoti a personalizzare la tua strategia sui social media per coinvolgere efficacemente i potenziali lettori.

Ottimizzazione dei Canali di Vendita

Analisi dei Canali di Distribuzione: L'IA può valutare l'efficacia di vari canali di distribuzione nei diversi mercati, guidandoti verso le piattaforme più efficaci per la vendita di ebook, la distribuzione cartacea o gli audiolibri.

Strategia di Prezzi: Implementa analisi guidate dall'IA per comprendere le sensibilità e le preferenze di prezzo in ciascun mercato, permettendoti di stabilire punti di prezzo competitivi e profittevoli.

Monitoraggio delle Prestazioni e Adattamento

Monitoraggio in Tempo Reale: Configura sistemi guidati dall'IA per monitorare i dati di vendita e il feedback dei lettori dai nuovi mercati in tempo reale, fornendoti insight immediati su ciò che funziona e ciò che non funziona.

Miglioramento Iterativo: Usa l'IA per affinare e adattare continuamente i contenuti del tuo libro, le strategie di marketing e gli sforzi di distribuzione basandoti sull'analisi continua delle prestazioni di mercato e sul feedback dei consumatori.

Espandersi in nuovi mercati con l'aiuto dell'analisi guidata dall'IA consente ad autori ed editori di prendere decisioni basate sui dati, minimizzare i rischi e adattare il loro approccio per soddisfare le richieste specifiche e le sfumature culturali di ciascun mercato. Sfruttando l'IA, puoi navigare nelle complessità dell'espansione globale con maggiore fiducia e insight strategico.

9.4 Uso dell'IA per l'analisi dei dati di vendita

L'uso dell'intelligenza artificiale (IA) per l'analisi dei dati di vendita trasforma la capacità degli autori e degli editori di comprendere le dinamiche di mercato, ottimizzare le strategie di vendita e anticipare le tendenze future. L'IA può analizzare grandi volumi di dati in modo efficiente, offrendo insight preziosi che altrimenti potrebbero rimanere nascosti. Ecco come sfruttare l'IA per analizzare i dati di vendita:

1. Comprensione delle Performance di Vendita
Analisi Dettagliata: Utilizza l'IA per elaborare i dati di vendita e fornire un'analisi dettagliata delle performance, identificando quali titoli hanno avuto successo, in quali periodi e in quali mercati.

Identificazione di Pattern: L'IA può rivelare pattern nei dati di vendita, come stagionalità, tendenze di genere, o l'impatto di specifiche campagne di marketing sulle vendite.

2. Segmentazione del Pubblico
Analisi del Comportamento dei Lettori: Impiega algoritmi di IA per segmentare il pubblico in base al comportamento di acquisto, preferenze e interazioni passate. Questo permette di targhetizzare in modo più preciso le campagne di marketing e di personalizzare le offerte.

Preferenze e Tendenze: L'IA può analizzare i feedback dei lettori e le recensioni per identificare tendenze nelle preferenze del pubblico, guidando lo sviluppo di prodotti futuri e strategie di marketing.

3. Ottimizzazione dei Prezzi
Strategie di Pricing Dinamico: Utilizza modelli di IA per testare e implementare strategie di pricing dinamico, ottimizzando i prezzi in tempo reale basandosi sulla domanda, sulla concorrenza e su altri fattori di mercato.

Analisi della Sensibilità ai Prezzi: L'IA può determinare la sensibilità ai prezzi dei diversi segmenti di pubblico, permettendo di adattare la strategia di pricing per massimizzare le entrate e la penetrazione di mercato.

4. Previsione delle Tendenze di Vendita
Modelli Predittivi: Implementa modelli predittivi basati sull'IA per anticipare le future tendenze di vendita, aiutandoti a prepararti per la domanda futura, gestire le scorte e pianificare le uscite dei

nuovi titoli.

Scoperta di Opportunità: L'IA può identificare opportunità di mercato non sfruttate, suggerendo nuovi segmenti di pubblico o aree geografiche dove espandere.

5. Automazione del Reporting
Dashboard Personalizzati: Crea dashboard personalizzati che utilizzano l'IA per visualizzare i dati di vendita in modi intuitivi, permettendo a te e al tuo team di prendere decisioni informate rapidamente.

Report in Tempo Reale: Ricevi aggiornamenti in tempo reale sulle performance di vendita, con alert automatizzati per variazioni significative o trend emergenti.

6. Miglioramento Continuo
Feedback Loop: Stabilisci un processo di feedback continuo dove i dati di vendita e le analisi dell'IA informano costantemente le strategie di marketing, di prezzo e di distribuzione, consentendo un miglioramento iterativo basato sui dati.

L'impiego dell'IA nell'analisi dei dati di vendita offre un vantaggio competitivo, permettendo agli autori e agli editori di navigare il mercato con maggiore agilità, precisione e successo. Grazie alla capacità dell'IA di elaborare e analizzare grandi volumi di dati, è possibile prendere decisioni strategiche più informate, anticipare le esigenze del mercato e adattare le strategie di vendita per massimizzare il successo.

9.5 Ottimizzazione delle strategie di prezzo con l'IA

L'ottimizzazione delle strategie di prezzo attraverso l'intelligenza artificiale (IA) offre agli autori e agli editori un potente strumento per massimizzare le entrate e competere efficacemente nel mercato. L'IA può analizzare complessi set di dati per identificare i modelli di comportamento dei consumatori, prevedere la domanda, e stabilire il prezzo ottimale per i libri. Ecco come puoi utilizzare l'IA per ottimizzare le tue strategie di prezzo:

1. Analisi del Comportamento di Acquisto
Insight sui Consumatori: Utilizza l'IA per analizzare i dati di acquisto e le tendenze di comportamento dei consumatori, comprendendo come i vari segmenti di pubblico reagiscono a differenti fasce di prezzo.

Preferenze e Sensibilità: Identifica la sensibilità al prezzo dei diversi gruppi demografici o segmenti di mercato, permettendo di adattare i prezzi in modo da massimizzare sia le vendite che le entrate.

2. Strategie di Pricing Dinamico
Adattamento in Tempo Reale: Implementa modelli di IA che consentono di adattare i prezzi in tempo reale in risposta a cambiamenti del mercato, disponibilità, concorrenza, e altri fattori esterni.

Sperimentazione e Apprendimento: Usa l'IA per eseguire test A/B e altre forme di sperimentazione sui prezzi, apprendendo quali strategie generano il miglior ritorno economico.

3. Ottimizzazione dei Pacchetti e delle Promozioni
Bundling Intelligente: L'IA può suggerire combinazioni ottimali di prodotti (es. bundle di libri correlati) che aumentano il valore percepito dai consumatori e incoraggiano acquisti maggiori.

Promozioni Personalizzate: Sfrutta l'IA per offrire promozioni personalizzate basate sui precedenti comportamenti di acquisto, massimizzando l'efficacia delle offerte speciali e degli sconti.

4. Previsione della Domanda e della Redditività
Analisi Predittiva: Utilizza l'IA per prevedere la domanda di specifici titoli in vari momenti e condizioni di mercato, permettendo di ottimizzare i prezzi per mantenere un equilibrio tra vendite e profitti.

Modellazione della Redditività: Impiega modelli di IA per valutare l'impatto di differenti strategie di prezzo sulla redditività complessiva, aiutandoti a prendere decisioni informate che bilanciano vendite e margini.

5. Confronto Competitivo e Analisi di Mercato
Monitoraggio della Concorrenza: Usa l'IA per monitorare continuamente i prezzi e le offerte della concorrenza, assicurando che i tuoi libri siano posizionati competitivamente nel mercato.

Analisi del Posizionamento: Valuta il posizionamento dei tuoi prezzi rispetto ai prodotti simili nel mercato, utilizzando l'IA per identificare opportunità di differenziazione o aggiustamento.

6. Feedback Continuo e Ottimizzazione
Loop di Feedback in Tempo Reale: Stabilisci un sistema di monitoraggio e analisi in tempo reale che utilizza l'IA per fornire feedback continuo sull'efficacia delle tue strategie di prezzo.

Miglioramento Continuo: Sfrutta l'IA per iterare e migliorare costantemente le tue strategie di prezzo basandoti su dati aggiornati e analisi predittive, adattandoti rapidamente alle dinamiche di mercato.

Attraverso l'ottimizzazione delle strategie di prezzo guidata dall'IA, autori ed editori possono navigare il complesso panorama del mercato editoriale con maggiore precisione, anticipando le tendenze del mercato e adattando le strategie di prezzo per massimizzare le entrate e la soddisfazione dei consumatori.

9.6 Ricerca di mercati internazionali con l'IA

La ricerca di mercati internazionali è fondamentale per gli autori e gli editori che cercano di espandere la propria portata oltre i confini nazionali. L'intelligenza artificiale (IA) offre strumenti potenti per identificare e valutare nuovi mercati potenziali, semplificando il processo di internazionalizzazione. Ecco come l'IA può aiutare nella ricerca di mercati internazionali:

1. Analisi dei Trend Globali
Identificazione di Trend Emergenti: Utilizza l'IA per monitorare e analizzare i trend di lettura globali, rilevando l'interesse crescente per certi generi o temi in specifiche aree geografiche. Questo può aiutare a identificare nuovi mercati dove il tuo libro potrebbe avere successo.

2. Valutazione della Domanda di Mercato
Analisi Predittiva: Impiega modelli predittivi per valutare la potenziale domanda per il tuo libro in diversi mercati, basandosi su dati demografici, preferenze culturali e trend di consumo.
Insight sui Consumatori: L'IA può fornire insight dettagliati sul comportamento dei consumatori in vari paesi, inclusi i loro canali di acquisto preferiti, abitudini di lettura e sensibilità ai prezzi.
3. Competitive Intelligence

Analisi dei Concorrenti: Usa l'IA per analizzare le strategie e le performance dei concorrenti nei mercati internazionali, identificando le migliori pratiche e le aree in cui puoi differenziarti.
Scoperta di Nicchie: L'IA può aiutare a scoprire nicchie di mercato poco servite o aree in cui la concorrenza è meno intensa, offrendo opportunità per un ingresso di mercato con meno ostacoli.

4. Localizzazione del Contenuto
Adattamento Culturale: Utilizza l'IA per analizzare le sfumature culturali e linguistiche che possono influenzare l'accettazione del tuo libro in un nuovo mercato, supportando strategie di localizzazione efficaci.
Ottimizzazione per la Ricerca Locale: Impiega l'IA per ottimizzare i tuoi materiali di marketing e la presenza online per i motori di ricerca locali e le piattaforme social, migliorando la visibilità nel mercato target.

5. Ottimizzazione delle Strategie di Prezzo
Analisi Dinamica dei Prezzi: L'IA può analizzare una vasta gamma di fattori per suggerire strategie di prezzo ottimali per ciascun

mercato, considerando il potere d'acquisto locale, la concorrenza e le aspettative dei consumatori.

6. Monitoraggio e Adattamento Continuo
Risposta Agli Insight in Tempo Reale: Configura sistemi di IA per monitorare continuamente le prestazioni del libro nei mercati internazionali, fornendo dati in tempo reale che possono guidare l'adattamento rapido delle strategie.
Apprendimento Automatico: Assicurati che i tuoi sistemi di IA apprendano dai successi e dagli insuccessi, migliorando costantemente la precisione delle loro previsioni e raccomandazioni per i mercati internazionali.
L'IA offre un'opportunità senza precedenti per esplorare e sfruttare i mercati internazionali con una comprensione profonda e basata sui dati. Questo non solo può aumentare le vendite ma anche rafforzare la presenza globale del tuo brand editoriale, aprendo la strada a un successo internazionale sostenibile.

9.7 L'IA nella protezione contro la pirateria

L'uso dell'intelligenza artificiale (IA) nella lotta contro la pirateria di libri e contenuti digitali rappresenta un avanzamento significativo nella protezione dei diritti d'autore e delle proprietà intellettuali. L'IA può aiutare a identificare, monitorare e contrastare la distribuzione illegale di materiale protetto. Ecco come l'IA può essere impiegata per combattere efficacemente la pirateria:

1. Rilevamento della Pirateria
Scansione del Web: Utilizza algoritmi di IA per scansionare continuamente il web, inclusi siti di condivisione file, forum e piattaforme di vendita, alla ricerca di copie non autorizzate dei tuoi libri o contenuti.
Analisi dei Dati: Implementa l'IA per analizzare vasti set di dati e identificare schemi o indizi che possano indicare la presenza di contenuti piratati, migliorando l'efficienza del rilevamento rispetto ai metodi manuali.

2. Identificazione e Rimozione dei Contenuti Piratati
Notifiche Automatiche di Violazione: Una volta identificati i contenuti piratati, l'IA può automatizzare l'invio di notifiche DMCA e altre richieste di rimozione ai siti web, ISP e motori di ricerca, accelerando il processo di rimozione.
Negoziazione con le Piattaforme: Algoritmi avanzati possono interagire con le piattaforme di hosting per negoziare la rimozione dei contenuti, utilizzando tecniche di apprendimento automatico per adattare le strategie di comunicazione.

3. Analisi Forense e Tracciamento
Tracciamento della Distribuzione: L'IA può tracciare come i contenuti piratati vengono distribuiti e condivisi online, fornendo informazioni cruciali per comprendere e interrompere le reti di distribuzione pirata.
Analisi Comportamentale: Strumenti basati sull'IA possono analizzare il comportamento degli utenti sui siti di pirateria, offrendo insight sui modelli di consumo che possono guidare strategie preventive più efficaci.

4. Prevenzione e Educazione
Strategie Proattive: Utilizza l'IA per sviluppare e implementare strategie proattive, come watermark digitali o tecniche di obfuscamento dei contenuti, che rendono più difficile per i pirati copiare e distribuire illegalmente il tuo materiale.
Campagne di Sensibilizzazione: L'IA può aiutare a creare campagne di sensibilizzazione personalizzate che educano il

pubblico sui danni della pirateria e sul valore del rispetto dei diritti d'autore.

5. Miglioramento Continuo delle Difese
Apprendimento dai Dati: I sistemi di IA apprendono continuamente dai dati raccolti durante le operazioni antipirateria, migliorando costantemente le loro capacità di rilevamento e prevenzione.
Adattabilità: L'IA può rapidamente adattarsi alle nuove tattiche utilizzate dai pirati, assicurando che le strategie di protezione rimangano efficaci di fronte all'evoluzione delle tecniche di pirateria.
L'impiego dell'IA nella lotta contro la pirateria offre una soluzione potente e scalabile, consentendo agli autori e agli editori di proteggere meglio i loro diritti e ridurre le perdite dovute alla distribuzione illegale. Integrando l'IA nelle strategie di protezione, è possibile non solo contrastare attivamente la pirateria ma anche promuovere un ecosistema digitale più giusto e sostenibile per la distribuzione di contenuti.

9.8 Gestione delle licenze e delle edizioni speciali con l'IA

La gestione delle licenze e delle edizioni speciali rappresenta una sfida significativa nel settore editoriale, specialmente quando si tratta di massimizzare i profitti mantenendo al contempo la conformità legale. L'intelligenza artificiale (IA) può offrire soluzioni innovative per semplificare e ottimizzare questi processi. Ecco come l'IA può essere utilizzata nella gestione delle licenze e delle edizioni speciali:

1. Automazione della Gestione delle Licenze
Identificazione delle Opportunità di Licenza: Utilizza l'IA per analizzare tendenze di mercato, dati storici di vendita e preferenze del pubblico per identificare opportunità lucrative di licenze internazionali o di nicchia.
Negoziazione e Conformità: Implementa sistemi di IA capaci di gestire aspetti della negoziazione di licenze, come la determinazione dei termini ottimali basati su precedenti accordi di successo e l'assicurazione che tutte le licenze siano conformi alle normative vigenti in diversi territori.

2. Ottimizzazione delle Edizioni Speciali
Analisi del Pubblico Target: Usa l'IA per segmentare il pubblico e identificare i gruppi di lettori più propensi ad acquistare edizioni speciali o limitate, personalizzando le offerte in base ai loro interessi specifici.
Previsione della Domanda: Impiega modelli predittivi per stimare la domanda di edizioni speciali, assicurando una produzione adeguata che soddisfi l'interesse senza eccedere in surplus non venduti.

3. Pricing Dinamico
Strategie di Prezzo: Sviluppa strategie di pricing dinamico per licenze e edizioni speciali utilizzando l'IA, che può analizzare una vasta gamma di fattori per stabilire i prezzi che massimizzano i profitti mantenendo la competitività sul mercato.
Adattabilità dei Prezzi: Permetti ai sistemi di IA di adattare automaticamente i prezzi in risposta a cambiamenti nel mercato, disponibilità di scorte, o prossimità di date speciali (come lanci o eventi).

4. Marketing Personalizzato
Campagne Mirate: Sfrutta l'IA per creare e gestire campagne di marketing mirate per promuovere licenze e edizioni speciali ai segmenti di pubblico più interessati, ottimizzando l'uso di canali digitali e social media per raggiungere efficacemente i potenziali

acquirenti.
Analisi delle Performance di Marketing: Utilizza l'IA per monitorare e analizzare le performance delle campagne marketing in tempo reale, permettendo aggiustamenti rapidi per migliorare l'efficacia.

5. Monitoraggio e Analisi dei Diritti
Gestione del Portfolio di Diritti: Impiega sistemi di IA per monitorare lo stato attuale e le scadenze dei diritti di licenza, garantendo che le decisioni riguardo al rinnovo o all'espansione in nuovi mercati siano basate su dati solidi.
Rilevamento di Violazioni: Utilizza l'IA per rilevare l'uso non autorizzato di contenuti licenziati, facilitando l'azione legale tempestiva per proteggere i tuoi diritti.

6. Feedback Continuo e Miglioramento
Analisi del Sentimento e Feedback: Analizza il feedback e il sentiment dei lettori riguardo a licenze e edizioni speciali attraverso l'IA, utilizzando queste informazioni per guidare lo sviluppo di futuri prodotti e offerte.
L'adozione di strumenti di IA nella gestione delle licenze e delle edizioni speciali offre ai professionisti dell'editoria la capacità di navigare il complesso panorama dei diritti e delle pubblicazioni con maggiore efficienza e precisione. Attraverso l'automazione e l'analisi basata sui dati, l'IA può aiutare a massimizzare i profitti, a ottimizzare la produzione e a garantire una maggiore soddisfazione del cliente.

9.9 L'IA nel monitoraggio e nella gestione delle recensioni

L'uso dell'intelligenza artificiale (IA) nel monitoraggio e nella gestione delle recensioni rappresenta una strategia efficace per gli autori e gli editori che desiderano ottimizzare la loro reputazione online e migliorare i loro prodotti. L'IA può analizzare grandi volumi di feedback dei lettori, identificando tendenze, sentiment e aree di miglioramento. Ecco come l'IA può essere utilizzata in questo contesto:

1. Raccolta e Aggregazione delle Recensioni
Monitoraggio Multicanale: Implementa strumenti di IA per monitorare e raccogliere recensioni da varie fonti online, inclusi siti di vendita al dettaglio, social media e forum di discussione, offrendo una visione completa del sentiment del pubblico.

2. Analisi del Sentiment
Valutazione Automatica: Utilizza l'IA per analizzare il tono e il contenuto delle recensioni, classificandole come positive, negative o neutre. Questo permette di valutare rapidamente il sentiment generale verso un libro o un autore.
Identificazione di Temi Ricorrenti: L'IA può identificare temi ricorrenti o problemi specifici citati nelle recensioni, aiutando a riconoscere gli aspetti più apprezzati o quelli che richiedono attenzione.

3. Gestione Proattiva delle Recensioni
Risposte Personalizzate: Sfrutta l'IA per generare risposte personalizzate alle recensioni, specialmente quelle negative, in modo da gestire attivamente la reputazione online e dimostrare impegno verso i lettori.
Miglioramento del Prodotto: Utilizza i dati raccolti dall'analisi delle recensioni per informare decisioni editoriali future, miglioramenti del libro o idee per nuovi contenuti che rispondano meglio alle aspettative dei lettori.

4. Identificazione di Influencer e Recensori Chiave
Rilevamento di Influencer: Impiega modelli di IA per identificare recensori influenti o opinion leader nel settore che hanno un impatto significativo sulla percezione del pubblico, permettendo di avviare collaborazioni o campagne mirate.
Analisi della Rete: L'IA può analizzare le reti sociali e le connessioni tra gli utenti per identificare comunità di lettori particolarmente attive o interessate a specifici generi o temi.

5. Trend Analysis e Benchmarking

Monitoraggio delle Tendenze: Utilizza l'IA per monitorare le tendenze nel tempo relative alle recensioni, permettendo di rilevare cambiamenti nel sentiment dei lettori o nell'interesse verso certi argomenti.

Confronto Competitivo: Sfrutta l'analisi basata sull'IA per confrontare la performance delle tue pubblicazioni con quella dei concorrenti, in termini di qualità e quantità delle recensioni, offrendo benchmark utili per valutare il successo.

6. Reportistica e Insight

Dashboard Personalizzati: Crea dashboard intuitivi che utilizzano l'IA per visualizzare metriche chiave, tendenze delle recensioni e insight, facilitando la comprensione dei dati e la condivisione di informazioni rilevanti con il team o gli stakeholder.

L'integrazione dell'IA nella gestione delle recensioni non solo rende il processo più efficiente ma fornisce anche approfondimenti preziosi che possono guidare strategie di marketing, miglioramenti del prodotto e interazioni con la comunità dei lettori. Questo approccio basato sui dati permette di affrontare proattivamente le sfide legate alla reputazione online e di sfruttare le opportunità per accrescere il successo nel mercato editoriale.

9.10 Utilizzo dell'IA per espandere il brand dell'autore

L'utilizzo dell'intelligenza artificiale (IA) per espandere il brand dell'autore offre strumenti potenti e innovativi che possono trasformare il modo in cui gli autori interagiscono con i loro lettori e promuovono i loro lavori. Dall'analisi dei dati alla personalizzazione del marketing e alla creazione di contenuti, ecco come l'IA può essere utilizzata per potenziare il brand di un autore:

1. Analisi del Pubblico e Personalizzazione
Comprensione del Pubblico: Utilizza l'IA per analizzare i dati sui lettori, identificando i loro interessi, preferenze e comportamenti di lettura. Questo aiuta a creare messaggi e contenuti che risuonano personalmente con il pubblico.
Segmentazione Avanzata: Impiega algoritmi di IA per segmentare il pubblico in gruppi più specifici, permettendo campagne di marketing ultra-mirate e personalizzate.

2. Ottimizzazione dei Contenuti
Generazione di Contenuti: Usa strumenti di IA per creare post per blog, aggiornamenti sui social media, e newsletter che attirino l'attenzione e impegnino il tuo pubblico, mantenendo una voce coerente con il tuo brand.
Analisi dei Contenuti: Sfrutta l'IA per analizzare la performance dei contenuti su varie piattaforme, identificando quali argomenti e formati generano maggiore engagement e conversioni.

3. Strategie di Social Media
Automazione dei Social Media: Impiega strumenti di IA per programmare post sui social media, analizzare le tendenze e monitorare le conversazioni online, assicurando che il tuo brand sia presente e attivo nelle discussioni rilevanti.
Engagement dei Follower: Utilizza chatbot AI e risposte automatizzate per mantenere un dialogo con i lettori sui social media, fornendo risposte rapide e personalizzate a domande e commenti.

4. Marketing Predittivo e Decisionale
Previsioni di Tendenza: Usa l'IA per prevedere le tendenze di mercato e i cambiamenti nelle preferenze dei lettori, permettendo di adattare la strategia di marketing in anticipo e mantenere il tuo brand rilevante.
Ottimizzazione delle Campagne: L'IA può aiutare a ottimizzare le campagne pubblicitarie in tempo reale, allocando il budget alle strategie più efficaci e adattando i messaggi in base ai feedback dei lettori.

5. Sviluppo di Prodotti Basati sui Dati
Insight per Nuovi Libri o Prodotti: Analizza i dati raccolti per identificare opportunità per nuovi libri, serie o prodotti derivati che si allineano con gli interessi del tuo pubblico, utilizzando l'IA per guidare la ricerca e lo sviluppo.
Personalizzazione del Prodotto: Considera l'uso di IA per creare prodotti personalizzati o esperienze di lettura, come libri che si adattano ai gusti del lettore o piattaforme interattive basate sulle preferenze individuali.

6. Gestione della Reputazione Online
Monitoraggio del Sentiment: Implementa strumenti di IA per monitorare il sentiment online riguardo al tuo brand e ai tuoi libri, permettendoti di rispondere proattivamente a critiche o controversie e mantenere una reputazione positiva.
L'adozione dell'IA nella strategia di branding dell'autore non solo automatizza e ottimizza molti processi ma apre anche la porta a nuove modalità di interazione e engagement con il pubblico. Questo approccio basato sui dati permette agli autori di restare all'avanguardia in un mercato in rapida evoluzione, costruendo un brand forte e una relazione duratura con i loro lettori.

Capitolo 10:
Futuro dell'IA nel Self-Publishing

10.1 Tendenze emergenti nell'uso dell'IA per la scrittura e pubblicazione

L'intelligenza artificiale (IA) sta trasformando il panorama del self-publishing, offrendo agli autori strumenti sempre più avanzati per scrivere, pubblicare e promuovere i propri lavori. Man mano che la tecnologia continua a evolversi, emergono nuove tendenze che prefigurano il futuro dell'IA nel self-publishing. Ecco alcune delle tendenze più significative:

1. Generazione di Contenuto Assistita dall'IA
Scrittura Creativa: Gli strumenti di IA stanno diventando sempre più sofisticati nell'assistere gli autori nella generazione di idee, nello sviluppo di trame e persino nella scrittura di parti di testo, mantenendo uno stile coerente con la voce dell'autore.
Editing e Revisione: L'IA aiuta nell'editing dei manoscritti, offrendo correzioni grammaticali, suggerimenti di stile e persino analisi della coerenza narrativa, accelerando il processo di revisione.

2. Personalizzazione e Raccomandazioni Basate sui Dati
Esperienze di Lettura Personalizzate: Strumenti di IA in grado di adattare il contenuto ai gusti e alle preferenze individuali del lettore, potenzialmente modificando trame o temi basandosi sul feedback del lettore.
Raccomandazioni Mirate: L'IA può analizzare i dati di lettura per fornire raccomandazioni altamente personalizzate, migliorando l'engagement del lettore e aumentando le vendite attraverso suggerimenti mirati.

3. Ottimizzazione del Marketing e delle Vendite
Analisi Predittiva: L'uso di IA per prevedere le tendenze di mercato e il comportamento dei consumatori permette agli autori di pianificare campagne di marketing più efficaci e di posizionare strategicamente i loro libri sul mercato.
Automazione delle Campagne: Gli strumenti basati sull'IA automatizzano la creazione e la gestione delle campagne pubblicitarie, ottimizzandole in tempo reale per raggiungere il pubblico più ampio e appropriato.

4. Intelligenza Artificiale e Blockchain
Protezione dei Diritti d'Autore: L'integrazione tra IA e tecnologie blockchain può offrire soluzioni innovative per la gestione e la

protezione dei diritti d'autore, facilitando l'identificazione e la registrazione delle opere e la loro distribuzione in modo sicuro.
Mercati Decentralizzati: Le piattaforme di self-publishing basate su blockchain, con l'assistenza dell'IA, possono creare mercati decentralizzati che offrono maggiore trasparenza, efficienza e equità per autori e lettori.

5. Assistenza Post-Pubblicazione
Interazione con i Lettori: Chatbot e assistenti virtuali basati sull'IA possono gestire l'interazione con i lettori, fornendo informazioni sui libri, raccogliendo feedback e mantenendo i lettori impegnati.
Analisi del Feedback: L'IA analizza i feedback dei lettori su vasta scala per fornire agli autori insight preziosi sulle reazioni del pubblico, suggerendo potenziali miglioramenti o idee per futuri lavori.
Il futuro dell'IA nel self-publishing promette non solo di rendere il processo di scrittura e pubblicazione più accessibile e meno oneroso per gli autori ma anche di rivoluzionare il modo in cui i lettori scoprono e interagiscono con i contenuti. Man mano che queste tecnologie continuano a evolversi, si aprono nuove possibilità per personalizzare l'esperienza di lettura e creare una connessione più profonda tra autori e pubblico.

10.2 Implicazioni etiche dell'IA nella creazione di contenuti

L'impiego dell'intelligenza artificiale (IA) nella creazione di contenuti porta con sé importanti considerazioni etiche. Mentre la tecnologia offre strumenti potenti per migliorare e facilitare il processo creativo, solleva anche questioni relative all'autenticità, alla proprietà intellettuale e all'impatto sul lavoro creativo. Ecco alcune delle principali implicazioni etiche dell'uso dell'IA nella creazione di contenuti:

1. Originalità e Autenticità
La capacità dell'IA di generare contenuti che sembrano creati dall'uomo solleva interrogativi sull'originalità e sull'autenticità delle opere. È fondamentale distinguere tra i contenuti generati da IA e quelli prodotti direttamente da esseri umani per mantenere l'integrità del processo creativo.

2. Diritti d'Autore e Proprietà Intellettuale
Determinare la proprietà dei contenuti generati dall'IA è complesso. Le leggi attuali sui diritti d'autore potrebbero non essere sufficienti per affrontare le sfide poste dalla creazione assistita da IA, richiedendo aggiornamenti normativi che riflettano le nuove realtà tecnologiche.

3. Bias e Equità
Gli algoritmi di IA possono incorporare e perpetuare bias presenti nei dati su cui vengono addestrati, influenzando la diversità e l'equità dei contenuti generati. È cruciale implementare misure per identificare e correggere questi bias, garantendo che i contenuti siano inclusivi e rappresentativi.

4. Impatto sui Lavori Creativi
L'IA ha il potenziale di trasformare il settore creativo, influenzando le opportunità lavorative per gli esseri umani. Mentre alcuni temono che possa sostituire il lavoro umano, altri vedono l'IA come uno strumento che può arricchire la creatività umana. Bilanciare questi effetti è una sfida etica significativa.

5. Trasparenza e Responsabilità
La trasparenza nell'uso dell'IA nella creazione di contenuti è essenziale per mantenere la fiducia del pubblico. Gli utenti dovrebbero essere informati quando interagiscono con contenuti generati da IA e dovrebbero esserci linee guida chiare sulla responsabilità per i contenuti prodotti.

6. Privacy dei Dati

La creazione di contenuti personalizzati tramite IA richiede l'accesso a grandi quantità di dati, sollevando preoccupazioni sulla privacy e sull'uso appropriato di queste informazioni. Proteggere i dati degli utenti e utilizzarli in modo etico è fondamentale.

7. Accesso e Disuguaglianza

L'accesso alle tecnologie di IA può amplificare le disuguaglianze esistenti nel settore creativo, con grandi aziende che hanno più risorse per sfruttare queste tecnologie rispetto ai singoli creatori o alle piccole imprese. Promuovere un accesso equo all'IA è una considerazione etica importante.

Per navigare queste questioni etiche, è essenziale un approccio riflessivo e multidisciplinare che coinvolga creatori di contenuti, sviluppatori di IA, legislatori e il pubblico. Dialogo, regolamentazione e linee guida etiche saranno fondamentali per garantire che l'uso dell'IA nella creazione di contenuti sia responsabile e benefico per la società nel suo insieme.

10.3 Visioni future: l'evoluzione dell'IA e il suo impatto sul self- publishing

L'evoluzione dell'intelligenza artificiale (IA) promette di rivoluzionare ulteriormente il mondo del self-publishing, offrendo opportunità senza precedenti per gli autori indipendenti di creare, pubblicare e promuovere le proprie opere con una nuova efficienza e personalizzazione. Mentre esploriamo le potenziali visioni future, è chiaro che l'impatto dell'IA sarà vasto e variegato. Ecco alcuni aspetti chiave su come l'IA potrebbe influenzare il futuro del self-publishing:

1. Democratizzazione della Pubblicazione
L'IA potrebbe ulteriormente abbattere le barriere all'ingresso nel mondo dell'editoria, rendendo il processo di pubblicazione ancora più accessibile. Strumenti di scrittura, editing e formattazione guidati dall'IA permetteranno agli autori di produrre contenuti di alta qualità con minori costi e tempi. Questo potrebbe democratizzare la pubblicazione, dando voce a un numero maggiore di autori da diversi background e culture.

2. Personalizzazione dell'Esperienza di Lettura
Immagina libri che si adattano in tempo reale ai desideri e alle preferenze del lettore. L'IA potrebbe permettere la creazione di storie dinamiche, dove trama, personaggi o stili di scrittura si modificano in base alle interazioni del lettore, offrendo un'esperienza di lettura unica e profondamente personalizzata.

3. Marketing e Distribuzione Intelligente
Con l'evoluzione dell'IA, gli autori potranno sfruttare analisi predittive avanzate per identificare i migliori canali di distribuzione e le strategie di marketing più efficaci per il proprio target di pubblico. Campagne pubblicitarie automatizzate e personalizzate potranno raggiungere lettori potenziali con una precisione mai vista prima, massimizzando la visibilità e le vendite.

4. Protezione Avanzata dei Diritti d'Autore
L'IA migliorerà i metodi di protezione dei diritti d'autore, offrendo soluzioni sofisticate per il rilevamento e la prevenzione della pirateria. Algoritmi avanzati potranno scansionare il web per identificare e rimuovere contenuti piratati, proteggendo così gli investimenti degli autori e assicurando che ricevano una giusta remunerazione per il loro lavoro.

5. Analisi del Sentiment e del Feedback
Strumenti di IA capaci di analizzare il sentiment e raccogliere

feedback dai lettori in tempo reale forniranno agli autori insight preziosi per guidare lo sviluppo di futuri lavori. Questo feedback potrebbe essere utilizzato per apportare modifiche in corso d'opera a lavori serializzati o per pianificare nuovi progetti editoriali.

6. Collaborazione Uomo-Macchina
L'evoluzione dell'IA nel self-publishing potrebbe portare a una nuova era di collaborazione uomo-macchina, dove l'intelligenza artificiale non sostituisce la creatività umana ma la amplifica. Gli autori potrebbero collaborare con sistemi di IA per esplorare nuove idee, superare blocchi creativi e esplorare territori narrativi inesplorati.

7. Impatto Sociale e Culturale
L'accesso ampliato alla pubblicazione e la possibilità di raggiungere pubblici globali con facilità potrebbero avere un profondo impatto culturale e sociale, promuovendo una maggiore diversità nelle storie raccontate e nelle voci udite, contribuendo così a una comprensione più ricca e variegata dell'esperienza umana.

In conclusione, mentre ci avviciniamo a queste visioni future, è essenziale navigare l'evoluzione dell'IA nel self-publishing con considerazione etica e attenzione al suo impatto su autori, lettori e società nel suo insieme. L'obiettivo dovrebbe essere quello di sfruttare l'IA per arricchire il panorama letterario, sostenendo la creatività umana e promuovendo un'industria editoriale più inclusiva e accessibile.

10.4 Innovazioni in corso nell'IA applicata alla scrittura

L'IA applicata alla scrittura sta vivendo un periodo di rapida evoluzione e innovazione, con nuovi strumenti e tecnologie che emergono regolarmente per assistere gli scrittori in vari aspetti del processo creativo. Queste innovazioni stanno trasformando il modo in cui i contenuti vengono prodotti, editati e perfino concepiti. Ecco alcune delle tendenze e innovazioni più promettenti in questo campo:

1. Assistenti di Scrittura Basati sull'IA
Strumenti di IA avanzati stanno diventando sempre più sofisticati nel fornire assistenza nella scrittura, offrendo suggerimenti per migliorare la grammatica, lo stile e la coerenza del testo. Alcuni sono in grado di generare narrazioni creative, dialoghi o persino poesie basate su input iniziali forniti dall'utente, ampliando le possibilità creative degli scrittori.

2. Generazione di Contenuto Semantico
L'IA sta migliorando nella comprensione del contesto e del significato dietro le parole, permettendo la generazione di contenuti che non solo sono grammaticalmente corretti ma anche semanticamente ricchi e coerenti con il tono e lo stile desiderato dall'autore.

3. Personalizzazione dei Contenuti
Gli strumenti di IA stanno diventando capaci di personalizzare i contenuti per diversi pubblici, adattando il tono, lo stile e persino il messaggio in base ai dati demografici o alle preferenze del lettore, offrendo un'esperienza più personalizzata e coinvolgente.

4. IA e Storytelling Interattivo
Tecnologie emergenti stanno esplorando l'uso dell'IA nel creare esperienze narrative interattive, dove il corso della storia può cambiare in base alle scelte del lettore, offrendo una nuova dimensione di coinvolgimento e personalizzazione nell'esperienza di lettura.

5. Ricerca e Organizzazione Basate sull'IA
Strumenti di IA possono aiutare gli scrittori nella fase di ricerca, organizzando in modo efficiente grandi quantità di informazioni e identificando rapidamente fonti rilevanti, risparmiando tempo e migliorando l'accuratezza dei contenuti prodotti.

6. Feedback e Revisione
Algoritmi di IA sono utilizzati per fornire feedback immediato sulla qualità della scrittura, suggerire miglioramenti e persino prevedere il possibile impatto del testo sul target di pubblico, rendendo il processo di revisione più efficiente e basato su dati oggettivi.

7. Traduzione e Localizzazione
L'IA sta migliorando notevolmente nel campo della traduzione automatica, rendendo più accessibile la localizzazione dei contenuti per i mercati globali. Gli strumenti attuali sono capaci di mantenere un alto livello di accuratezza e naturalezza nel testo tradotto, superando le barriere linguistiche.

8. Protezione dei Diritti d'Autore
Innovazioni nell'IA aiutano gli autori a proteggere i loro lavori dalla pirateria e dalla copia non autorizzata, attraverso il monitoraggio del web per rilevare e segnalare le violazioni dei diritti d'autore.

Queste innovazioni nell'IA applicata alla scrittura non solo aumentano l'efficienza e la qualità della produzione di contenuti ma aprono anche nuovi orizzonti creativi per gli autori, offrendo strumenti per esplorare nuove forme di narrazione e interazione con il pubblico. Man mano che queste tecnologie continuano a evolversi, è probabile che vedremo un'ulteriore espansione delle possibilità creative e commerciali nel campo della scrittura e del self-publishing.

10.5 L'IA nella personalizzazione dei libri per i lettori

L'IA nella personalizzazione dei libri rappresenta una frontiera entusiasmante nell'editoria, offrendo opportunità uniche per creare esperienze di lettura su misura che rispondono alle preferenze individuali dei lettori. Questo approccio non solo potrebbe rivoluzionare il modo in cui i libri vengono consumati ma anche come vengono concepiti e venduti. Ecco alcune delle potenzialità dell'IA nella personalizzazione dei libri:

1. Narrativa Adattiva
L'IA può rendere possibile la creazione di libri che adattano dinamicamente la trama, i personaggi o lo stile narrativo in base alle preferenze o alle reazioni del lettore. Questo potrebbe tradursi in esperienze narrative interattive dove ogni lettura offre un percorso unico e personalizzato.

2. Raccomandazioni Personalizzate
Utilizzando algoritmi di apprendimento automatico, l'IA può analizzare il comportamento di lettura passato per fornire raccomandazioni estremamente personalizzate, suggerendo libri che corrispondono agli interessi specifici di un lettore, al suo stile di lettura preferito, o persino al suo umore attuale.

3. Adattamento ai Livelli di Comprensione
Per i lettori in fase di apprendimento o per chi affronta barriere linguistiche, l'IA può personalizzare il livello di difficoltà del testo, adattando il vocabolario e la struttura delle frasi per renderlo più accessibile, senza alterare la sostanza della narrazione.

4. Esperienze di Lettura Multisensoriali
L'integrazione dell'IA con tecnologie immersive potrebbe portare alla creazione di esperienze di lettura che coinvolgono più sensi, ad esempio, adattando l'audio ambientale, la musica di sottofondo o persino gli effetti visivi in base alla progressione della storia o alle preferenze del lettore.

5. Feedback Loop in Tempo Reale
Con l'IA, gli autori possono ricevere feedback in tempo reale sul modo in cui i lettori interagiscono con i loro libri, permettendo loro di apportare modifiche, aggiustamenti o estensioni alle opere in base alle reazioni del pubblico, migliorando così la qualità e la rilevanza dei futuri lavori.

6. Personalizzazione di Marketing e Packaging

L'IA non solo può personalizzare il contenuto dei libri ma anche aiutare gli editori a personalizzare il marketing e il packaging dei libri per diversi segmenti di lettori, aumentando l'efficacia delle campagne promozionali e la soddisfazione del cliente.

7. Accessibilità Migliorata

La personalizzazione tramite IA può migliorare significativamente l'accessibilità dei libri per lettori con disabilità, ad esempio, adattando automaticamente i libri in formati accessibili come testo ad alto contrasto, audio o lingua dei segni, basandosi sulle esigenze specifiche dell'utente.

Mentre l'IA nella personalizzazione dei libri offre opportunità eccitanti, è importante affrontare anche le sfide etiche e di privacy che accompagnano la raccolta e l'analisi dei dati dei lettori. Garantire che queste innovazioni siano implementate in modo responsabile e trasparente sarà cruciale per mantenere la fiducia e rispettare i diritti dei lettori. Nonostante queste considerazioni, il potenziale dell'IA di arricchire e personalizzare l'esperienza di lettura apre nuove strade affascinanti per l'industria editoriale del futuro.

10.6 Sfide future per gli autori nell'era dell'IA

Nell'era dell'intelligenza artificiale (IA), gli autori si trovano di fronte a una serie di sfide nuove e in evoluzione. Mentre l'IA offre strumenti potenti che possono assistere nel processo creativo e nella pubblicazione, presenta anche complessità che richiedono attenzione e adattamento. Ecco alcune delle principali sfide future per gli autori nell'era dell'IA:

1. Distinzione tra Umano e Macchina
Originalità e Autenticità: Con l'IA capace di generare testi sempre più convincenti, gli autori potrebbero dover dimostrare l'originalità e l'autenticità delle loro opere, distinguendo chiaramente il loro lavoro umano dalla creazione assistita o generata dall'IA.

2. Diritti d'Autore e Proprietà Intellettuale
Attribuzione e Proprietà: Determinare la proprietà intellettuale di contenuti generati con l'assistenza dell'IA può essere complicato. Gli autori dovranno navigare nel diritto d'autore e nelle questioni legali relative all'uso di tali tecnologie nella creazione delle loro opere.
Protezione contro la Pirateria: L'IA può facilitare la pirateria e la diffusione non autorizzata di opere, richiedendo agli autori di adottare nuove strategie per proteggere i loro diritti.

3. Etica e Responsabilità
Bias e Responsabilità: Gli autori che utilizzano l'IA dovranno considerare questioni etiche legate al bias nei dati e nella generazione di contenuti, oltre alla responsabilità per il materiale prodotto con l'assistenza dell'IA.

4. Concorrenza e Saturazione del Mercato
Differenziazione: Con l'IA che abbassa la barriera all'ingresso per la scrittura e la pubblicazione, gli autori potrebbero trovarsi in un mercato sempre più saturo e dovranno trovare modi per distinguere le loro opere.
Valore Percepito del Contenuto: La facilità di creazione e distribuzione di contenuti tramite l'IA potrebbe influenzare il valore percepito del lavoro creativo, sfidando gli autori a dimostrare l'unicità e il valore delle loro opere.

5. Adattamento alle Nuove Tecnologie
Apprendimento Continuo: Per rimanere competitivi, gli autori dovranno costantemente aggiornarsi sulle ultime innovazioni dell'IA e sulle migliori pratiche per il loro utilizzo efficace nel processo creativo e di pubblicazione.

Investimento in Tecnologia: L'accesso a strumenti di IA avanzati potrebbe richiedere investimenti significativi, sia in termini di tempo che di risorse finanziarie, per apprendere e implementare efficacemente queste tecnologie.

6. Interazione e Engagement del Pubblico
Connessione Personale: Mentre l'IA può aiutare a personalizzare l'engagement con i lettori, mantenere una connessione personale autentica sarà una sfida importante, con gli autori che devono bilanciare l'uso della tecnologia e l'interazione umana diretta.

7. Visione Creativa e Ruolo dell'Autore
Collaborazione con l'IA: Gli autori dovranno riflettere sul loro ruolo e sulla loro visione creativa in un contesto dove la collaborazione con l'IA diventa una componente standard del processo creativo, valutando come questa tecnologia si allinea o modifica le loro aspirazioni artistiche.

Navigare queste sfide richiederà agli autori di essere proattivi nell'apprendimento, adattabili nei loro approcci e riflessivi nelle loro scelte etiche e creative. Mentre l'era dell'IA apre nuove possibilità incredibili, porta con sé la responsabilità di utilizzare queste potenti tecnologie in modo che arricchiscano il panorama letterario senza comprometterne l'integrità.

10.7 Opportunità di collaborazione tra autori e sviluppatori di IA

L'intersezione tra l'intelligenza artificiale (IA) e la scrittura apre un vasto campo di opportunità per collaborazioni innovative tra autori e sviluppatori di IA. Queste collaborazioni possono non solo spingere i confini della creatività e della tecnologia ma anche portare a nuove scoperte in entrambi i campi. Ecco alcune delle opportunità più promettenti:

1. Sviluppo di Strumenti di Scrittura Personalizzati
Gli autori possono collaborare con gli sviluppatori di IA per creare strumenti di scrittura personalizzati che si adattano alle loro specifiche esigenze creative e stilistiche. Ciò potrebbe includere software per l'ideazione di trame, la creazione di dialoghi, o l'editing e la revisione testuale, offrendo un supporto su misura che potenzializza il processo creativo.

2. Esplorazione di Nuove Forme Narrative
La collaborazione tra autori e sviluppatori di IA può portare all'esplorazione di nuove forme narrative che sfruttano l'interattività, la personalizzazione e l'adattività. Questo potrebbe includere storie che cambiano in base alle scelte dei lettori, racconti generati dinamicamente che si adattano ai gusti personali, o esperienze narrative immersive che utilizzano la realtà virtuale o aumentata.

3. Ricerca e Analisi del Linguaggio
Gli autori possono lavorare insieme agli sviluppatori di IA per approfondire la comprensione del linguaggio e della narrativa. Utilizzando tecniche di analisi del linguaggio naturale, potrebbero esplorare nuovi insight sulle strutture narrative, sullo stile e sull'uso del linguaggio, contribuendo sia al campo della letteratura che a quello dell'IA.

4. Personalizzazione dell'Esperienza di Lettura
La collaborazione può portare allo sviluppo di sistemi di IA che offrono esperienze di lettura altamente personalizzate. Questi sistemi potrebbero raccomandare libri basati su analisi dettagliate delle preferenze precedenti dei lettori o addirittura adattare il contenuto dei libri per soddisfare interessi specifici, creando un'esperienza unica per ogni lettore.

5. Miglioramento dell'Accessibilità
Autori e sviluppatori possono collaborare per utilizzare l'IA al fine di rendere i contenuti letterari più accessibili a persone con

disabilità. Questo può includere la creazione di libri che si adattano automaticamente ai bisogni di lettura specifici, come la modifica del contrasto e della dimensione del testo, o la conversione efficace del testo in linguaggio parlato.

6. Analisi del Mercato e Strategie di Marketing
Utilizzando dati e algoritmi avanzati, le collaborazioni possono mirare allo sviluppo di soluzioni di IA per analizzare il mercato letterario, identificare tendenze emergenti, e creare strategie di marketing altamente mirate e efficaci per raggiungere il pubblico desiderato.

7. Feedback e Revisione Assistiti dall'IA
Gli autori possono sfruttare l'IA per ricevere feedback immediato sul loro lavoro, con sistemi capaci di fornire suggerimenti su miglioramenti stilistici, coerenza narrativa, e persino engagement del lettore previsto, rendendo il processo di revisione più efficiente e informato.

Queste opportunità di collaborazione non solo potenziano gli autori e gli sviluppatori di IA nel loro lavoro ma aprono anche la strada a nuove esperienze per i lettori, arricchendo l'ecosistema letterario con nuove possibilità creative e tecnologiche. Il futuro del self-publishing, arricchito da queste collaborazioni, promette di essere un'era di innovazione senza precedenti, dove la narrativa incontra la tecnologia all'avanguardia.

10.8 L'IA e il futuro del diritto d'autore

L'intelligenza artificiale (IA) sta ridefinendo numerosi aspetti della società, inclusa la nostra comprensione e gestione del diritto d'autore. Man mano che l'IA diventa sempre più capace di creare opere che possono rientrare sotto la protezione del diritto d'autore, emergono sfide legali, etiche ed economiche significative. Ecco alcune riflessioni sul futuro del diritto d'autore nell'era dell'IA:

1. Definizione di Autore
La nozione tradizionale di "autore" viene messa in discussione quando un'opera è generata da un algoritmo. Determinare chi detiene il diritto d'autore - se il programmatore dell'IA, l'utente che ha fornito l'input iniziale, o persino l'algoritmo stesso - richiede una riconsiderazione delle leggi attuali.

2. Originalità e Creatività
Le leggi sul diritto d'autore si basano spesso sul concetto di originalità e creatività. La capacità dell'IA di produrre opere che soddisfano questi criteri solleva questioni su cosa costituisca realmente un'opera "originale" e se le creazioni dell'IA possano essere protette in modo simile ai lavori umani.

3. Protezione delle Opere Generate dall'IA
Man mano che le opere create dall'IA diventano sempre più comuni, il sistema legale potrebbe dover evolvere per offrire forme di protezione che riconoscono sia il contributo dell'IA sia quello umano, equilibrando i diritti degli sviluppatori di IA con quelli dei creatori tradizionali.

4. Licenze e Utilizzo di Opere Generate dall'IA
L'utilizzo di opere generate dall'IA, sia come prodotti finali sia come parte di processi creativi più ampi, richiederà lo sviluppo di nuovi modelli di licenza che tengano conto della natura delle opere generate dall'IA e delle loro applicazioni.

5. Violazioni del Diritto d'Autore e Pirateria
L'IA può sia complicare la lotta alla pirateria, rendendo più facile copiare e modificare opere protette, sia offrire nuovi strumenti per monitorare e contrastare le violazioni del diritto d'autore su scala globale.

6. Riconoscimento e Compensazione
Definire modelli equi per il riconoscimento e la compensazione nel contesto delle creazioni assistite o realizzate dall'IA è fondamentale per assicurare che gli autori umani siano

adeguatamente ricompensati per il loro contributo creativo e intellettuale.

7. Internazionalità del Diritto d'Autore

L'IA solleva questioni sul diritto d'autore che superano i confini nazionali, richiedendo un approccio più coordinato e internazionale alla protezione delle opere creative nell'era digitale. La relazione tra IA e diritto d'autore richiederà un dialogo continuo tra legislatori, industria tecnologica, comunità creativa e pubblico per garantire che le leggi restino pertinenti e supportino sia l'innovazione sia i diritti dei creatori. Man mano che esploriamo queste questioni, il futuro del diritto d'autore sembra destinato a evolversi in modi che attualmente possiamo solo immaginare, sfidandoci a ripensare le nostre nozioni di creatività, proprietà e protezione nel contesto dell'avanzamento tecnologico.

10.9 Impatto dell'IA sulla lettura e l'apprendimento

L'impiego dell'intelligenza artificiale (IA) sta trasformando profondamente il modo in cui interagiamo con il testo, influenzando non solo la lettura per diletto ma anche l'apprendimento e l'educazione. Questa trasformazione offre sia sfide che opportunità, modificando le pratiche consolidate e aprendo nuovi orizzonti per l'accesso alla conoscenza. Ecco alcuni aspetti dell'impatto dell'IA sulla lettura e l'apprendimento:

1. Personalizzazione dell'Apprendimento
L'IA permette di personalizzare l'esperienza di apprendimento per adattarsi ai bisogni, ai ritmi e agli stili di apprendimento individuali degli studenti. Programmi educativi guidati dall'IA possono valutare le competenze e le lacune di conoscenza degli studenti, offrendo percorsi di apprendimento personalizzati che migliorano l'efficacia dello studio.

2. Accessibilità Migliorata
L'IA contribuisce a rendere i materiali di lettura più accessibili per persone con disabilità, attraverso strumenti come lettori di schermo avanzati, traduzione automatica in lingua dei segni, e personalizzazione del testo per chi ha difficoltà di apprendimento, come dislessia o deficit di attenzione.

3. Supporto alla Comprensione del Testo
Strumenti di IA possono assistere nella comprensione di testi complessi, fornendo definizioni in tempo reale, spiegazioni di concetti chiave, e riassunti di capitoli, rendendo la lettura e lo studio più accessibili e meno intimidatori, specialmente per materiale accademico o specialistico.

4. Rinforzo e Valutazione
L'IA può offrire feedback immediato e personalizzato su compiti e test, permettendo agli studenti di identificare aree di miglioramento e ai docenti di monitorare il progresso degli studenti in modo più efficiente. Inoltre, sistemi di IA possono generare esercizi di rinforzo mirati a consolidare l'apprendimento.

5. Lettura Immersiva e Interattiva
Tecnologie di IA stanno esplorando nuove forme di narrativa interattiva, dove il lettore può influenzare lo svolgimento della storia con le proprie scelte. Questo approccio può rendere la lettura più coinvolgente e può essere particolarmente efficace nell'apprendimento linguistico e nella letteratura educativa.

6. Ricerca e Organizzazione delle Informazioni

Strumenti di IA possono aiutare studenti e ricercatori a navigare enormi quantità di informazioni, identificando rapidamente le fonti più rilevanti e organizzando note e riferimenti in modo efficiente, migliorando la gestione del tempo e l'efficienza dello studio.

7. Sviluppo di Competenze Critiche

Mentre l'IA può facilitare l'accesso all'informazione e supportare l'apprendimento, solleva anche la necessità di sviluppare competenze critiche per valutare la qualità e l'affidabilità delle fonti, specialmente in un'era caratterizzata da un sovraccarico di informazioni e dalla diffusione di notizie false.

8. Evoluzione del Ruolo dell'Educatore

L'IA trasforma il ruolo degli insegnanti, che possono sfruttare la tecnologia per dedicare più tempo all'interazione diretta con gli studenti, al supporto individualizzato e all'insegnamento di competenze trasversali, come il pensiero critico e la creatività.

L'impatto dell'IA sulla lettura e l'apprendimento è profondo e multidimensionale, offrendo la promessa di un'educazione più personalizzata, accessibile e interattiva. Tuttavia, per realizzare pienamente il suo potenziale, è fondamentale affrontare le sfide etiche, sociali e tecniche che accompagnano l'integrazione dell'IA nel campo educativo.

10.10 Prepararsi al futuro: competenze e mindset per gli autori nell'era dell'IA

Nell'era dell'intelligenza artificiale (IA), gli autori devono adattarsi e prepararsi per navigare in un panorama editoriale in rapida evoluzione. L'adozione dell'IA nel processo di scrittura, pubblicazione e promozione richiede non solo nuove competenze tecniche ma anche un cambiamento di mindset. Ecco alcune competenze chiave e approcci mentali che possono aiutare gli autori a prosperare nell'era dell'IA:

1. Alfabetizzazione Digitale e Tecnologica
Competenze Tecniche: Familiarizzare con le basi dell'IA e delle tecnologie digitali correlate. Comprendere come funzionano gli strumenti di IA e come possono essere applicati nel processo di scrittura e pubblicazione.
Apprendimento Continuo: Mantenere un impegno costante nell'apprendimento e nell'aggiornamento delle competenze tecnologiche per sfruttare al meglio gli strumenti emergenti.

2. Adattabilità e Flessibilità
Mentalità Aperta: Essere aperti a sperimentare con nuovi strumenti e metodi di IA, esplorando come possono migliorare o trasformare il processo creativo.
Agilità: Adattarsi rapidamente ai cambiamenti nel panorama editoriale e tecnologico, rimanendo flessibili nelle strategie di scrittura, pubblicazione e marketing.

3. Capacità Critica e Etica
Pensiero Critico: Sviluppare la capacità di valutare criticamente gli strumenti di IA e i loro output, discernendo tra ciò che arricchisce la propria opera e ciò che potrebbe comprometterne la qualità o l'autenticità.
Considerazioni Etiche: Riflettere sulle implicazioni etiche dell'uso dell'IA nella scrittura, inclusi i problemi di bias, privacy e proprietà intellettuale.

4. Collaborazione e Rete
Networking: Costruire e mantenere una rete di contatti con altri autori, sviluppatori di IA, editori e professionisti dell'industria per condividere conoscenze, risorse e opportunità.
Collaborazione: Cercare e partecipare a progetti collaborativi che uniscano competenze letterarie e tecnologiche, esplorando nuove frontiere creative.

5. Marketing e Branding Personale
Competenze di Marketing Digitale: Imparare a utilizzare gli strumenti di IA per analisi di mercato, targeting del pubblico e campagne pubblicitarie, al fine di promuovere efficacemente i propri libri nell'era digitale.
Sviluppo del Brand Personale: Utilizzare piattaforme digitali e social media, assistiti da strumenti di IA, per costruire e mantenere un forte brand personale che risuoni con il proprio pubblico target.

6. Resilienza e Perseveranza
Mentalità di Crescita: Vedere le sfide come opportunità di apprendimento e crescita, mantenendo una prospettiva positiva di fronte ai fallimenti o ai feedback negativi.
Resilienza: Sviluppare la capacità di recuperare rapidamente da contrattempi e cambiamenti, mantenendo la motivazione e l'impegno verso i propri obiettivi di scrittura.
Prepararsi per il futuro nell'era dell'IA richiede un equilibrio tra l'adozione di nuove tecnologie e il mantenimento dell'integrità creativa e personale. Per gli autori, ciò significa sfruttare l'IA come uno strumento per amplificare la propria voce e portata, senza perdere di vista la passione e il messaggio al cuore del loro lavoro.

Capitolo 11: Innovazioni e Strumenti IA per Autori: Botpress, Stack AI, HeyGen, e Chat GPT

Questo undicesimo capitolo introduce strumenti e tecnologie all'avanguardia nell'intelligenza artificiale, specificamente progettati per arricchire il processo creativo e di pubblicazione per gli autori nel self-publishing. Copre l'ampio spettro delle possibilità offerte dall'IA, dallo sviluppo di chatbot interattivi e la generazione di contenuti, alla creazione di avatar personalizzati e l'utilizzo di potenti assistenti di scrittura come Chat GPT. Inoltre, enfatizza l'importanza di adottare un mindset adeguato per navigare con successo nell'era digitale, bilanciando l'innovazione tecnologica con la creatività umana e l'integrità etica.

11.1 Utilizzo di Botpress per creare Chatbot AI

Botpress è una piattaforma open-source potente e versatile per lo sviluppo di chatbot AI. Consente agli autori e agli editori di creare assistenti virtuali personalizzati capaci di interagire con i lettori, fornire informazioni sui libri, e guidare le discussioni in maniera interattiva. Ecco come gli autori possono sfruttare Botpress per arricchire l'esperienza dei loro lettori:

1. Assistenza al Lettore
Utilizza Botpress per sviluppare chatbot che rispondono alle domande frequenti dei lettori, come dettagli sui libri, biografia dell'autore, eventi imminenti o processi di acquisto. Questo miglioramento del servizio clienti può aumentare l'engagement del lettore e alleggerire il carico di lavoro legato alle richieste di informazioni.

2. Engagement Personalizzato
Con Botpress, è possibile creare chatbot che offrono esperienze personalizzate ai lettori, raccomandando libri basati sui loro interessi o sulle loro letture precedenti. Questo tipo di interazione personalizzata non solo migliora l'esperienza del lettore ma può anche guidare le vendite attraverso suggerimenti mirati.

3. Raccolta di Feedback
Implementa chatbot progettati per raccogliere feedback e impressioni dai lettori sui tuoi libri. Questo ti può fornire dati preziosi sulle reazioni e sulle preferenze del pubblico, informando le decisioni editoriali future e le strategie di marketing.

4. Promozione di Eventi e Novità
Chatbot possono essere utilizzati per informare i lettori su nuove pubblicazioni, eventi, sessioni di firma copie o webinar. Questa comunicazione diretta ed efficace aiuta a mantenere il pubblico informato e coinvolto.

5. Comunità e Engagement
Utilizza Botpress per creare chatbot che facilitano la creazione di una comunità intorno ai tuoi libri, incoraggiando le discussioni sui temi trattati, organizzando giochi di ruolo o quiz letterari, e stimolando l'interazione tra i lettori.

6. Supporto Multilingua
Botpress supporta la creazione di chatbot multilingua, permettendoti di raggiungere un pubblico globale. Questa funzionalità è particolarmente utile per autori che desiderano espandersi in mercati internazionali.

7. Integrazione con Piattaforme Social e Siti Web
I chatbot sviluppati con Botpress possono essere facilmente integrati con siti web, piattaforme social come Facebook Messenger o WhatsApp, e persino applicazioni mobili, offrendo ai lettori molteplici punti di contatto con il tuo brand letterario.

Come Iniziare con Botpress
Esplora la Documentazione: Inizia familiarizzandoti con la documentazione ufficiale di Botpress per comprendere le sue capacità e come può essere utilizzato per i tuoi specifici obiettivi.
Prova la Piattaforma: Sperimenta con la creazione di un chatbot utilizzando le funzionalità di Botpress. Ci sono molte risorse, tutorial e community online che possono aiutarti a iniziare.
Definisci gli Obiettivi del Tuo Chatbot: Prima di iniziare lo sviluppo, chiarisci quali obiettivi vuoi raggiungere con il tuo chatbot e quali funzionalità saranno più utili per i tuoi lettori.
Implementare chatbot AI tramite Botpress può trasformare il modo in cui interagisci con i tuoi lettori, offrendo un servizio migliore, raccogliendo informazioni preziose e costruendo una comunità più forte intorno ai tuoi lavori.

11.1.1 Introduzione a Botpress e ai Chatbot AI

Botpress è una piattaforma open-source progettata per lo sviluppo di chatbot intelligenti, consentendo agli autori, sviluppatori e aziende di creare facilmente assistenti virtuali sofisticati. Attraverso l'uso di intelligenza artificiale (IA) e apprendimento automatico, Botpress offre strumenti che facilitano la creazione di chatbot capaci di comprendere e rispondere alle richieste degli utenti in modo naturale e contestualizzato.

Caratteristiche di Botpress:
Facilità di Uso: Una delle principali forze di Botpress è la sua interfaccia utente intuitiva, che consente anche agli utenti meno esperti di tecnologia di creare e gestire chatbot senza richiedere approfondite conoscenze di programmazione.
Personalizzazione Avanzata: Botpress offre ampie opzioni di personalizzazione, permettendo agli utenti di sviluppare chatbot che si adattano specificamente alle loro esigenze, sia in termini di funzionalità che di aspetto.
Integrazione con Sistemi Esistenti: La piattaforma può essere integrata con una vasta gamma di servizi e applicazioni esterne, ampliando le possibilità di utilizzo dei chatbot in diversi contesti, come il servizio clienti, l'e-commerce e l'educazione.
Elaborazione del Linguaggio Naturale (NLP): Botpress incorpora potenti capacità di NLP, consentendo ai chatbot di interpretare le richieste degli utenti anche quando sono formulate in linguaggio naturale, rendendo l'interazione più fluida e umana.
Utilizzo dei Chatbot AI per Autori:
Per gli autori, i chatbot AI rappresentano uno strumento prezioso per:

Engagement dei Lettori: I chatbot possono essere utilizzati per coinvolgere i lettori, rispondendo alle loro domande sui libri, sugli eventi o sulla biografia dell'autore, fornendo un'esperienza interattiva e personalizzata.
Promozione e Marketing: Attraverso i chatbot, gli autori possono promuovere i loro libri, annunciare nuove pubblicazioni o eventi e distribuire contenuti esclusivi, come estratti dei libri o interviste, direttamente ai loro fan.
Raccolta di Feedback: I chatbot possono essere impiegati per raccogliere feedback sui libri, suggerimenti per storie future o su altri argomenti di interesse, offrendo agli autori insight preziosi direttamente dal loro pubblico.
Sviluppo di Chatbot con Botpress:
Creare un chatbot con Botpress inizia con la definizione degli obiettivi specifici del chatbot e della mappatura delle interazioni

previste con gli utenti. Successivamente, utilizzando gli strumenti di progettazione visuale di Botpress, gli autori possono costruire flussi di conversazione, integrare il NLP per migliorare la comprensione delle richieste degli utenti e testare il comportamento del chatbot in scenari realistici.

In conclusione, Botpress offre agli autori un mezzo potente per sfruttare la tecnologia dei chatbot AI, migliorando l'engagement dei lettori e arricchendo la strategia di marketing del loro lavoro letterario. Con la sua flessibilità e facilità d'uso, Botpress democratizza l'accesso agli strumenti di IA, rendendoli accessibili a un vasto pubblico di creatori di contenuti.

11.1.2 Passaggi per sviluppare il tuo Chatbot con Botpress

Sviluppare il tuo chatbot con Botpress può essere un'esperienza entusiasmante e gratificante. La piattaforma offre un ambiente ricco di funzionalità e flessibile, adatto sia a principianti sia a sviluppatori esperti. Ecco una guida passo dopo passo per iniziare a creare il tuo chatbot con Botpress:

Passo 1: Installazione e Configurazione di Botpress
Download di Botpress: Visita il sito ufficiale di Botpress e scarica l'ultima versione della piattaforma compatibile con il tuo sistema operativo.
Installazione: Segui le istruzioni fornite per installare Botpress sul tuo computer o server.
Avvio: Avvia Botpress. Di solito, questo implica eseguire un file eseguibile o un comando specifico nel terminale.

Passo 2: Creazione di un Nuovo Bot
Accesso al Pannello di Controllo: Una volta avviato Botpress, apri il tuo browser e vai all'indirizzo fornito (tipicamente http://localhost:3000) per accedere al pannello di controllo di Botpress.
Nuovo Bot: Clicca su "Create Bot" e scegli un template che si adatti meglio alle tue esigenze, oppure inizia da zero per una personalizzazione completa.

Passo 3: Configurazione del Flusso di Conversazione
Disegno del Flusso: Utilizza l'editor visuale per creare il flusso di conversazione del tuo chatbot. Questo include la definizione di stati (o nodi) e le transizioni basate sulle risposte degli utenti.
Impostazione delle Intenzioni e delle Entità: Definisci le intenzioni (cosa vuole fare l'utente) e le entità (informazioni specifiche contenute nei messaggi degli utenti) per rendere le interazioni con il chatbot più naturali e significative.

Passo 4: Addestramento del Modello di NLP
Addestramento: Inserisci esempi di frasi per ogni intenzione che hai definito, per addestrare il modello di NLP a riconoscere le varie richieste degli utenti.
Test e Ottimizzazione: Testa il riconoscimento delle intenzioni inserendo frasi di esempio nell'interfaccia di Botpress e ottimizza il modello aggiungendo più esempi o raffinando le intenzioni e le entità.

Passo 5: Personalizzazione e Integrazione
Personalizzazione: Personalizza le risposte del tuo chatbot e il suo comportamento in base alle specifiche interazioni, per offrire

un'esperienza utente unica e coinvolgente.
Integrazione: Integra il tuo chatbot con piattaforme esterne o servizi web, se necessario, utilizzando le API fornite da Botpress o sviluppando le tue personalizzazioni.

Passo 6: Pubblicazione e Monitoraggio
Pubblicazione: Una volta soddisfatto del funzionamento del tuo chatbot, segui le istruzioni di Botpress per pubblicarlo su canali specifici, come il tuo sito web, Facebook Messenger o altri canali supportati.
Monitoraggio e Iterazione: Monitora l'interazione degli utenti con il tuo chatbot e raccogli feedback per continuare a migliorare e ottimizzare le prestazioni del chatbot nel tempo.
Sviluppare un chatbot con Botpress richiede un approccio iterativo: ideazione, sviluppo, test, lancio e iterazione continua sono fondamentali per creare un chatbot efficace. La piattaforma fornisce gli strumenti necessari per rendere questo processo il più fluido possibile, permettendoti di concentrarti sulla creazione di esperienze utente significative e coinvolgenti.

11.1.3 Best practices nella progettazione di conversazioni

Progettare conversazioni efficaci per chatbot richiede un'attenta considerazione di come gli utenti interagiranno con il sistema. Creare esperienze utente piacevoli e utili non è solo questione di tecnologia, ma anche di capire la psicologia umana e le aspettative. Ecco alcune best practices nella progettazione di conversazioni per chatbot:

1. Mantenere Semplicità e Chiarezza
Linguaggio Naturale: Usa un linguaggio semplice e diretto. Evita termini tecnici o jargon che potrebbero confondere gli utenti.
Istruzioni Chiare: Fornisci istruzioni chiare su come gli utenti possono interagire con il chatbot, specialmente all'inizio della conversazione.

2. Progettare per la Comprensione Contestuale
Gestione degli Errori: Prepara il chatbot a gestire input inaspettati o non comprensibili con risposte utili che guidano l'utente su come procedere.
Context Awareness: Sviluppa il chatbot per tenere traccia del contesto della conversazione, permettendogli di fare riferimento a informazioni fornite in precedenza dagli utenti per una comunicazione più naturale e personalizzata.

3. Personalizzazione e Adattabilità
Risposte Personalizzate: Dove possibile, personalizza le risposte basate sugli input degli utenti e sulle loro precedenti interazioni per creare un'esperienza più coinvolgente e personale.
Adattabilità: Assicurati che il chatbot possa adattarsi a diversi stili di conversazione e tipi di utenti, modificando il tono e il livello di formalità a seconda del contesto.

4. Creare Flussi di Conversazione Logici e Intuitivi
Navigazione Facile: Progetta flussi di conversazione che permettano agli utenti di raggiungere facilmente i loro obiettivi senza sentirsi persi o frustrati.
Opzioni di Scelta Rapida: Offri agli utenti opzioni di scelta rapida per le azioni più comuni, facilitando la navigazione e la comprensione delle capacità del chatbot.

5. Anticipare le Esigenze degli Utenti
Risposte Predefinite: Prepara una serie di risposte predefinite per le domande più frequenti, assicurando che gli utenti ricevano informazioni rapide e accurate.
Feedback e Iterazione: Incorpora un meccanismo di feedback che

permetta agli utenti di valutare la qualità delle interazioni, e usa queste informazioni per migliorare continuamente l'esperienza.

6. Trasparenza e Rispetto della Privacy
Chiarezza sulle Capacità: Sii trasparente riguardo alle capacità e ai limiti del chatbot, evitando di creare aspettative non realizzabili.
Privacy: Informa gli utenti su come i loro dati vengono raccolti, utilizzati e protetti, rispettando sempre la loro privacy e conformità normativa.

7. Test e Ottimizzazione Continua
Test con Utenti Reali: Prima del lancio ufficiale, testa il chatbot con un gruppo di utenti reali per raccogliere feedback su usabilità e comprensione.
Analisi e Miglioramento: Utilizza strumenti analitici per monitorare le prestazioni e l'engagement del chatbot, identificando aree di miglioramento e ottimizzando la conversazione di conseguenza.
Seguendo queste best practices, puoi progettare esperienze di chatbot che siano non solo funzionali ma anche piacevoli e gratificanti per gli utenti, incrementando l'adozione e la soddisfazione.

11.1.4 Integrare il Chatbot nel processo di self-publishing

L'integrazione di chatbot AI nel processo di self-publishing può trasformare il modo in cui gli autori interagiscono con il loro pubblico, gestiscono le operazioni e promuovono i loro libri. Ecco come i chatbot possono essere utilizzati efficacemente in varie fasi del self-publishing:

1. Supporto alla Scrittura e Ricerca
Ricerca Assistita: Un chatbot può aiutare a raccogliere e organizzare materiali di ricerca, fornire fatti, date o informazioni contestuali, accelerando il processo di scrittura.
Generazione di Idee: Gli autori possono utilizzare chatbot per brainstorming o per superare il blocco dello scrittore, generando spunti creativi, suggerimenti di trame o sviluppi di personaggi.

2. Editing e Revisione
Suggerimenti di Stile e Grammatica: I chatbot possono offrire suggerimenti in tempo reale su grammatica, punteggiatura e stile, migliorando la qualità del testo prima della pubblicazione.
Feedback Preliminare: Prima di procedere con una revisione professionale, un chatbot può fornire un primo feedback sul manoscritto, evidenziando aree che potrebbero richiedere ulteriori miglioramenti.

3. Gestione del Processo di Pubblicazione
Automazione delle Task: Un chatbot può guidare gli autori attraverso i vari passaggi del processo di pubblicazione, dalla formattazione del manoscritto alla scelta della piattaforma di self-publishing, automatizzando alcune delle task coinvolte.
Checklist e Promemoria: Mantenere traccia delle scadenze, dei requisiti di formattazione e delle altre necessità editoriali, facilitando la gestione del progetto.

4. Marketing e Promozione
Interazione con i Lettori: Chatbot possono essere utilizzati per coinvolgere i lettori tramite siti web, social media o email, rispondendo alle domande, condividendo novità e raccogliendo iscrizioni a newsletter.
Lancio di Libri e Annunci: Automatizzare l'invio di annunci riguardanti il lancio di nuovi libri, eventi virtuali o promozioni speciali, mantenendo il pubblico informato e coinvolto.

5. Vendite e Distribuzione
Guida all'Acquisto: Un chatbot può fungere da assistente di vendita virtuale, guidando i lettori attraverso il processo di acquisto

o indirizzandoli verso i rivenditori.
Supporto Post-Vendita: Fornire assistenza post-vendita, rispondere a domande comuni sui prodotti e gestire richieste o reclami, migliorando l'esperienza complessiva del cliente.

6. Raccolta Feedback e Analisi
Sondaggi e Recensioni: Utilizzare chatbot per raccogliere feedback, recensioni e suggerimenti dai lettori, offrendo dati preziosi per migliorare i lavori futuri.
Analisi dei Dati: Implementare chatbot capaci di analizzare i dati di feedback e vendita, fornendo agli autori insight sulle preferenze del pubblico e sulle performance dei loro libri.
Integrazione Tecnica**
Per integrare un chatbot nel tuo processo di self-publishing, inizia identificando gli obiettivi specifici che vuoi raggiungere con il tuo chatbot e la piattaforma su cui intendi implementarlo (sito web, social media, ecc.).
Sfrutta strumenti come Botpress per costruire il tuo chatbot, personalizzandolo in base alle tue esigenze e testandolo accuratamente prima del lancio ufficiale.
Considera l'opportunità di collegare il tuo chatbot a sistemi di analisi per monitorare le interazioni degli utenti e raccogliere dati utili per ottimizzare continuamente le strategie di self-publishing.
L'integrazione di chatbot nel self-publishing non solo ottimizza il workflow degli autori ma apre anche nuove vie per la creazione di relazioni significative con il pubblico, migliorando l'efficienza operativa e arricchendo l'esperienza dei lettori.

11.1.5 Analisi del feedback dei lettori tramite Chatbot

L'analisi del feedback dei lettori attraverso l'uso di chatbot AI rappresenta un'innovazione significativa nel campo dell'editoria e del self-publishing. Questa tecnologia consente agli autori di raccogliere, analizzare e agire in base al feedback in modo efficiente e scalabile. Ecco come può essere realizzato:

1. Raccolta del Feedback
Interazioni Dirette: Configura il tuo chatbot per chiedere attivamente ai lettori il loro parere su specifici aspetti del tuo libro, come trama, personaggi, stile di scrittura, o su esperienze generali di lettura.
Canali Multipli: Implementa il chatbot su vari canali di comunicazione, inclusi il tuo sito web, pagine social media, o piattaforme di self-publishing, per catturare un ampio spettro di feedback dai lettori.

2. Analisi del Feedback
Elaborazione del Linguaggio Naturale (NLP): Sfrutta le capacità di NLP del chatbot per analizzare il feedback dei lettori, identificando sentimenti, tendenze, e temi ricorrenti.
Riconoscimento di Pattern: Utilizza l'IA per rilevare pattern nei feedback, che possono indicare punti di forza o aree di miglioramento per il tuo libro o il tuo approccio di marketing.

3. Risposta al Feedback
Interazione Personalizzata: Configura il chatbot per fornire risposte personalizzate al feedback ricevuto, ringraziando i lettori per le loro opinioni e discutendo eventuali punti sollevati.
Azioni Correttive: Basandoti sull'analisi del feedback, adotta azioni correttive o apporta miglioramenti al tuo libro, alla tua strategia di marketing, o ai futuri progetti di scrittura.

4. Vantaggi dell'Analisi del Feedback tramite Chatbot
Efficienza: Automatizzando la raccolta e l'analisi del feedback, puoi risparmiare tempo e risorse, consentendoti di concentrarti sulla creazione e sulla promozione dei tuoi libri.
Scalabilità: I chatbot possono gestire un grande volume di interazioni simultanee, permettendoti di raccogliere feedback da una vasta audience senza compromettere la qualità dell'interazione.
Insight Preziosi: L'analisi avanzata del feedback ti offre insight approfonditi sulle preferenze e sulle aspettative del tuo pubblico, aiutandoti a prendere decisioni informate per migliorare la tua offerta.

5. Implementazione Pratica

Progettazione Attenta: Assicurati che il tuo chatbot sia progettato per facilitare una raccolta del feedback amichevole e coinvolgente, evitando domande invasive e rispettando la privacy dei lettori.

Integrazione con Altri Strumenti: Considera l'integrazione del tuo chatbot con altri strumenti di analisi o dashboard per un'elaborazione e visualizzazione dei dati più ricca e dettagliata.

Iterazione Continua: Usa il feedback raccolto non solo per migliorare i tuoi libri attuali ma anche per informare le strategie di sviluppo dei tuoi futuri progetti di scrittura.

L'uso di chatbot per l'analisi del feedback dei lettori apre nuove possibilità per gli autori di comprendere meglio il loro pubblico e di affinare la loro arte in base alle reazioni e alle preferenze dei lettori, stabilendo al contempo un dialogo diretto e significativo con la loro base di fan.

11.1.6 Migliorare l'engagement del lettore con Chatbot personalizzati

L'utilizzo di chatbot personalizzati rappresenta una strategia innovativa per migliorare l'engagement del lettore, offrendo un'interazione diretta e personalizzata che può significativamente arricchire l'esperienza di lettura e costruire una relazione più profonda tra autori e il loro pubblico. Ecco alcune strategie per utilizzare i chatbot al fine di incrementare l'engagement dei lettori:

1. Conversazioni Personalizzate
Interazioni One-to-One: Configura il tuo chatbot per offrire conversazioni personalizzate basate sulle precedenti interazioni dei lettori o sui loro interessi specifici, facendo sentire ogni lettore unico e valorizzato.

2. Raccomandazioni di Lettura
Suggerimenti Su Misura: Implementa algoritmi di raccomandazione nel tuo chatbot per suggerire libri, articoli o altri contenuti basati sui gusti e sulle preferenze individuali del lettore, stimolando la curiosità e l'interesse.

3. FAQ Dinamiche e Supporto
Risposte Immediate: Usa chatbot per fornire risposte rapide e accurate a domande frequenti, riducendo i tempi di attesa e migliorando la soddisfazione del lettore.
Supporto Proattivo: Configura il chatbot per offrire aiuto proattivo, come guide alla lettura o consigli su come ottenere il massimo dall'esperienza di lettura.

4. Raccolta e Analisi del Feedback
Sondaggi Interattivi: Invita i lettori a condividere le loro opinioni e feedback tramite sondaggi interattivi gestiti dal chatbot, fornendo agli autori dati preziosi per migliorare le future opere o strategie di marketing.
Analisi del Sentimento: Implementa capacità di analisi del sentimento nel tuo chatbot per valutare le reazioni emotive dei lettori ai tuoi libri, utilizzando queste informazioni per adattare le future pubblicazioni alle aspettative del pubblico.

5. Eventi e Lanci di Libri
Promozione di Eventi: Utilizza chatbot per promuovere eventi, come lanci di libri o incontri con l'autore, inviando notifiche personalizzate ai lettori interessati e aumentando la partecipazione.
Accesso Esclusivo: Offri tramite chatbot accesso a contenuti

esclusivi o anteprime legate a nuovi lanci, creando aspettativa e esclusività attorno alle tue pubblicazioni.

6. Community Building
Gruppi di Lettura e Discussioni: Incoraggia la formazione di community tramite il tuo chatbot, facilitando la creazione di gruppi di lettura o forum di discussione dove i lettori possono condividere pensieri e opinioni sui tuoi libri.

7. Gioco e Gamification
Trivia e Quiz: Coinvolgi i lettori con giochi, trivia o quiz legati ai tuoi libri, offrendo premi o riconoscimenti che stimolino l'engagement e la fedeltà.

Implementazione Tecnica**
Scegli una piattaforma di chatbot che supporti le funzionalità di cui hai bisogno, come Botpress, e assicurati che offra integrazioni con i canali di comunicazione preferiti dal tuo pubblico (sito web, social media, ecc.).

Testa accuratamente il chatbot prima del lancio, assicurandoti che le conversazioni fluiscono naturalmente e che le risposte siano pertinenti e utili.

Raccogli e analizza regolarmente i dati generati dalle interazioni con il chatbot per continuare a migliorare l'esperienza del lettore e affinare la tua strategia di engagement.

I chatbot personalizzati offrono agli autori uno strumento potente per coinvolgere i lettori in modi nuovi e creativi, trasformando l'esperienza di lettura e costruendo una comunità attiva e impegnata attorno ai loro lavori.

11.1.7 Futuro dei Chatbot nell'industria editoriale

Il futuro dei chatbot nell'industria editoriale si preannuncia ricco di potenzialità, grazie all'evoluzione continua dell'intelligenza artificiale (IA) e al miglioramento delle capacità di comprensione e interazione in linguaggio naturale. Man mano che la tecnologia progredisce, i chatbot diventeranno strumenti sempre più sofisticati, offrendo nuove modalità di coinvolgimento per i lettori e supporto agli autori ed editori. Ecco alcuni sviluppi che potrebbero caratterizzare il futuro dei chatbot nell'editoria:

1. Assistenti Virtuali per la Scrittura e la Revisione
I chatbot potrebbero evolvere per offrire assistenza avanzata nella scrittura e nella revisione, agendo come editor virtuali che forniscono feedback in tempo reale su stile, coerenza, grammatica e persino su come migliorare la narrazione e il coinvolgimento del lettore.

2. Esperienze di Lettura Interattive e Immersive
I chatbot potrebbero permettere la creazione di libri interattivi in cui i lettori influenzano l'andamento della trama attraverso le loro scelte, guidati da chatbot che adattano la storia in tempo reale. Questo potrebbe aprire nuove frontiere per il storytelling e creare esperienze di lettura profondamente personalizzate e coinvolgenti.

3. Supporto Personalizzato Post-Pubblicazione
Oltre al marketing e alla promozione, i chatbot potrebbero offrire supporto post-pubblicazione personalizzato, rispondendo alle domande dei lettori sui libri, suggerendo letture future basate sulle preferenze individuali e raccogliendo feedback dettagliato per gli autori.

4. Ottimizzazione della Distribuzione e delle Vendite
I chatbot potrebbero utilizzare l'analisi predittiva per aiutare autori ed editori a identificare i migliori canali di distribuzione per i loro libri, prevedere tendenze di vendita e ottimizzare le strategie di prezzo in base alla domanda del mercato.

5. Formazione e Apprendimento Continuo
Nell'educazione e nella formazione professionale, i chatbot potrebbero fornire contenuti didattici personalizzati, supportare l'apprendimento autonomo e facilitare la revisione e il rinforzo dei concetti, adattandosi ai progressi e alle esigenze di ciascun studente.

6. Nuove Forme di Interazione Autore-Lettore

I chatbot potrebbero facilitare nuove forme di interazione tra autori e lettori, organizzando sessioni di Q&A virtuali, eventi di lancio di libri o club del libro interattivi, dove i partecipanti possono discutere e esplorare i temi dei libri in modi innovativi.

7. Etica e Privacy

Con l'aumento delle capacità dei chatbot, emergeranno questioni etiche e preoccupazioni per la privacy. Sarà essenziale sviluppare e aderire a linee guida etiche chiare per garantire che l'uso dei chatbot rispetti i diritti e le aspettative dei lettori e degli autori.

8. Integrazione Cross-Platform

I chatbot diventeranno sempre più integrati attraverso varie piattaforme, dai social media alle app di messaggistica e ai siti web editoriali, offrendo un'esperienza senza soluzione di continuità per l'utente e ampliando la portata degli autori e dei loro contenuti.

Il futuro dei chatbot nell'industria editoriale promette non solo di migliorare l'efficienza operativa e l'engagement del lettore ma anche di aprire nuovi orizzonti creativi per autori ed editori, sfruttando le potenzialità dell'IA per arricchire il mondo della letteratura e dell'apprendimento.

11.2 Generazione di contenuti con Stack AI

Al momento, non ho informazioni specifiche su uno strumento o servizio chiamato "Stack AI" dedicato alla generazione di contenuti. Tuttavia, il concetto di utilizzare l'intelligenza artificiale (IA) per la generazione di contenuti sta diventando sempre più prevalente nell'industria editoriale e in vari altri settori. Questo approccio sfrutta le capacità avanzate di apprendimento automatico e di elaborazione del linguaggio naturale per creare testi che vanno da articoli di blog e contenuti di siti web fino a narrazioni creative e reportistica.

Generazione di Contenuti con IA: Panoramica

La tecnologia AI per la generazione di contenuti utilizza algoritmi sofisticati per analizzare grandi quantità di dati testuali, imparare da essi e produrre nuovi contenuti che sono coerenti, informativi e, a seconda dell'addestramento, creativi. Questi strumenti possono aiutare gli autori, i marketer e gli editori a:

Generare Idee: Produrre titoli, spunti per articoli o suggerimenti per la trama.

Creare Bozze Iniziali: Sviluppare bozze di articoli, post per blog o capitoli di libri che possono poi essere rifiniti da scrittori umani.

Automatizzare la Produzione di Contenuti: Generare contenuti su larga scala per siti web, social media o piattaforme di e-commerce.

Implicazioni per l'Industria Editoriale

L'integrazione dell'IA nella produzione di contenuti promette di trasformare l'industria editoriale in diversi modi:

Efficienza Migliorata: La generazione automatizzata di contenuti può ridurre significativamente il tempo e i costi associati alla produzione di contenuti, permettendo agli autori e agli editori di concentrarsi su compiti più creativi e strategici.

Personalizzazione: L'IA può aiutare a personalizzare i contenuti per diversi segmenti di pubblico, migliorando l'engagement e l'efficacia dei messaggi editoriali.

Sperimentazione Narrativa: Strumenti AI avanzati aprono nuove possibilità per forme narrative esplorative e interattive, che potrebbero portare alla nascita di nuovi generi e formati di storytelling.

Sfide e Considerazioni

Qualità e Autenticità: Mentre l'IA può produrre contenuti a un livello impressionante di competenza, la sfida rimane nel garantire che questi contenuti mantengano una voce autentica e si allineino con i valori del brand o dell'autore.

Diritti d'Autore e Proprietà Intellettuale: La generazione di contenuti tramite IA solleva questioni complesse riguardanti la proprietà intellettuale e i diritti d'autore, che necessitano di chiarezza legale.

Bias e Responsabilità: È fondamentale indirizzare il problema del bias nei dati di addestramento dell'IA e stabilire chi sia responsabile per i contenuti generati da AI, soprattutto quando questi potrebbero influenzare l'opinione pubblica o veicolare informazioni errate.

Futuro dei Chatbot e della Generazione di Contenuti con IA

Il futuro dell'IA nell'industria editoriale sembra promettente, con l'evoluzione continua delle tecnologie che offrono nuovi strumenti per arricchire e personalizzare l'esperienza di lettura e scrittura. Man mano che gli strumenti di IA diventano più sofisticati e integrati nel workflow editoriale, è probabile che vedremo una maggiore collaborazione tra intelligenza artificiale e creatività umana, portando a innovazioni sia nel contenuto che nel modo in cui questo viene consumato.

Se "Stack AI" si riferisce a uno strumento specifico di cui non sono al corrente, le tendenze e le considerazioni generali sull'uso dell'IA nella generazione di contenuti rimangono rilevanti e indicano la direzione verso cui si sta muovendo l'industria.

11.2.1 Cosa è Stack AI e come può aiutare gli scrittori

Al momento, non ho informazioni specifiche su un prodotto o servizio denominato "Stack AI" nel contesto della generazione di contenuti o dell'assistenza agli scrittori. Tuttavia, posso offrire una panoramica di come le tecnologie di intelligenza artificiale (IA) in generale, che potrebbero essere racchiuse sotto un concetto ombrello simile a "Stack AI", assistono gli scrittori nel processo creativo e editoriale. Queste tecnologie includono strumenti e piattaforme che sfruttano l'apprendimento automatico, l'elaborazione del linguaggio naturale (NLP) e altre capacità di IA per supportare vari aspetti della scrittura e della pubblicazione.

Assistenza nella Scrittura Creativa
Generazione di Idee: L'IA può aiutare gli scrittori a generare idee per storie, personaggi e ambientazioni, fornendo suggerimenti basati su pattern riconosciuti in vasti dataset di narrativa.
Sviluppo della Trama: Alcuni strumenti AI possono suggerire sviluppi di trama e possibili direzioni narrative, aiutando gli scrittori a superare il blocco dello scrittore o a esplorare nuovi percorsi creativi.
Editing e Perfezionamento
Revisione del Testo: Strumenti di IA possono analizzare il testo per errori grammaticali, ortografici e di punteggiatura, oltre a suggerire miglioramenti stilistici per rendere la scrittura più chiara e coinvolgente.
Coerenza e Flusso: Alcune piattaforme utilizzano l'IA per valutare la coerenza narrativa e il flusso del racconto, aiutando gli scrittori a mantenere una struttura solida e logica nel loro lavoro.
Ricerca e Verifica dei Fatti
Supporto alla Ricerca: L'IA può accelerare il processo di ricerca fornendo accesso rapido a informazioni rilevanti, dati storici o scientifici, e verifiche dei fatti, risparmiando agli scrittori ore di lavoro manuale.
Organizzazione delle Note: Strumenti basati su IA possono aiutare a organizzare note di ricerca, bozze e documentazione, rendendo più facile per gli scrittori gestire grandi quantità di informazioni.
Personalizzazione e Pubblicazione
Analisi del Pubblico: Tecnologie di IA possono analizzare dati sul pubblico per identificare tendenze e preferenze dei lettori, permettendo agli scrittori di adattare i loro lavori per soddisfare meglio i desideri del loro target.
Supporto alla Pubblicazione: Alcuni strumenti AI guidano gli scrittori attraverso il processo di self-publishing, dalla formattazione del manoscritto alla scelta delle piattaforme di pubblicazione e alla strategia di marketing.

Interazione con i Lettori
Chatbot e Assistenza: Gli scrittori possono utilizzare chatbot AI per interagire con i lettori, rispondendo a domande, raccogliendo feedback o promuovendo nuovi lavori in modo interattivo e scalabile.

In sintesi, mentre "Stack AI" potrebbe non corrispondere a un prodotto specifico noto, il concetto di sfruttare un insieme di strumenti di intelligenza artificiale per assistere gli scrittori è una realtà in crescita. Questi strumenti offrono opportunità senza precedenti per migliorare l'efficienza, la creatività e l'impatto della scrittura, rendendo l'intero processo più accessibile e gestibile.

11.2.2 Creare contenuti di alta qualità con l'assistenza di Stack AI

Senza informazioni specifiche su uno strumento chiamato "Stack AI", posso comunque offrirti una panoramica di come l'intelligenza artificiale (IA) può assistere nella creazione di contenuti di alta qualità. Gli strumenti basati sull'IA, grazie alle loro capacità di apprendimento automatico e elaborazione del linguaggio naturale (NLP), sono diventati alleati preziosi per scrittori, marketer, giornalisti e creatori di contenuti in generale. Ecco come l'IA può aiutare a creare contenuti di qualità:

1. Generazione di Idee e Concetti
Brainstorming Assistito: L'IA può suggerire idee e concetti basandosi su tendenze attuali, analisi dei dati e persino ispirazioni tratte da vasti database di contenuti simili, aiutando a stimolare la creatività e a proporre angolazioni uniche.

2. Ottimizzazione della Scrittura
Correzione Grammaticale e Stilistica: Strumenti avanzati di correzione grammaticale e stilistica basati sull'IA non solo identificano errori di ortografia e grammatica, ma possono anche suggerire miglioramenti stilistici per rendere il testo più fluente e coinvolgente.
Adattamento del Tono: Alcuni strumenti di IA sono capaci di analizzare il tono desiderato per il tuo contenuto e suggerire modifiche per allinearvi il testo, che si tratti di renderlo più formale, amichevole, persuasivo o informativo.

3. Creazione di Contenuti Multimediali
Assistenza nella Creazione Visiva: Piattaforme di IA possono generare o suggerire immagini, grafiche o video rilevanti per accompagnare il testo, migliorando l'engagement del pubblico e l'attrattiva visiva dei contenuti.

4. Personalizzazione del Contenuto per il Pubblico
Analisi del Pubblico: Strumenti di IA possono analizzare comportamenti, preferenze e feedback del pubblico per guidare la personalizzazione dei contenuti, assicurando che questi risuonino con il target di riferimento.
Contenuti Dinamici: La capacità di adattare dinamicamente i contenuti in base all'interazione degli utenti può aumentare significativamente l'engagement e la pertinenza dei contenuti per ogni singolo lettore.

5. Ricerca e Sintesi delle Informazioni
Supporto alla Ricerca: L'IA può aiutare a condurre ricerche complesse su vasti insiemi di dati o contenuti online, estrarre informazioni pertinenti e sintetizzare ricerche in riassunti utili per informare e arricchire i contenuti creati.

6. Ottimizzazione SEO
Suggerimenti SEO: Strumenti di IA possono analizzare i trend di ricerca, suggerire parole chiave pertinenti e ottimizzare i titoli e i meta-tag per migliorare la visibilità online e il posizionamento nei motori di ricerca.

7. Feedback e Revisione Continua
Analisi del Sentimento e Feedback: L'IA può analizzare il sentiment e i feedback dei lettori sui contenuti pubblicati per fornire insight preziosi su come migliorare o adattare i contenuti futuri per soddisfare meglio le esigenze del pubblico.

Utilizzare l'IA nella creazione di contenuti non significa sostituire la creatività umana, ma piuttosto amplificarla e ottimizzarla. La chiave è sfruttare questi strumenti per automatizzare i processi ripetitivi e analitici, liberando così tempo e risorse mentali per la creatività e l'innovazione. L'obiettivo finale è produrre contenuti che non solo siano di alta qualità e ottimizzati per il digitale, ma che risuonino profondamente e significativamente con il pubblico.

11.2.3 Ottimizzazione SEO per gli articoli di blog e i post sui social media

L'ottimizzazione SEO (Search Engine Optimization) è cruciale per aumentare la visibilità e il traffico verso i tuoi articoli di blog e post sui social media. Mentre l'intelligenza artificiale (IA) sta diventando sempre più una componente essenziale nella strategia SEO, ci sono alcune pratiche fondamentali che possono aiutare a migliorare la tua presenza online. Ecco come ottimizzare SEO per gli articoli di blog e i post sui social media:

Per gli Articoli di Blog
Ricerca delle Parole Chiave: Utilizza strumenti di ricerca per trovare parole chiave rilevanti con un buon volume di ricerca ma concorrenza moderata. L'IA può aiutare ad analizzare i trend e suggerire parole chiave che non avevi considerato.

Titoli Ottimizzati: Crea titoli accattivanti che includano la tua parola chiave principale. Gli strumenti di IA possono suggerire variazioni di titoli basate sull'efficacia precedente e sulle tendenze attuali.

Meta Descrizioni: Scrivi meta descrizioni persuasive che includano le parole chiave target. Questo non solo aiuta il SEO, ma incoraggia anche gli utenti a cliccare sul tuo articolo.

Contenuto di Qualità: Produce contenuti approfonditi, informativi e di alta qualità che rispondano direttamente alle domande o ai bisogni del tuo pubblico. L'IA può assistere nell'analisi dei contenuti dei concorrenti e suggerire gap di contenuto da colmare.

Ottimizzazione delle Immagini: Usa immagini rilevanti e ottimizza le etichette alt con parole chiave pertinenti. Strumenti di IA possono aiutare a identificare le migliori immagini e migliorare l'accessibilità.

Link Interni ed Esterni: Includi link a contenuti rilevanti del tuo sito e link esterni a fonti autorevoli. L'IA può analizzare la struttura dei link e suggerire miglioramenti per massimizzare il valore SEO.

Mobile-Friendly e Velocità di Caricamento: Assicurati che il tuo sito sia ottimizzato per dispositivi mobili e carichi rapidamente. L'IA può analizzare le prestazioni del sito e suggerire ottimizzazioni.

Per i Post sui Social Media
Hashtag Strategici: Utilizza hashtag rilevanti e di tendenza per aumentare la visibilità dei tuoi post. Strumenti basati su IA possono

suggerire gli hashtag più efficaci basati su analisi di tendenze e interazioni.

Contenuto Coinvolgente: Crea post che incoraggino l'interazione, come domande, sondaggi o call-to-action. L'IA può analizzare i dati di engagement per identificare quali tipi di post generano maggiori interazioni.

Orari Ottimali per la Pubblicazione: Pubblica quando il tuo pubblico è più attivo. Strumenti di IA possono analizzare i dati di engagement per suggerire i migliori orari e giorni per la pubblicazione.

Monitoraggio e Analisi: Usa strumenti di analisi per monitorare le prestazioni dei tuoi post e adatta la tua strategia di conseguenza. L'IA può fornire insight dettagliati sull'efficacia delle tue campagne SEO e social.

Integrando l'intelligenza artificiale nelle tue strategie SEO e social media, puoi sfruttare dati e analisi avanzati per ottimizzare il tuo contenuto e raggiungere un pubblico più ampio. Ricorda che il successo a lungo termine in SEO e social media si basa su contenuti di qualità, pertinenza e costante adattamento alle tendenze del mercato e alle preferenze del pubblico.

11.2.4 Automazione della ricerca e della sintesi di informazioni

L'automazione della ricerca e della sintesi di informazioni, grazie all'impiego dell'intelligenza artificiale (IA), sta rivoluzionando il modo in cui autori, ricercatori e professionisti accedono e utilizzano le informazioni. Questa tecnologia non solo accelera il processo di raccolta dati ma ne aumenta anche l'accuratezza e l'efficienza, permettendo agli utenti di concentrarsi sull'analisi e sull'impiego creativo delle informazioni raccolte. Ecco come l'IA può assistere nell'automazione della ricerca e della sintesi di informazioni:

1. Ricerca Automatica
Motori di Ricerca Intelligenti: Utilizzando IA e NLP (Natural Language Processing), i motori di ricerca possono comprendere le query formulate in linguaggio naturale, migliorando la rilevanza dei risultati e facilitando la scoperta di informazioni pertinenti.
Raccolta Dati Multi-sorgente: Strumenti di IA possono automaticamente raccogliere dati da una varietà di fonti, inclusi articoli accademici, blog, notizie e database, garantendo una visione olistica sull'argomento di interesse.

2. Sintesi e Riassunto di Informazioni
Riassunti Automatici: Gli algoritmi di IA sono capaci di generare riassunti concisi di documenti lunghi o collezioni di testi, estrapolando i punti chiave e facilitando la revisione rapida del materiale.
Sintesi Tematica: Attraverso l'analisi tematica, l'IA può identificare e riassumere i principali argomenti trattati in un insieme di documenti, aiutando a scoprire tendenze e pattern nei dati raccolti.

3. Analisi dei Dati e Insight
Estrazione di Insight: L'IA può analizzare grandi set di dati per identificare correlazioni, tendenze e insight che potrebbero non essere immediatamente evidenti, offrendo nuove prospettive e possibilità di approfondimento.
Visualizzazione dei Dati: Strumenti avanzati di visualizzazione guidati dall'IA possono trasformare complessi dataset in grafici e mappe intuitive, rendendo l'analisi dei dati più accessibile.

4. Gestione delle Citazioni e delle Fonti
Automazione delle Citazioni: Gli strumenti di IA possono aiutare nella gestione delle citazioni e delle bibliografie, formattando automaticamente le referenze secondo le linee guida specifiche e monitorando le fonti per garantire l'accuratezza.

5. Personalizzazione e Apprendimento
Apprendimento dal Comportamento dell'Utente: Con il tempo, gli strumenti di IA possono apprendere dalle preferenze di ricerca e dalle abitudini dell'utente, personalizzando ulteriormente i risultati della ricerca e migliorando la pertinenza delle informazioni presentate.

Implementazione e Strumenti
Per implementare queste capacità nel tuo flusso di lavoro, esplora strumenti e piattaforme di ricerca assistita dall'IA come Google Scholar per la ricerca accademica, Feedly per il monitoraggio delle notizie basato su IA, o strumenti di sintesi e riassunto come Quillbot e Smmry. Altri strumenti specifici del settore possono offrire funzionalità di analisi dei dati, gestione delle citazioni e personalizzazione delle ricerche.

L'automazione della ricerca e della sintesi di informazioni tramite l'IA non solo rende il processo di raccolta e analisi delle informazioni più efficiente ma apre anche la strada a nuove modalità di esplorazione del sapere, stimolando la creatività e l'innovazione nei campi della scrittura, della ricerca e oltre.

11.2.5 Case study: Successi editoriali con l'uso di Stack AI

Attualmente, non dispongo di informazioni specifiche su un prodotto o servizio chiamato "Stack AI" e quindi non posso fornire case study diretti relativi a successi editoriali ottenuti specificamente tramite il suo uso. Tuttavia, posso illustrare come l'integrazione dell'intelligenza artificiale nel processo editoriale, in generale, abbia portato a successi notevoli, offrendo esempi che evidenziano il potenziale dell'IA nell'editoria.

Esempio 1: Automazione e Personalizzazione del Contenuto
Contesto: Una grande casa editrice online utilizza strumenti di IA per generare automaticamente riassunti di articoli, notizie e recensioni di libri, personalizzando il feed di notizie per gli utenti in base alle loro preferenze di lettura pregresse.
Risultato: Un aumento significativo dell'engagement degli utenti e del tempo trascorso sul sito, con una crescita parallela delle sottoscrizioni ai servizi premium della piattaforma.

Esempio 2: Ottimizzazione SEO per la Visibilità Online
Contesto: Un blogger specializzato in recensioni letterarie impiega strumenti di IA per analizzare le tendenze SEO e ottimizzare i contenuti del suo sito, inclusi titoli, meta descrizioni e l'uso di parole chiave pertinenti.
Risultato: Un miglioramento marcato nel posizionamento dei suoi articoli nei risultati dei motori di ricerca, portando a un incremento del traffico organico del sito e a una maggiore visibilità delle sue recensioni.

Esempio 3: Assistenza nella Scrittura e Pubblicazione
Contesto: Un autore indipendente utilizza un'applicazione basata su IA per assistenza nella scrittura, dalla generazione di idee per la trama alla correzione di stile e grammatica, oltre a suggerimenti per la pubblicazione self-publishing.
Risultato: La pubblicazione di un romanzo ben accolto, con recensioni positive sia per lo stile che per la coerenza narrativa, e vendite significativamente superiori alle aspettative dell'autore.

Esempio 4: Chatbot per l'Engagement dei Lettori
Contesto: Una piccola casa editrice implementa un chatbot AI sul suo sito web per rispondere alle domande dei lettori, fornire raccomandazioni personalizzate di libri e gestire ordini.
Risultato: Aumento dell'interazione dei clienti e del tasso di conversione delle vendite, oltre a un miglioramento nel servizio clienti grazie alla disponibilità 24/7 del chatbot.

Esempio 5: Analisi Predittiva per Decisioni Editoriali
Contesto: Un editore sfrutta modelli di IA per l'analisi predittiva, valutando la potenziale popolarità di generi, temi e autori basandosi su tendenze di mercato e dati storici.
Risultato: La selezione strategica di manoscritti per la pubblicazione ha portato a una serie di lanci di libri di successo, con vendite che hanno superato le previsioni e rafforzato la reputazione dell'editore nel mercato.

Questi esempi illustrano il vasto potenziale dell'IA nel settore editoriale, dimostrando come può supportare in diverse fasi, dalla creazione al marketing, fino alla pubblicazione e all'engagement post-pubblicazione. L'IA sta diventando uno strumento indispensabile per gli autori, gli editori e i professionisti dell'editoria che cercano di innovare e rimanere competitivi in un mercato in rapida evoluzione.

11.2.6 Limitazioni e considerazioni etiche di Stack AI

Anche senza dettagli specifici su "Stack AI", possiamo discutere le limitazioni generali e le considerazioni etiche associate all'uso dell'intelligenza artificiale (IA) nella generazione di contenuti e in altre applicazioni editoriali. Queste riflessioni sono fondamentali per comprendere i potenziali rischi e le sfide etiche poste dall'IA, garantendo che il suo utilizzo sia responsabile e orientato al bene comune.

Limitazioni dell'IA
Comprensione del Contesto: Nonostante i notevoli progressi, l'IA può ancora lottare per comprendere pienamente il contesto o le sfumature del linguaggio umano, potenzialmente portando a errori o incomprensioni nel contenuto generato.
Creatività e Innovazione: Mentre l'IA può produrre contenuti basandosi su modelli esistenti, la sua capacità di essere veramente creativa o di produrre idee radicalmente nuove è limitata rispetto alla creatività umana.
Bias e Equità: Gli algoritmi di IA possono incorporare e perpetuare bias presenti nei dati su cui vengono addestrati, rischiando di produrre contenuti che riflettono o esacerbano pregiudizi esistenti.
Considerazioni Etiche
Trasparenza: È fondamentale mantenere trasparenza riguardo all'uso dell'IA nella creazione di contenuti, comunicando chiaramente agli utenti quando un contenuto è stato generato o assistito da IA.
Proprietà Intellettuale e Attribuzione: La questione di chi detiene i diritti d'autore su contenuti generati da IA (l'utente, lo sviluppatore dell'algoritmo o nessuno dei due) rimane aperta e richiede una riflessione legale ed etica approfondita.
Rispetto della Privacy: L'utilizzo di dati personali per addestrare o personalizzare algoritmi di IA deve essere attentamente gestito per proteggere la privacy degli individui e conformarsi alle normative vigenti.
Responsabilità e Accountability: Determinare la responsabilità per gli errori o i danni causati da contenuti generati da IA è complesso, richiedendo nuovi quadri legali e etici per affrontare queste sfide.
Impatto sul Lavoro: L'integrazione dell'IA nel processo editoriale solleva preoccupazioni sul potenziale impatto sui lavori tradizionali, come la scrittura e l'editing, necessitando di strategie per garantire che l'IA complemente piuttosto che sostituire il lavoro umano.

Navigare le Sfide
Per affrontare queste limitazioni e considerazioni etiche, è cruciale:

Promuovere la Ricerca Responsabile: Incoraggiare lo sviluppo e l'uso di IA che siano trasparenti, equi e privi di bias, attraverso standard e linee guida etiche chiare.
Coinvolgimento Multidisciplinare: Coinvolgere esperti di etica, legge, filosofia e altre discipline nel processo di sviluppo dell'IA per garantire una prospettiva olistica sulle sue implicazioni.
Educazione e Formazione: Investire nell'educazione degli utenti e dei professionisti su come l'IA funziona, le sue potenzialità e i suoi limiti, per promuovere un uso informato e critico della tecnologia.
L'IA ha il potenziale per trasformare profondamente l'industria editoriale, offrendo strumenti potenti per la creazione, la distribuzione e la promozione di contenuti. Tuttavia, è essenziale navigare in questo futuro con una consapevolezza delle sue limitazioni e delle questioni etiche, garantendo che il progresso tecnologico avanzi in modo responsabile e benefico per tutti.

11.2.7 Guardare avanti: L'evoluzione di Stack AI e il suo impatto sul self-publishing

Considerando l'impatto crescente dell'intelligenza artificiale (IA) sul self-publishing e sull'industria editoriale nel suo complesso, possiamo anticipare alcune tendenze e sviluppi futuri. Sebbene "Stack AI" come specifico termine non sia stato definito precedentemente, il concetto di stack tecnologico AI si riferisce all'insieme di strumenti e tecnologie basate sull'IA che possono essere utilizzati per migliorare e ottimizzare vari processi. Ecco come l'evoluzione dell'IA potrebbe influenzare il self-publishing nel futuro:

1. Automazione Avanzata del Workflow Editoriale
L'IA continuerà a migliorare l'efficienza del processo editoriale, automatizzando compiti come la ricerca, la scrittura, l'editing e la formattazione. Questo permetterà agli autori di concentrarsi maggiormente sugli aspetti creativi e strategici del loro lavoro, riducendo il tempo e i costi associati alla pubblicazione.

2. Personalizzazione dei Contenuti
L'evoluzione delle tecnologie IA porterà a una maggiore capacità di personalizzare i contenuti per soddisfare le preferenze e gli interessi specifici dei lettori. Gli autori potranno sfruttare strumenti IA per adattare i loro libri e articoli a diversi segmenti di pubblico, migliorando l'engagement e la fedeltà dei lettori.

3. Ottimizzazione SEO e Visibilità Online
Strumenti di IA sempre più sofisticati aiuteranno gli autori self-published a migliorare la loro visibilità online, ottimizzando i contenuti per i motori di ricerca e identificando le migliori strategie di promozione sui social media. Questo sarà fondamentale per distinguersi in un mercato editoriale sempre più affollato.

4. Interazione Avanzata con i Lettori
Chatbot e assistenti virtuali guidati dall'IA offriranno modalità innovative per gli autori di interagire con i loro lettori, fornendo raccomandazioni personalizzate, rispondendo a domande e raccogliendo feedback in modo scalabile e interattivo.

5. Analisi Predittiva per Decisioni Strategiche
L'IA consentirà agli autori di utilizzare l'analisi predittiva per prendere decisioni informate riguardo ai temi, ai generi e alle strategie di marketing più promettenti. Questo potrebbe significare identificare il momento ottimale per pubblicare, i canali di distribuzione più efficaci e le tendenze emergenti del mercato.

6. Accesso Equo e Democratizzazione

Man mano che l'accesso agli strumenti di IA diventa più diffuso e conveniente, la democratizzazione del self-publishing si rafforzerà ulteriormente. Gli autori di ogni livello e background avranno gli strumenti per pubblicare le loro opere, raggiungendo pubblici globali con minore dipendenza dalle case editrici tradizionali.

7. Considerazioni Etiche e Normative

L'evoluzione dell'IA nel self-publishing solleverà questioni etiche e normative importanti, tra cui la protezione dei diritti d'autore, la gestione dei dati personali e la responsabilità per i contenuti generati dall'IA. Sarà fondamentale affrontare queste sfide attraverso standard etici, formazione e regolamentazione.

In sintesi, l'avanzamento dell'IA promette di amplificare le capacità degli autori self-published, offrendo loro strumenti potenti per creare, promuovere e vendere le loro opere. Tuttavia, questo futuro tecnologico richiederà anche un'attenta navigazione attraverso questioni etiche, legali e competitive per garantire che l'impatto dell'IA sul self-publishing sia equo, sostenibile e vantaggioso per tutti gli stakeholder coinvolti.

11.3 Creazione di Avatar con HeyGen

Al momento, non ho informazioni specifiche o accesso diretto a dati aggiornati riguardanti "HeyGen" o la creazione di avatar con questo strumento. Tuttavia, possiamo esplorare come la tecnologia generale di creazione di avatar e gli strumenti di intelligenza artificiale (IA) stanno influenzando il mondo dell'editoria e della narrazione, offrendo agli autori nuove modalità per coinvolgere il loro pubblico.

Creazione di Avatar e Narrativa
La creazione di avatar attraverso tecnologie basate sull'IA offre opportunità uniche per gli scrittori e gli editori, consentendo loro di dare vita ai personaggi delle loro storie in modi visivamente impressionanti e interattivi. Ecco alcuni modi in cui la tecnologia di creazione di avatar può arricchire l'esperienza narrativa:

Personaggi Interattivi: Gli autori possono utilizzare avatar per creare versioni interattive dei personaggi dei loro libri, consentendo ai lettori di interagire con essi attraverso chatbot o esperienze di realtà aumentata (AR) e virtuale (VR), approfondendo così la connessione emotiva e l'immersione nella storia.

Promozione e Marketing: Avatar ben progettati possono essere utilizzati in campagne di marketing e promozionali per attirare l'attenzione sui libri e sui contenuti. La presenza di un personaggio sotto forma di avatar può rendere le attività promozionali più coinvolgenti e memorabili.

Esperienze Personalizzate: Utilizzando la tecnologia di IA per personalizzare gli avatar in base alle interazioni e alle preferenze dei lettori, gli autori possono offrire esperienze uniche, aumentando l'engagement e la fedeltà del pubblico.

Narrativa Estesa: Gli avatar possono essere impiegati per estendere la narrazione oltre i confini del libro, fornendo contenuti aggiuntivi, storie secondarie o esperienze interattive che arricchiscono l'universo narrativo creato dall'autore.

Considerazioni Tecnologiche e Creative
Sviluppo: La creazione di avatar realistici e interattivi richiede una combinazione di competenze tecniche in grafica computerizzata, programmazione e IA, oltre a una comprensione profonda dei personaggi e della storia.

Accessibilità: Strumenti e piattaforme che semplificano il processo di creazione di avatar stanno diventando più accessibili, permettendo anche agli autori con risorse limitate di sperimentare con questa tecnologia.

Sfide ed Etica

Realismo vs. Uncanny Valley: Trovare il giusto equilibrio tra realismo e espressività negli avatar è cruciale per evitare l'effetto "uncanny valley", dove un avatar quasi realistico diventa inquietante.

Privacy e Sicurezza: Quando si creano esperienze interattive che raccolgono dati dagli utenti, è fondamentale garantire la protezione della privacy e la sicurezza delle informazioni.

In conclusione, mentre le specifiche di "HeyGen" come strumento di creazione di avatar non sono state discusse, è chiaro che la tecnologia di IA per la creazione di avatar offre un vasto potenziale per innovare nel campo dell'editoria e della narrazione. Questi sviluppi promettono di portare i personaggi e le storie a un nuovo livello di interazione e immersione, aprendo nuove frontiere per la creatività e l'engagement del lettore.

11.3 Creazione di Avatar con HeyGen

Al momento, non ho informazioni specifiche o accesso diretto a dati aggiornati riguardanti "HeyGen" o la creazione di avatar con questo strumento. Tuttavia, possiamo esplorare come la tecnologia generale di creazione di avatar e gli strumenti di intelligenza artificiale (IA) stanno influenzando il mondo dell'editoria e della narrazione, offrendo agli autori nuove modalità per coinvolgere il loro pubblico.

Creazione di Avatar e Narrativa
La creazione di avatar attraverso tecnologie basate sull'IA offre opportunità uniche per gli scrittori e gli editori, consentendo loro di dare vita ai personaggi delle loro storie in modi visivamente impressionanti e interattivi. Ecco alcuni modi in cui la tecnologia di creazione di avatar può arricchire l'esperienza narrativa:

Personaggi Interattivi: Gli autori possono utilizzare avatar per creare versioni interattive dei personaggi dei loro libri, consentendo ai lettori di interagire con essi attraverso chatbot o esperienze di realtà aumentata (AR) e virtuale (VR), approfondendo così la connessione emotiva e l'immersione nella storia.

Promozione e Marketing: Avatar ben progettati possono essere utilizzati in campagne di marketing e promozionali per attirare l'attenzione sui libri e sui contenuti. La presenza di un personaggio sotto forma di avatar può rendere le attività promozionali più coinvolgenti e memorabili.

Esperienze Personalizzate: Utilizzando la tecnologia di IA per personalizzare gli avatar in base alle interazioni e alle preferenze dei lettori, gli autori possono offrire esperienze uniche, aumentando l'engagement e la fedeltà del pubblico.

Narrativa Estesa: Gli avatar possono essere impiegati per estendere la narrazione oltre i confini del libro, fornendo contenuti aggiuntivi, storie secondarie o esperienze interattive che arricchiscono l'universo narrativo creato dall'autore.

Considerazioni Tecnologiche e Creative
Sviluppo: La creazione di avatar realistici e interattivi richiede una combinazione di competenze tecniche in grafica computerizzata, programmazione e IA, oltre a una comprensione profonda dei personaggi e della storia.
Accessibilità: Strumenti e piattaforme che semplificano il processo

di creazione di avatar stanno diventando più accessibili, permettendo anche agli autori con risorse limitate di sperimentare con questa tecnologia.

Sfide ed Etica
Realismo vs. Uncanny Valley: Trovare il giusto equilibrio tra realismo e espressività negli avatar è cruciale per evitare l'effetto "uncanny valley", dove un avatar quasi realistico diventa inquietante.
Privacy e Sicurezza: Quando si creano esperienze interattive che raccolgono dati dagli utenti, è fondamentale garantire la protezione della privacy e la sicurezza delle informazioni.
In conclusione, mentre le specifiche di "HeyGen" come strumento di creazione di avatar non sono state discusse, è chiaro che la tecnologia di IA per la creazione di avatar offre un vasto potenziale per innovare nel campo dell'editoria e della narrazione. Questi sviluppi promettono di portare i personaggi e le storie a un nuovo livello di interazione e immersione, aprendo nuove frontiere per la creatività e l'engagement del lettore.

11.3.1 Introduzione a HeyGen: Creazione di Avatar AI

Non avendo dettagli specifici su un prodotto o servizio chiamato "HeyGen" per la creazione di avatar AI, posso comunque offrirti una panoramica generale su come la tecnologia AI viene utilizzata per creare avatar digitali e il suo potenziale impatto in vari settori, inclusa l'editoria.

La creazione di avatar AI si riferisce al processo di utilizzo dell'intelligenza artificiale per generare rappresentazioni digitali di personaggi o persone reali. Questi avatar possono variare in complessità, da semplici immagini statiche a figure tridimensionali animate capaci di interagire in tempo reale. Grazie ai progressi nel campo dell'apprendimento profondo e dell'elaborazione del linguaggio naturale, gli avatar AI possono ora esibire comportamenti e risposte che simulano l'intelligenza umana.

Applicazioni della Creazione di Avatar AI
Giochi e Intrattenimento: Nel settore dei videogiochi e dell'intrattenimento, gli avatar AI possono offrire esperienze immersive, agendo come personaggi interattivi che rispondono in modo realistico alle azioni dei giocatori.
Educazione e Formazione: Gli avatar AI possono fungere da tutor virtuali o compagni di apprendimento, fornendo istruzioni personalizzate e supporto agli studenti in ambienti educativi virtuali.
Assistenza Clienti e Chatbot: Nei servizi di assistenza clienti, gli avatar AI possono migliorare l'interazione con gli utenti, offrendo un'interfaccia amichevole e interattiva per rispondere a domande e guidare i clienti.
Social Media e Comunicazione: La creazione di avatar personalizzati consente agli utenti di rappresentarsi nei mondi virtuali o nelle piattaforme di social media con un'identità digitale unica e creativa.
Tecnologie Coinvolte
Generative Adversarial Networks (GAN): Queste reti neurali sono spesso utilizzate per creare immagini di avatar altamente realistiche, apprendendo da un vasto set di dati di immagini reali.
Elaborazione del Linguaggio Naturale (NLP): L'NLP permette agli avatar AI di comprendere e generare risposte verbali, facilitando interazioni naturali con gli utenti.
Realtà Aumentata (AR) e Virtuale (VR): L'AR e la VR possono essere utilizzate per posizionare avatar AI in ambienti tridimensionali, migliorando l'immersione e l'interattività.
Sfide e Considerazioni
Qualità e Realismo: Creare avatar AI che appaiano naturali e

convincenti richiede tecnologie avanzate e una grande quantità di dati di addestramento.
Etica e Privacy: La creazione di avatar che somigliano a persone reali solleva questioni etiche importanti, inclusa la necessità di ottenere il consenso e di gestire i dati personali in modo responsabile.
Accessibilità e Inclusività: È importante che gli avatar AI siano progettati per essere inclusivi e accessibili a utenti di diverse età, culture e capacità.
In conclusione, sebbene non possiamo fornire dettagli specifici su "HeyGen", l'uso dell'IA nella creazione di avatar è un'area di rapido sviluppo con applicazioni eccitanti e sfide significative. Mentre questa tecnologia continua a evolversi, è probabile che vedremo sempre più applicazioni innovative che cambieranno il modo in cui interagiamo con i media digitali, l'educazione, il servizio clienti e oltre.

11.3.2 Personalizzare Avatar per marchi e personaggi di libri

La personalizzazione di avatar per marchi e personaggi di libri attraverso l'intelligenza artificiale (IA) apre nuove frontiere nel marketing e nell'engagement del lettore. Questa tecnologia non solo può aiutare a creare una connessione più profonda tra il pubblico e i personaggi o i marchi, ma offre anche opportunità uniche per la narrazione e la promozione. Ecco alcuni approcci e considerazioni per la personalizzazione di avatar con l'IA:

Creazione di Avatar Personalizzati
Rappresentazione Visiva: Utilizzare l'IA per generare rappresentazioni visive dei personaggi dei libri o del marchio che siano fedeli alle descrizioni testuali, arricchendole con dettagli visivi che catturano l'essenza dei personaggi o dell'identità del marchio.

Espressioni e Movimenti Realistici: Impiegare tecnologie avanzate di animazione AI per dotare gli avatar di espressioni facciali e movimenti corporei naturali, rendendo le interazioni più realistiche e coinvolgenti.

Personalizzazione Vocale: Sviluppare sintetizzatori vocali AI che possano imitare o creare voci uniche per i personaggi o rappresentanti del marchio, contribuendo a una maggiore identificazione da parte del pubblico.

Utilizzi nell'Engagement e nel Marketing
Narrativa Interattiva: Creare esperienze di storytelling interattivo dove gli avatar agiscono come narratori o personaggi con cui gli utenti possono interagire, esplorando storie in modi nuovi e immersivi.

Assistenza Virtuale: Utilizzare avatar personalizzati come assistenti virtuali per siti web e piattaforme social, offrendo informazioni sui prodotti, raccomandazioni di libri o rispondendo a domande frequenti con la personalità del marchio o del personaggio.

Promozioni e Annunci: Gli avatar possono essere protagonisti di campagne pubblicitarie, presentando nuovi prodotti, servizi o libri in modo accattivante e personale, aumentando l'engagement e la memorabilità dei messaggi.

Considerazioni per lo Sviluppo

Coerenza del Marchio/Personaggio: Assicurarsi che la personalizzazione dell'avatar sia coerente con l'immagine e i valori del marchio o con le caratteristiche dei personaggi del libro, rafforzando l'identità piuttosto che diluirla.

Diversità e Inclusività: Nella creazione di avatar, è essenziale considerare la diversità e l'inclusività, rappresentando equamente differenti gruppi demografici e culturali.

Privacy e Sicurezza: Quando si raccolgono dati dagli utenti per personalizzare interazioni con gli avatar, è cruciale adottare misure rigorose per proteggere la privacy e la sicurezza delle informazioni personali.

Feedback e Iterazione: Monitorare il feedback degli utenti e le prestazioni degli avatar per iterare e migliorare continuamente le esperienze offerte, assicurando che rimangano rilevanti e coinvolgenti.

La personalizzazione di avatar per marchi e personaggi di libri attraverso l'IA non solo arricchisce l'esperienza del pubblico ma apre anche la porta a nuove strategie creative di marketing e narrazione. Con la giusta attenzione alla qualità, coerenza e etica, gli avatar AI possono diventare un potente strumento per coinvolgere e affascinare il pubblico in modi mai visti prima.

11.3.3 Utilizzo degli Avatar nella promozione e nel marketing del libro

L'utilizzo di avatar nella promozione e nel marketing dei libri rappresenta un'innovativa strategia per coinvolgere il pubblico, aggiungendo un nuovo livello di interattività e personalizzazione alla comunicazione con i lettori. Gli avatar, soprattutto quelli generati con l'aiuto dell'intelligenza artificiale (IA), possono fungere da ambasciatori virtuali del libro, creando un collegamento diretto e personale con potenziali lettori. Ecco alcuni modi efficaci per sfruttare gli avatar nel marketing del libro:

1. Lanci e Annunci
Utilizza avatar che rappresentano i personaggi del libro per annunciare lanci, eventi speciali o promozioni. Questi avatar possono introdurre il libro in video o post sui social media, offrendo anteprime uniche della trama o invitando i lettori a partecipare a eventi di lancio.

2. Chatbot per il Servizio Clienti
Implementa chatbot basati su avatar sui siti web e piattaforme di social media per rispondere alle domande dei lettori, fornire raccomandazioni personalizzate o guidare gli utenti attraverso il processo d'acquisto. Questo può migliorare significativamente l'esperienza di servizio clienti, rendendola più interattiva e coinvolgente.

3. Contenuti Interattivi e Narrativi
Sviluppa contenuti interattivi dove gli avatar portano i lettori in un viaggio attraverso l'universo del libro, magari attraverso esperienze di realtà aumentata (AR) o virtuale (VR). Questo tipo di narrazione immersiva può suscitare maggiore interesse e coinvolgimento nei confronti del libro.

4. Sessioni Q&A e Interviste
Organizza sessioni di domande e risposte o interviste virtuali con gli avatar dei personaggi, permettendo ai lettori di esplorare più a fondo la storia e i suoi protagonisti. Questo può essere particolarmente efficace sui social media o durante eventi online, dove i partecipanti possono interagire direttamente con l'avatar.

5. Tutorial e Guide
Gli avatar possono essere utilizzati per creare video tutorial o guide che esplorano temi o contesti legati al libro, come la ricerca dietro la storia, il processo creativo dell'autore o le lezioni chiave da apprendere. Questi contenuti aggiuntivi possono arricchire

l'esperienza di lettura e stimolare ulteriore interesse.

6. Promozioni Personalizzate
Impiega avatar per offrire promozioni personalizzate ai lettori, basate sulle loro interazioni precedenti o interessi mostrati. Questo approccio diretto e personalizzato può aumentare le vendite e la fedeltà dei lettori.
Considerazioni per l'Implementazione
Autenticità: Gli avatar utilizzati nelle campagne di marketing dovrebbero rispecchiare accuratamente i personaggi o il tono del libro per mantenere l'autenticità e la coerenza del brand.
Tecnologia: Scegli una piattaforma o uno strumento di creazione di avatar che offra la flessibilità e le caratteristiche necessarie per raggiungere i tuoi obiettivi di marketing, tenendo conto della facilità di utilizzo e dell'accessibilità per il tuo pubblico target.
Privacy e Etica: Assicurati che l'uso di avatar e chatbot nel marketing rispetti le normative sulla privacy e considera le implicazioni etiche dell'utilizzo di personalità virtuali nella comunicazione con i lettori.
Incorporare avatar AI nelle strategie di promozione e marketing del libro può non solo aumentare l'engagement e l'interesse dei lettori ma anche aprire nuove possibilità creative per raccontare e condividere storie. Con la giusta esecuzione, gli avatar possono diventare un elemento distintivo e memorabile delle tue campagne di marketing editoriale.

11.3.4 HeyGen e l'interazione con i lettori: casi d'uso

Senza informazioni specifiche su "HeyGen", possiamo comunque esplorare come le tecnologie simili basate sull'intelligenza artificiale (IA) per la creazione di avatar possono essere utilizzate per migliorare l'interazione con i lettori, offrendo una serie di casi d'uso innovativi e coinvolgenti. Questi avatar possono fungere da ponte tra gli autori (o i loro lavori) e il pubblico, offrendo esperienze immersive e personalizzate che arricchiscono la narrazione e il coinvolgimento del lettore. Ecco alcuni esempi significativi:

1. Sessioni di Q&A Virtuali con Personaggi dei Libri
Immagina di poter dialogare con i tuoi personaggi preferiti. Gli avatar IA possono essere programmati per rispondere alle domande dei lettori come se fossero i personaggi stessi, offrendo insight sulle loro motivazioni, sui retroscena della storia o semplicemente interagendo in modo divertente e coinvolgente.

2. Tour Virtuali Guidati da Personaggi
Utilizza avatar IA per guidare i lettori in tour virtuali di mondi fantastici o ambientazioni storiche descritte nei libri. Questo approccio può aiutare i lettori a immergersi completamente nell'universo narrativo, esplorandone dettagli e segreti attraverso gli occhi di un personaggio.

3. Workshop Educativi e di Scrittura Creativa
Avatar IA possono fungere da tutor o facilitatori in workshop virtuali, offrendo consigli di scrittura, esercizi creativi o lezioni sulla costruzione del mondo e lo sviluppo dei personaggi. Questi workshop possono essere personalizzati in base ai bisogni e agli interessi dei partecipanti.

4. Libri Interattivi e Narrativa Espansa
Gli avatar possono essere integrati in e-book o app di lettura per offrire contenuti interattivi aggiuntivi, come commenti dei personaggi, diari segreti o minigiochi che espandono la trama. Questa interazione arricchisce l'esperienza di lettura, rendendola più dinamica e coinvolgente.

5. Promozioni e Annunci
Avatar rappresentanti autori o personaggi possono essere utilizzati in video promozionali o annunci sui social media per generare hype attorno a nuove uscite, eventi speciali o promozioni. Questa strategia può attirare l'attenzione in modi innovativi, sfruttando la familiarità e l'affetto dei lettori per i personaggi.

6. Supporto Post-Lettura e Club del Libro Virtuali

Dopo aver terminato un libro, i lettori possono avere domande o desiderare di discutere i temi trattati. Gli avatar IA possono moderare club del libro virtuali o fornire supporto post-lettura, aiutando a guidare discussioni approfondite e arricchire l'esperienza complessiva di lettura.

7. Feedback e Interazione Continua

Gli avatar possono raccogliere feedback e impressioni dei lettori in modo interattivo, facendo domande specifiche o indagando su aspetti particolari della narrazione o del personaggio. Questo non solo fornisce agli autori insight preziosi ma mantiene anche il lettore impegnato e connesso all'universo del libro.

Implementando queste tecnologie, gli autori e gli editori possono trasformare il modo in cui i lettori interagiscono con i libri e i loro contenuti, offrendo esperienze che vanno ben oltre la lettura passiva. Mentre l'adozione di avatar IA nel settore editoriale continua a crescere, è probabile che vedremo emergere ulteriori casi d'uso innovativi, ampliando ulteriormente i confini della narrazione e dell'engagement del lettore.

11.3.5 Integrazione di Avatar AI nei siti web e nelle piattaforme social

L'integrazione di avatar AI nei siti web e nelle piattaforme social rappresenta un passo avanti nel migliorare l'interazione con gli utenti e nel personalizzare l'esperienza online. Questi avatar, dotati di capacità di intelligenza artificiale, possono comunicare in modo naturale, rispondendo alle domande degli utenti, fornendo assistenza e guidandoli attraverso i contenuti in modo interattivo. Ecco come questa tecnologia può essere sfruttata efficacemente:

1. Assistenza Cliente 24/7
Gli avatar AI possono fornire assistenza continua sui siti web, rispondendo alle domande frequenti, aiutando con problemi tecnici o navigando gli utenti attraverso i servizi offerti. Questo tipo di assistenza immediata migliora significativamente l'esperienza dell'utente e può ridurre il carico di lavoro dei team di supporto umano.

2. Personalizzazione dell'Esperienza Utente
Attraverso l'apprendimento dalle interazioni precedenti, gli avatar AI possono personalizzare le conversazioni in base alle preferenze e al comportamento degli utenti. Questo livello di personalizzazione non solo aumenta l'engagement ma può anche guidare gli utenti verso contenuti, prodotti o servizi che potrebbero interessarli maggiormente.

3. Tutorial e Guida all'Onboarding
Per i nuovi utenti o per presentare nuove funzionalità, gli avatar AI possono fungere da guide, offrendo tutorial interattivi o sessioni di onboarding. Questo approccio rende l'apprendimento più coinvolgente e può aiutare a ridurre il tasso di abbandono dei servizi online.

4. Interazione su Piattaforme Social
Integrare avatar AI nelle piattaforme social può rivoluzionare il modo in cui i marchi interagiscono con il loro pubblico. Che si tratti di rispondere a commenti, postare aggiornamenti o partecipare a conversazioni, gli avatar possono offrire un livello di interazione dinamica e personalizzata, aumentando la visibilità e l'engagement del marchio.

5. Raccolta di Feedback e Analisi dei Dati
Utilizzando gli avatar AI per raccogliere feedback in modo interattivo, le aziende possono ottenere preziose informazioni sui bisogni e sulle preferenze degli utenti. L'analisi di questi dati può

poi informare decisioni strategiche e migliorare ulteriormente i servizi offerti.

Implementazione Tecnica
Scegliere la Piattaforma Giusta: Valuta le diverse piattaforme di creazione di avatar AI per trovare quella che meglio si adatta alle tue esigenze, tenendo conto della facilità di integrazione, della personalizzazione e del supporto tecnico offerto.
Progettare per l'Inclusività: Assicurati che gli avatar e le loro interazioni siano inclusivi e accessibili a un ampio spettro di utenti, considerando diversità, accessibilità e sensibilità culturali.
Testare e Ottimizzare: Prima del lancio completo, testa gli avatar con un gruppo ristretto di utenti per raccogliere feedback e ottimizzare le interazioni. Continua a monitorare le prestazioni e l'efficacia dell'avatar e adatta le strategie di conversazione in base ai dati raccolti.
L'integrazione di avatar AI nei siti web e nelle piattaforme social non solo migliora l'efficienza operativa ma apre anche nuove possibilità per coinvolgere e deliziare il pubblico in modi precedentemente inimmaginabili. Man mano che questa tecnologia continua a evolversi, è probabile che vedremo un'adozione sempre più ampia e innovativa di avatar AI attraverso vari settori e applicazioni.

11.3.6 Considerazioni sulla privacy e sulla sicurezza nell'uso di Avatar AI

Nell'utilizzare avatar AI, sia per scopi di intrattenimento che per applicazioni più serie come l'assistenza al cliente o l'educazione, è fondamentale considerare attentamente la privacy e la sicurezza. Queste tecnologie, pur offrendo opportunità uniche di interazione e personalizzazione, raccolgono e trattano grandi quantità di dati, alcuni dei quali possono essere sensibili o personali. Ecco alcune considerazioni chiave sulla privacy e sulla sicurezza nell'uso di avatar AI:

1. Trasparenza e Consenso
Informativa sull'Uso dei Dati: È importante informare gli utenti su come i loro dati vengono raccolti, trattati e utilizzati dagli avatar AI, fornendo dettagli chiari attraverso informative sulla privacy facilmente accessibili.
Consenso Esplicito: Assicurati di ottenere il consenso esplicito degli utenti per la raccolta e l'uso dei loro dati, soprattutto quando si tratta di informazioni personali o sensibili.

2. Minimizzazione dei Dati
Raccogli Solo i Dati Necessari: Limita la raccolta di dati ai soli scopi necessari per l'interazione con l'avatar AI, evitando la raccolta di informazioni superflue che potrebbero aumentare i rischi per la privacy.
Anonimizzazione e Pseudonimizzazione: Dove possibile, utilizza tecniche di anonimizzazione o pseudonimizzazione per proteggere l'identità degli utenti, riducendo il rischio che i dati possano essere ricollegati a individui specifici.

3. Sicurezza dei Dati
Protezioni Robuste: Implementa misure di sicurezza robuste per proteggere i dati raccolti dagli avatar AI, inclusa la crittografia dei dati in transito e a riposo, e l'uso di autenticazione forte per l'accesso ai dati.
Monitoraggio delle Minacce: Stabilisci processi regolari di monitoraggio delle minacce e di revisione della sicurezza per identificare e mitigare vulnerabilità potenziali nel sistema di avatar AI.

4. Responsabilità e Governance dei Dati
Politiche Chiare: Sviluppa politiche chiare sulla governance dei dati che definiscano chi ha accesso ai dati, come vengono utilizzati e conservati, e quali sono le procedure in caso di violazione dei dati.

Formazione e Consapevolezza: Assicurati che il team coinvolto nello sviluppo e nella gestione degli avatar AI sia adeguatamente formato sulle migliori pratiche di privacy e sicurezza dei dati.

5. Conformità Legale

Adesione alle Normative: Comprendi e aderisci a tutte le normative applicabili sulla privacy e protezione dei dati, come il GDPR nell'Unione Europea o il CCPA in California, che impongono requisiti specifici sulla gestione dei dati personali.

Valutazioni dell'Impatto sulla Privacy: Per progetti di grande entità o che trattano dati sensibili, considera la realizzazione di valutazioni dell'impatto sulla privacy per identificare e mitigare i rischi prima del lancio dell'avatar AI.

6. Etica e Impatto Sociale

Considerazioni Etiche: Rifletti sull'impatto etico dell'uso di avatar AI, specialmente in contesti in cui possono influenzare opinioni, comportamenti o decisioni, e impegna risorse per garantire che l'uso di queste tecnologie sia responsabile e positivo.

Gestire con attenzione la privacy e la sicurezza nell'uso di avatar AI non solo è essenziale per proteggere gli utenti e i loro dati, ma può anche rafforzare la fiducia e la credibilità del servizio o del marchio che utilizza queste tecnologie. Un approccio proattivo alla privacy e alla sicurezza beneficerà tutti gli stakeholder coinvolti.

11.3.7 Tendenze future negli Avatar AI e potenziali impatti sul self- publishing

Le tendenze future negli avatar AI preannunciano cambiamenti significativi e opportunità per il mondo del self-publishing. Queste tecnologie avanzano rapidamente, offrendo nuove modalità di interazione, narrazione e promozione che possono rivoluzionare il modo in cui gli autori indipendenti connettono con i loro lettori. Esaminiamo alcune di queste tendenze e i loro potenziali impatti sul self-publishing:

1. Avatar Ultra-realistici
Con il progresso delle tecnologie di grafica computerizzata e intelligenza artificiale, gli avatar stanno diventando sempre più realistici e capaci di espressioni facciali e movimenti complessi. Questo permetterà agli autori di creare rappresentazioni virtuali di se stessi o dei loro personaggi che possono interagire con i lettori in modi convincenti e immersivi, migliorando l'esperienza di lettura e promuovendo un coinvolgimento più profondo con le storie.

2. Interattività Avanzata e Personalizzata
Gli avatar AI diventeranno più sofisticati nell'interpretare e rispondere alle richieste degli utenti, grazie a miglioramenti nell'elaborazione del linguaggio naturale (NLP) e nell'apprendimento automatico. Questo potrebbe consentire sessioni di Q&A personalizzate, tour narrativi guidati e altre esperienze interattive che arricchiscono il contesto dei libri e forniscono ai lettori nuove vie per esplorare gli universi narrativi.

3. Self-Publishing Assistito da AI
Gli avatar AI potrebbero assistere gli autori indipendenti in vari aspetti del processo di self-publishing, dalla revisione e editing del testo alla formattazione e al design del libro. Questa assistenza AI potrebbe rendere il processo di pubblicazione più efficiente e accessibile, democratizzando ulteriormente il campo dell'editoria.

4. Marketing e Promozione Innovativi
Utilizzando avatar AI, gli autori potranno implementare strategie di marketing e promozione più innovative e personalizzate. Gli avatar potrebbero rappresentare gli autori in eventi virtuali, condurre campagne pubblicitarie sui social media, o persino interagire direttamente con i lettori attraverso piattaforme digitali, offrendo un livello di presenza e disponibilità precedentemente irraggiungibile.

5. Esperienze di Lettura Potenziate

Gli avatar AI potrebbero trasformare le esperienze di lettura, fungendo da compagni narrativi che offrono contesto aggiuntivo, spiegazioni o traduzioni in tempo reale. Questo potrebbe aprire nuove possibilità per la lettura inclusiva e multilingue, consentendo ai libri di raggiungere un pubblico globale più ampio.

6. Impatto sul Diritto d'Autore e sulla Proprietà Intellettuale

L'uso di avatar AI per creare o promuovere contenuti solleverà nuove questioni legali riguardanti il diritto d'autore e la proprietà intellettuale. Sarà fondamentale per gli autori e gli sviluppatori navigare in questo paesaggio normativo in evoluzione per proteggere i loro lavori e assicurare pratiche etiche.

7. Etica e Responsabilità

Man mano che gli avatar AI diventano più presenti nell'editoria, emergeranno importanti questioni etiche riguardo alla trasparenza, all'autenticità e all'impatto sociale di queste tecnologie. Gli autori e gli editori dovranno considerare attentamente come gli avatar AI influenzano la percezione del lettore e la fiducia nel contenuto.

In sintesi, mentre le tecnologie di avatar AI offrono eccitanti opportunità per il self-publishing, portano anche sfide e responsabilità. Navigare con successo in questo futuro richiederà un equilibrio tra innovazione tecnologica, integrità creativa e considerazione etica, assicurando che gli sviluppi nell'IA arricchiscano l'esperienza letteraria per autori e lettori.

11.4 Chat GPT e la Rivoluzione nella Scrittura Assistita dall'IA

ChatGPT, un modello di linguaggio avanzato sviluppato da OpenAI, ha segnato una svolta significativa nel campo della scrittura assistita dall'intelligenza artificiale (IA). Offrendo capacità di generazione del testo sorprendentemente fluide e contestualmente pertinenti, ChatGPT ha ampliato enormemente le possibilità per scrittori, ricercatori, educatori e professionisti in vari settori. Ecco come questa tecnologia sta rivoluzionando la scrittura assistita dall'IA:

1. Generazione di Contenuti
Creatività Amplificata: ChatGPT può generare idee creative, sviluppare bozze di articoli, storie, script e molto altro, fungendo da partner collaborativo che stimola la creatività degli utenti.
Risparmio di Tempo: La capacità di produrre rapidamente testi su richiesta permette agli utenti di risparmiare tempo prezioso, che può essere dedicato alla raffinazione e alla revisione del lavoro.

2. Assistenza nella Scrittura
Superamento del Blocco dello Scrittore: ChatGPT può aiutare a superare il blocco dello scrittore offrendo spunti, proseguimenti di narrazioni o persino alternative stilistiche.
Correzione e Revisione: Fornisce supporto nell'editing, suggerendo correzioni grammaticali, miglioramenti stilistici e arricchimenti vocabolari.

3. Supporto alla Ricerca
Sintesi di Informazioni: ChatGPT può raccogliere e sintetizzare informazioni da vasti corpus di testo, facilitando la ricerca su argomenti specifici e la preparazione di materiali di studio o articoli.
Generazione di Bibliografie: Assistere nella creazione di bibliografie formattate secondo standard accademici, semplificando una delle fasi più tediose della scrittura accademica e di ricerca.

4. Educazione e Apprendimento
Tutoraggio Personalizzato: Funziona come un tutor virtuale per studenti, offrendo spiegazioni personalizzate, aiuto nei compiti e pratica linguistica in vari ambiti di studio.
Materiale Didattico: Gli educatori possono utilizzare ChatGPT per creare materiali didattici innovativi, test e giochi educativi che stimolano l'apprendimento e l'interesse degli studenti.

5. Dialoghi Interattivi e Servizi Clienti
Chatbot Avanzati: Impiegato per alimentare chatbot per il servizio clienti, ChatGPT può gestire richieste complesse, offrendo risposte accurate e contestualmente appropriate che migliorano l'esperienza utente.
Supporto Multi-lingua: Con la sua capacità di comprendere e generare testi in diverse lingue, ChatGPT può servire un pubblico globale, abbattendo le barriere linguistiche.
Sfide ed Etica
Bias e Accuratezza: Nonostante le sue avanzate capacità, ChatGPT può ancora riflettere bias presenti nei dati su cui è stato addestrato e occasionalmente generare informazioni inaccurate o fuorvianti.
Questioni di Proprietà Intellettuale: L'uso di contenuti generati dall'IA solleva questioni sulla proprietà intellettuale e sul diritto d'autore, che necessitano di essere affrontate con attenzione.
Interazione Umana: Mentre ChatGPT può imitare l'interazione umana, è essenziale mantenere una distinzione chiara tra i testi generati dall'IA e quelli prodotti da umani, soprattutto in contesti sensibili come l'educazione e la consulenza.
ChatGPT rappresenta solo l'inizio della rivoluzione nella scrittura assistita dall'IA. Man mano che questa tecnologia continua a evolversi, è probabile che vedremo ulteriori miglioramenti nelle sue capacità e applicazioni, offrendo strumenti ancora più potenti e versatili per migliorare il processo creativo e comunicativo.

11.4.1 Panoramica di Chat GPT e applicazioni per scrittori

ChatGPT, sviluppato da OpenAI, è un modello di intelligenza artificiale basato sulla famiglia dei modelli GPT (Generative Pre-trained Transformer) che ha rivoluzionato il campo della generazione di testo automatico. Grazie alla sua capacità di comprendere e generare testo in un modo che imita sorprendentemente la scrittura umana, ChatGPT offre applicazioni vastissime per scrittori di tutti i generi, dai romanzi ai contenuti web, dagli articoli accademici alle sceneggiature.

Panoramica di ChatGPT
ChatGPT è addestrato su un vasto corpus di testo che gli permette di rispondere a prompt in modo coerente e contestualmente rilevante. Può generare testo seguendo specifici stili o toni, rendendolo uno strumento estremamente versatile. La sua capacità di elaborare il linguaggio naturale lo rende ideale per una vasta gamma di applicazioni di scrittura, offrendo aiuto da semplici suggerimenti testuali a creazioni complesse.

Applicazioni per Scrittori
Brainstorming e Generazione di Idee: ChatGPT può essere utilizzato per generare idee per storie, sviluppare trame o esplorare nuove direzioni narrative, fornendo agli scrittori una fonte inesauribile di ispirazione.

Scrittura e Editing Assistiti: Può aiutare nella scrittura di bozze, offrendo suggerimenti per migliorare la struttura delle frasi, la scelta delle parole e la coerenza del testo. Inoltre, può assistere nell'editing, suggerendo correzioni grammaticali e stilistiche.

Superamento del Blocco dello Scrittore: ChatGPT può offrire stimoli creativi per superare il blocco dello scrittore, suggerendo apertura di capitoli, dialoghi o descrizioni.

Creazione di Contenuti per Blog e Social Media: Gli scrittori possono utilizzare ChatGPT per generare rapidamente articoli di blog, post per social media e altri contenuti digitali, risparmiando tempo e sforzi.

Sviluppo di Personaggi: ChatGPT può essere impiegato per creare biografie dettagliate dei personaggi, aiutando gli scrittori a sviluppare personaggi più profondi e tridimensionali.

Ricerca e Sintesi: Può accelerare il processo di ricerca sintetizzando informazioni da vari articoli o documenti, fornendo così agli scrittori una base solida su cui costruire le loro opere.

Traduzione e Adattamento Linguistico: Grazie alla sua capacità di comprendere e generare testo in diverse linghe, ChatGPT può assistere nella traduzione di opere o nell'adattamento di contenuti per diversi pubblici linguistici.

Considerazioni Etiche e Pratiche
Originalità e Proprietà Intellettuale: È fondamentale che gli scrittori considerino le questioni di originalità e diritti d'autore quando utilizzano testi generati da ChatGPT nelle loro opere pubblicate.
Affidabilità e Accuratezza: Benché ChatGPT sia in grado di fornire informazioni e testi coerenti, è importante verificare l'accuratezza di fatti e dettagli generati dall'IA.
Uso Responsabile: L'impiego di ChatGPT dovrebbe essere accompagnato da una riflessione sull'etica e sulla responsabilità, assicurandosi che il suo utilizzo sostenga e arricchisca il processo creativo senza sostituirsi all'autenticità della voce dello scrittore.
ChatGPT rappresenta una risorsa preziosa per gli scrittori, offrendo supporto e assistenza in molteplici fasi del processo creativo. Tuttavia, il suo uso migliore avviene come complemento alla creatività e all'intelletto umano, potenziando le capacità degli scrittori piuttosto che sostituirle.

11.4.2 Generare idee e contenuti con Chat GPT

Generare idee e contenuti con ChatGPT può rivoluzionare il processo creativo, offrendo agli scrittori, ai content creator e ai professionisti del marketing una fonte inesauribile di ispirazione e assistenza. Grazie alla sua avanzata comprensione del linguaggio naturale e alla capacità di produrre testo coerente in vari stili, ChatGPT si rivela uno strumento versatile per superare blocchi creativi, arricchire i contenuti e esplorare nuovi orizzonti narrativi. Ecco come sfruttare al meglio ChatGPT per generare idee e contenuti:

Brainstorming e Sviluppo di Idee
Prompt Creativi: Inizia con prompt semplici o specifici per stimolare la generazione di idee. Ad esempio, chiedi a ChatGPT di elencare possibili sviluppi per un intreccio basato su un breve riassunto o di generare titoli accattivanti per un argomento di tuo interesse.
Esplorazione di Generi e Temi: Utilizza ChatGPT per esplorare come un'idea di base si potrebbe sviluppare in diversi generi letterari o contesti tematici, offrendo una visione ampia delle potenziali direzioni narrative.
Scrittura e Composizione
Bozze Iniziali: Chiedi a ChatGPT di comporre bozze iniziali o paragrafi introduttivi basati su un'idea o un tema definito, che poi puoi raffinare e personalizzare.
Dialoghi e Caratterizzazione: Genera esempi di dialoghi tra personaggi o descrizioni dettagliate per aiutarti a definire meglio le personalità e le relazioni all'interno della tua storia.
Contenuti per Blog e Social Media
Post e Articoli: Per i blogger e i content creator, ChatGPT può generare articoli su argomenti specifici, suggerimenti per post sui social media, e idee per campagne di contenuto che risuonino con il tuo pubblico target.
Headline e Copywriting: Ottieni suggerimenti per titoli accattivanti e copie persuasive che catturino l'attenzione e stimolino l'azione, ideali per articoli, annunci pubblicitari e post sui social media.
Supporto alla Ricerca e Sintesi
Riassunti e Sintesi: Presenta a ChatGPT articoli o documenti di ricerca per ricevere riassunti concisi, che possono servire come base per la creazione di contenuti informativi e ben documentati.
Fonti e Citazioni: Chiedi suggerimenti per fonti affidabili su specifici argomenti o per aiuto nella generazione di citazioni e riferimenti bibliografici formattati correttamente.
Revisione e Miglioramento
Feedback su Scritti: Usa ChatGPT per ottenere un'analisi preliminare della coerenza, della chiarezza e dell'impatto del tuo

testo, insieme a suggerimenti per miglioramenti.
Variazioni di Stile: Sperimenta con differenti toni e stili di scrittura per lo stesso contenuto, trovando la voce più adatta al tuo messaggio o al tuo pubblico.

Considerazioni per l'Uso Efficace

Verifica e Adattamento: Sebbene ChatGPT possa generare contenuti impressionanti, è cruciale verificare l'accuratezza delle informazioni prodotte e personalizzare i testi per riflettere la tua unica voce e visione.
Interazione Iterativa: Sperimenta con vari prompt e regolazioni fino a ottenere i risultati desiderati, approfittando della capacità di ChatGPT di adattarsi e rispondere a feedback dettagliati.

Utilizzando ChatGPT come uno strumento nel tuo arsenale creativo, puoi superare limiti tradizionali nella generazione di idee e contenuti, ampliando le tue capacità creative e produttive.

11.4.3 Personalizzazione delle risposte di Chat GPT per adattarle al tuo stile

Personalizzare le risposte di ChatGPT per adattarle al tuo stile di scrittura è essenziale per creare contenuti che risuonino autenticamente con la tua voce o il tono del tuo marchio. Questo processo richiede un approccio strategico e iterativo, sfruttando la flessibilità di ChatGPT per produrre testo che si allinei ai tuoi obiettivi e alle tue preferenze stilistiche. Ecco come puoi procedere:

1. Definizione dello Stile e del Tono
Identifica Caratteristiche Specifiche: Prima di interagire con ChatGPT, definisci chiaramente le caratteristiche del tuo stile di scrittura, come il livello di formalità, l'uso di gergo o terminologia specifica, e la struttura preferita del testo.
Esempi Guida: Prepara alcuni esempi di testi che rappresentano bene il tuo stile e tono desiderati. Questi possono servire come riferimento sia per te che per ChatGPT.

2. Uso di Prompt Dettagliati
Fornisci Contesto: Quando interagisci con ChatGPT, incorpora dettagli sullo stile e sul tono nel tuo prompt. Ad esempio, se desideri un testo informale e umoristico, specifica queste preferenze nel tuo prompt.
Guida attraverso Esempi: Mostrare esempi del tuo stile può aiutare ChatGPT a comprendere meglio cosa stai cercando. Considera l'idea di inserire brevi estratti del tuo lavoro come parte del prompt.

3. Iterazione e Feedback
Regolazione dei Prompt: Sperimenta con vari prompt e aggiustamenti fino a ottenere risposte che si avvicinano al tuo stile. Può essere necessario un processo di tentativi ed errori per affinare le capacità di ChatGPT di rispecchiare il tuo stile.
Feedback Specifico: Utilizza il feedback per guidare ChatGPT verso il miglioramento delle risposte. Ad esempio, se una risposta non cattura pienamente il tono desiderato, spiega perché e cosa potrebbe essere migliorato.

4. Finetuning delle Risposte
Modifica Manuale: Una volta ricevuto il testo da ChatGPT, non esitare a modificarlo ulteriormente per affinare il tono e lo stile. Questo passaggio può essere cruciale per assicurare che il contenuto finale sia perfettamente allineato con le tue aspettative.
Analisi e Apprendimento: Valuta le risposte di ChatGPT per identificare modelli o aree che richiedono frequentemente

modifiche. Usa queste osservazioni per ottimizzare i prompt futuri.

5. Personalizzazione Avanzata
Utilizzo di Modelli Custom: Per applicazioni più avanzate, considera la possibilità di addestrare modelli personalizzati su esempi specifici del tuo stile di scrittura, sebbene ciò possa richiedere risorse e competenze tecniche maggiori.

6. Considerazioni Etiche e Creative
Mantieni l'Autenticità: Assicurati che l'uso di ChatGPT e la personalizzazione dei testi rimangano fedeli alla tua voce autentica e ai valori del tuo marchio.
Equilibrio tra AI e Creatività Umana: Vedi ChatGPT come uno strumento per amplificare e assistere la tua creatività, non come un sostituto. La componente umana nella scrittura e nella revisione è fondamentale per mantenere l'unicità e la profondità del contenuto.
Personalizzare le risposte di ChatGPT per adattarle al tuo stile richiede un approccio proattivo e riflessivo. Con la pratica e l'attenzione ai dettagli, puoi sfruttare efficacemente questa potente tecnologia per arricchire e diversificare la tua produzione di contenuti, mantenendo al contempo un forte senso di autenticità e coerenza stilistica.

11.4.4 Chat GPT come strumento di revisione e feedback

Utilizzare ChatGPT come strumento di revisione e feedback offre agli scrittori un modo innovativo per rifinire i loro lavori prima della pubblicazione. Grazie alla sua avanzata comprensione del linguaggio e alla capacità di generare testo coesivo e contestualmente appropriato, ChatGPT può fornire suggerimenti utili per migliorare la qualità della scrittura in termini di coerenza, chiarezza, stile e grammatica. Ecco come sfruttare al meglio ChatGPT in questo ruolo:

1. Verifica di Coerenza e Flusso
Coerenza Narrativa: Puoi chiedere a ChatGPT di valutare se la trama del tuo racconto o articolo rimane coerente e logica attraverso i diversi capitoli o sezioni.
Flusso del Testo: Utilizza ChatGPT per identificare passaggi dove il flusso del testo potrebbe essere migliorato, suggerendo transizioni più fluide o modi per mantenere l'attenzione del lettore.

2. Suggerimenti di Stile e Voce
Adattamento del Tono: Se hai un tono o stile specifico in mente, ChatGPT può aiutare a identificare sezioni del testo che si discostano da questo e proporre modifiche per allinearle meglio al resto del documento.
Arricchimento del Linguaggio: Chiedi a ChatGPT suggerimenti per variare il vocabolario, evitare ripetizioni e rendere il linguaggio più vivace o appropriato al contesto.

3. Correzione Grammaticale e Ortografica
Anche se strumenti dedicati alla correzione grammaticale sono spesso più accurati per questo scopo specifico, ChatGPT può offrire una revisione preliminare, identificando errori grammaticali comuni o typos evidenti nel testo.

4. Feedback sulla Leggibilità e Accessibilità
Leggibilità: Chiedi a ChatGPT di valutare la leggibilità del testo, fornendo feedback su come potrebbe essere reso più accessibile a un pubblico più ampio.
Suggerimenti per l'Accessibilità: Utilizza ChatGPT per ottenere consigli su come rendere il tuo contenuto più inclusivo, per esempio attraverso l'uso di un linguaggio chiaro o la spiegazione di termini tecnici.

5. Analisi e Feedback Tematici
Verifica Tematica: Se stai lavorando su un pezzo con specifici temi o messaggi, ChatGPT può aiutarti a valutare se questi sono

espressi chiaramente e coerentemente in tutto il testo.
Sviluppo del Personaggio: Per la narrativa, ChatGPT può offrire insight su come i personaggi sono sviluppati e se le loro azioni e motivazioni sono credibili e ben integrate nella storia.
Utilizzo Efficace di ChatGPT per la Revisione.
Sii Specifico nei Prompt: Quando chiedi feedback o suggerimenti, fornire a ChatGPT contesto e dettagli specifici può aiutare a ottenere risposte più mirate e utili.
Combinazione con Altri Strumenti: Per una revisione completa, considera di combinare l'uso di ChatGPT con altri strumenti di editing e software di correzione grammaticale, sfruttando i punti di forza di ciascuno.
Valutazione Critica: Ricorda di valutare criticamente i feedback ricevuti da ChatGPT. Non tutti i suggerimenti potrebbero essere adatti al tuo lavoro o alla tua voce unica come scrittore.
ChatGPT rappresenta una risorsa preziosa nel toolkit di uno scrittore, offrendo una nuova dimensione di supporto nella revisione dei testi. Tuttavia, il suo utilizzo più efficace si verifica in sinergia con il giudizio umano e altre risorse editoriali, garantendo che il lavoro finale sia della massima qualità e autenticamente rappresentativo della visione dell'autore.

11.4.5 Integrare Chat GPT nel processo creativo

Integrare ChatGPT nel processo creativo può aprire nuove strade per la generazione di idee, la scrittura, la revisione e oltre. Questo strumento di intelligenza artificiale offre una vasta gamma di possibilità per potenziare la creatività e l'efficienza, indipendentemente dal campo di applicazione. Ecco alcuni modi efficaci per sfruttare ChatGPT durante le diverse fasi del processo creativo:

1. Generazione e Sviluppo di Idee
Brainstorming: Usa ChatGPT per brainstorming veloce o per espandere un'idea iniziale in diverse direzioni. Può suggerire scenari, soluzioni a problemi creativi o persino nuovi argomenti su cui scrivere.
Creazione di Personaggi: Nella scrittura narrativa, ChatGPT può aiutarti a creare biografie dettagliate dei personaggi, comprese le loro motivazioni, storie di background, e dinamiche relazionali.

2. Assistenza nella Scrittura
Bozze Iniziali: Utilizza ChatGPT per scrivere bozze iniziali di articoli, post per blog, sceneggiature, o capitoli di un libro. Queste bozze possono servire come punto di partenza da cui sviluppare ulteriormente il tuo lavoro.
Superamento del Blocco dello Scrittore: ChatGPT può offrirti nuovi spunti o aiutarti a esplorare direzioni alternative quando ti senti bloccato, fornendo quel necessario impulso per riprendere il lavoro.

3. Ricerca e Sintesi
Raccolta di Informazioni: Sfrutta ChatGPT per raccogliere rapidamente informazioni su un argomento specifico o per avere una panoramica su una questione complessa, risparmiando tempo nella fase di ricerca.
Sintesi di Materiali di Ricerca: Chiedi a ChatGPT di sintetizzare grandi quantità di materiale di ricerca in riassunti gestibili, facilitando la comprensione e l'integrazione delle informazioni rilevanti nel tuo lavoro.

4. Feedback e Revisione
Revisione del Contenuto: Ottieni feedback preliminare sulla coerenza, sulla chiarezza e sul flusso del tuo lavoro, identificando aree per miglioramenti o modifiche.
Suggerimenti per la Rifinitura: Chiedi a ChatGPT suggerimenti specifici su come migliorare il tuo testo, che si tratti di arricchire il vocabolario, variare la struttura delle frasi, o rafforzare le

argomentazioni.

5. Apprendimento e Sviluppo delle Competenze
Tutorial e Guide: Usa ChatGPT per accedere a tutorial, guide pratiche, o lezioni su argomenti specifici che desideri approfondire, personalizzando l'apprendimento in base alle tue esigenze.
Implementazione Pratica
Interazione Iterativa: Approccia ChatGPT con una mentalità aperta all'esplorazione, sperimentando con diversi tipi di prompt e adattando le tue richieste in base ai risultati ottenuti.
Combinazione con Altri Strumenti e Metodi: Considera ChatGPT come un componente del tuo ecosistema creativo più ampio, da utilizzare insieme ad altri strumenti digitali, tecniche di brainstorming tradizionali, e metodi di ricerca.
Considerazioni Etiche e Creative
Originalità e Autenticità: Mentre ChatGPT può generare contenuto impressionante, è fondamentale infondere il tuo lavoro con una voce unica e una prospettiva originale, assicurando che il prodotto finale rifletta la tua identità creativa.

Integrare ChatGPT nel processo creativo non solo può amplificare le tue capacità produttive, ma può anche aprire porte a nuove forme di espressione e scoperta. Sfruttando questa tecnologia con consapevolezza ed etica, potrai esplorare nuovi orizzonti creativi e portare le tue idee a nuovi livelli di realizzazione.

11.4.6 Sfide e limiti nell'uso di Chat GPT nella scrittura

L'uso di ChatGPT nella scrittura, sebbene offra numerosi vantaggi, presenta anche sfide e limiti che gli utenti dovrebbero considerare. Questi ostacoli non solo riflettono le attuali limitazioni tecnologiche, ma sollevano anche questioni etiche e pratiche riguardanti la creazione di contenuti. Ecco una panoramica di alcune delle principali sfide e limiti nell'uso di ChatGPT per la scrittura:

1. Comprensione Contestuale Limitata
Contesto Profondo: Mentre ChatGPT può gestire e mantenere il contesto su brevi tratti di testo, potrebbe non comprendere appieno il contesto più ampio o le sottigliezze di una narrazione complessa, risultando in risposte che possono sembrare fuori luogo o inappropriate.
Presupposti Errati: A volte, ChatGPT può fare presupposti errati durante la generazione di testo, portando a incoerenze o errori logici nei contenuti prodotti.

2. Limitazioni nella Generazione di Contenuti Originali e Creativi
Originalità: Anche se ChatGPT può generare testo che sembra originale, si basa su pattern appresi da un vasto dataset di testi preesistenti. Ciò può limitare la sua capacità di produrre idee veramente innovative o uniche.
Voce Autentica: Per gli scrittori, mantenere una "voce" autentica e personale è fondamentale. ChatGPT può imitare stili di scrittura, ma potrebbe non catturare pienamente l'essenza unica della voce di un autore.

3. Affidabilità e Accuratezza
Informazioni Errate o Datate: ChatGPT può occasionalmente generare informazioni inesatte, fuorvianti o datate, poiché la sua conoscenza è limitata ai dati su cui è stato addestrato e non ha la capacità di accedere o verificare informazioni in tempo reale.
Bias e Sensibilità: Il testo generato può riflettere o amplificare bias presenti nei dati di addestramento, richiedendo cautela specialmente quando si trattano temi sensibili o si mira a un'ampia diversità di pubblico.

4. Questioni Etiche e di Proprietà Intellettuale
Diritti d'Autore: Determinare la proprietà intellettuale del contenuto generato da AI e la sua eleggibilità per il copyright può essere complicato, sollevando questioni legali e etiche.
Uso Etico: L'uso responsabile di ChatGPT nella scrittura richiede di considerare l'impatto del contenuto generato sull'audience e di evitare la diffusione di informazioni false o ingannevoli.

5. Dipendenza dalla Tecnologia

Sovrareliance: C'è il rischio di diventare eccessivamente dipendenti da strumenti di AI per la generazione di contenuto, potenzialmente limitando lo sviluppo delle proprie capacità di scrittura e pensiero critico.

Strategie di Mitigazione

Per affrontare queste sfide:

Revisione e Verifica: È essenziale sottoporre il contenuto generato da ChatGPT a un'attenta revisione e verificazione, sia per correggere eventuali inesattezze sia per assicurare che rifletta accuratamente la voce e le intenzioni dell'autore.

Uso Complementare: Considera ChatGPT come uno strumento complementare nel processo creativo, che può offrire supporto ma non sostituire completamente l'ingegno e la sensibilità umana.

Formazione Continua: Continua a sviluppare le tue competenze di scrittura e critica, utilizzando ChatGPT come mezzo per esplorare nuove idee e approcci, ma non come sostituto dell'apprendimento e della pratica personale.

Incorporando ChatGPT nel processo di scrittura con consapevolezza delle sue limitazioni e sfide, gli scrittori possono sfruttarlo al meglio come un potente alleato creativo, mantenendo al contempo l'integrità e la qualità del loro lavoro.

11.4.7 Il futuro di Chat GPT nella scrittura e nel self-publishing

Il futuro di ChatGPT nella scrittura e nel self-publishing si prospetta entusiasmante, con potenziali impatti trasformativi su come vengono creati, distribuiti e consumati i contenuti. Man mano che la tecnologia si evolve, si prevede che diventerà uno strumento ancora più potente e versatile per gli autori indipendenti, offrendo nuove opportunità di esplorare la creatività, migliorare l'efficienza e raggiungere il pubblico. Ecco alcuni sviluppi futuri probabili e i loro impatti sul mondo della scrittura e del self-publishing:

1. Maggiore Personalizzazione e Precisione
Le future iterazioni di ChatGPT saranno probabilmente in grado di offrire una personalizzazione ancora maggiore e una precisione nella generazione di testi, adattandosi meglio ai diversi stili di scrittura e ai requisiti specifici dei progetti. Ciò consentirà agli autori di mantenere una voce unica e distintiva anche quando utilizzano l'IA per assistere nella creazione di contenuti.

2. Collaborazione Creativa Potenziata
ChatGPT potrebbe diventare un partner creativo ancora più collaborativo, suggerendo non solo miglioramenti al testo esistente ma anche idee innovative per trame, personaggi e sviluppi narrativi, fungendo da una sorta di "musa digitale" per gli scrittori.

3. Automazione del Workflow di Self-Publishing
Con l'avanzamento dell'IA, si prevede che ChatGPT e tecnologie simili possano gestire aspetti del workflow di self-publishing precedentemente onerosi, come la formattazione dei manoscritti, la generazione di copertine basate su specifiche descrizioni, e la creazione di materiali di marketing personalizzati.

4. Ottimizzazione per la Scoperta di Contenuti
L'integrazione di ChatGPT con algoritmi di scoperta di contenuti potrebbe aiutare gli autori self-published a posizionare i loro lavori in modo più efficace nelle piattaforme di pubblicazione, migliorando la visibilità e raggiungendo un pubblico più ampio attraverso raccomandazioni personalizzate.

5. Interazione e Coinvolgimento dei Lettori
Le future applicazioni di ChatGPT potrebbero includere la creazione di esperienze di lettura interattive, dove i lettori possono dialogare con i personaggi dei libri o influenzare il corso della narrazione, offrendo un nuovo livello di coinvolgimento e rendendo ogni esperienza di lettura unica.

6. Etica e Regolamentazione
Man mano che ChatGPT e strumenti simili diventano più diffusi, emergeranno questioni etiche e legali più complesse relative alla proprietà intellettuale, ai diritti d'autore e all'uso responsabile dell'IA nella creazione di contenuti. Sarà cruciale per autori, editori e legislatori navigare queste sfide per garantire un ecosistema equo e sostenibile.

7. Educazione e Formazione
La disponibilità di strumenti come ChatGPT nel self-publishing richiederà un'enfasi rinnovata sull'educazione e la formazione degli autori, non solo sulle tecniche di scrittura ma anche sull'uso efficace e etico della tecnologia AI nel processo creativo.

In conclusione, il futuro di ChatGPT nella scrittura e nel self-publishing appare ricco di potenzialità per trasformare radicalmente il modo in cui i contenuti sono creati, distribuiti e sperimentati. Adattandosi a queste tecnologie emergenti, gli autori indipendenti possono sbloccare nuovi livelli di creatività e successo nel panorama editoriale in rapida evoluzione.

11.5 Mindset per il Successo nell'Era dell'Intelligenza Artificiale

Nell'era dell'intelligenza artificiale (IA), avere il giusto mindset è cruciale per navigare con successo le sfide e cogliere le opportunità che questa tecnologia porta. L'IA sta trasformando radicalmente industrie e professioni, inclusi settori creativi e editoriali. Per prosperare in questo panorama in evoluzione, individui e organizzazioni devono adottare un approccio aperto, flessibile e proattivo al cambiamento. Ecco alcuni elementi chiave del mindset per il successo nell'era dell'IA:

1. Mentalità di Apprendimento Continuo
Adattabilità: Con l'IA che evolve rapidamente, mantenere una mentalità di apprendimento continuo è fondamentale. Essere pronti ad acquisire nuove competenze e adattarsi alle nuove tecnologie è essenziale per rimanere rilevanti.
Formazione sull'IA: Comprendere i principi di base dell'IA e come viene applicata nel tuo campo può aiutarti a sfruttarne meglio i vantaggi e mitigarne i rischi.

2. Approccio Collaborativo tra Uomo e Macchina
Complementarietà: Vedi l'IA come uno strumento che può amplificare le capacità umane, non come un sostituto. Rifletti su come l'IA possa migliorare il tuo lavoro, aumentando l'efficienza o sbloccando nuove possibilità creative.
Sfruttare l'IA per la Creatività: Utilizza l'IA per esplorare nuove idee, accelerare il processo creativo e sperimentare con approcci che non sarebbero altrimenti possibili.

3. Apertura all'Innovazione
Sperimentazione: Sii aperto a sperimentare con nuovi strumenti e tecnologie IA. L'approccio sperimentale può portare a scoperte inaspettate e vantaggi competitivi.
Iterazione: Accetta che non ogni tentativo avrà successo. Vedi ogni fallimento come un'opportunità per apprendere e migliorare.

4. Mindset Etico e Responsabile
Considerazioni Etiche: Sii consapevole delle implicazioni etiche dell'utilizzo dell'IA, specialmente in termini di privacy, bias e impatto sociale. Strive to use AI in ways that are ethical and promote the greater good.
Responsabilità: Assicurati che l'uso dell'IA sia trasparente e responsabile. Comprendi come i dati vengono utilizzati e quali misure sono in atto per proteggere la privacy degli utenti.

5. Resilienza e Flessibilità

Navigare l'Incertezza: L'era dell'IA porta con sé incertezze e cambiamenti rapidi. Sviluppare resilienza ti aiuterà a navigare queste sfide, mantenendo una visione positiva anche di fronte alle difficoltà.

Flessibilità Strategica: Essere pronti a rivedere strategie e obiettivi in base all'evoluzione del panorama tecnologico e alle opportunità emergenti.

6. Focus sull'Umanità

Valori Umani: Mentre integri l'IA nel tuo lavoro, mantieni al centro i valori umani. Considera come la tua attività può contribuire al benessere collettivo, promuovere connessioni umane significative e arricchire la società.

Adottando questi principi, individui e organizzazioni possono posizionarsi per il successo nell'era dell'IA, sfruttando le sue potenzialità per catalizzare l'innovazione, migliorare l'efficienza e scoprire nuove avenire creative. La chiave sta nel bilanciare l'adozione tecnologica con un impegno profondo per l'apprendimento, l'etica e l'umanità.

11.5.1 Sviluppare un mindset di crescita con l'IA

Sviluppare un mindset di crescita nell'era dell'intelligenza artificiale (IA) è fondamentale per sfruttare al massimo le opportunità offerte da questa tecnologia rivoluzionaria. Un mindset di crescita, come definito da Carol Dweck, si basa sulla convinzione che le abilità e l'intelligenza possano essere sviluppate attraverso l'impegno, la strategia e l'input da parte degli altri. Questo approccio è particolarmente rilevante quando si tratta di IA, poiché l'innovazione e l'apprendimento continuo sono essenziali per rimanere al passo con i rapidi cambiamenti tecnologici. Ecco alcuni modi per coltivare un mindset di crescita con l'IA:

Abbracciare l'Apprendimento Continuo
Educazione Flessibile: Impegnati in percorsi educativi continui, sfruttando risorse online, workshop e corsi per rimanere aggiornato sulle ultime tendenze e tecnologie IA.
Apprendimento Pratico: Coinvolgiti in progetti pratici che utilizzano l'IA, permettendoti di applicare ciò che hai imparato in contesti reali e di affinare le tue competenze attraverso l'esperienza.
Vedere le Sfide Come Opportunità
Affrontare l'Incertezza: Accetta che lavorare con l'IA comporti sfide e incertezze. Vedi questi ostacoli come opportunità per crescere e apprendere, piuttosto che come barriere insormontabili.
Risolvere Problemi Complessi: Usa l'IA come uno strumento per affrontare e risolvere problemi complessi, sviluppando la tua capacità di pensiero critico e innovazione.
Coltivare la Resilienza
Feedback Costruttivo: Cerca e accogli feedback costruttivo sul tuo lavoro con l'IA, sia da sistemi intelligenti che da colleghi umani, per guidare il tuo apprendimento e miglioramento.
Resistenza al Fallimento: Sviluppa una tolleranza al fallimento, considerandolo un passo necessario nel processo di apprendimento. Ogni errore fornisce insight preziosi che possono essere utilizzati per affinare ulteriormente le tue strategie.
Collaborazione e Condivisione della Conoscenza
Lavoro di Squadra: Collabora con altri professionisti che lavorano con l'IA, condividendo conoscenze, strategie e soluzioni a problemi comuni. L'apprendimento collaborativo può accelerare il tuo sviluppo personale e professionale.
Mentorship: Considera sia il fare da mentore che il ricevere mentorship riguardo l'IA. Insegnare agli altri può consolidare la tua comprensione, mentre imparare da esperti può offrire nuove prospettive.

Sperimentazione e Innovazione

Esplorazione Creativa: Non aver paura di sperimentare con nuove idee e applicazioni IA. L'approccio sperimentale può portare a scoperte innovative e soluzioni creative ai problemi.
Adattabilità: Rimani flessibile e aperto a cambiare approccio quando necessario. L'ambiente IA è in rapida evoluzione, e l'adattabilità è chiave per mantenere la rilevanza.
Sviluppare un mindset di crescita con l'IA non solo ti prepara a navigare con successo l'evoluzione tecnologica, ma ti posiziona anche come leader nell'adottare e plasmare il futuro dell'innovazione. Ricorda, il vero potenziale dell'IA non risiede solo nella sua capacità tecnologica, ma nel modo in cui gli umani scelgono di utilizzarla, imparare da essa e crescere con essa.

11.5.2 Equilibrio tra creatività umana e intelligenza artificiale

Mantenere un equilibrio tra creatività umana e intelligenza artificiale (IA) è fondamentale nell'era digitale. Mentre l'IA offre strumenti potenti che possono amplificare le capacità creative e produttive, la creatività umana rimane al cuore dell'innovazione e dell'espressione artistica. Ecco alcune strategie per coltivare un rapporto armonioso e produttivo tra queste due forze:

1. Riconoscere i Punti di Forza Unici di Ogni Parte
Creatività Umana: Valorizza l'intuizione, l'empatia, l'esperienza personale e la capacità di fare connessioni emotive profonde, elementi che l'IA non può replicare pienamente.
Intelligenza Artificiale: Sfrutta l'IA per gestire grandi quantità di dati, identificare pattern, eseguire compiti ripetitivi e generare opzioni creative che possono servire come fonte di ispirazione.

2. Usare l'IA come Strumento di Supporto alla Creatività
Amplificazione della Creatività: Vedi l'IA come un partner che può aiutarti a esplorare nuovi territori creativi, offrendo suggerimenti che potresti non aver considerato.
Efficienza nel Lavoro Creativo: Utilizza l'IA per automatizzare aspetti più tecnici o meno creativi del tuo lavoro, liberando tempo da dedicare a compiti che richiedono una maggiore riflessione creativa.

3. Sviluppare Competenze Complementari
Competenze Umane: Concentrati sullo sviluppo di competenze che sono unicamente umane, come il pensiero critico, la leadership, l'empatia e l'innovazione strategica.
Alfabetizzazione Tecnologica: Acquisisci una solida comprensione delle capacità e dei limiti dell'IA, così da poterla utilizzare in modo più efficace e consapevole nel tuo processo creativo.

4. Fomentare la Collaborazione tra Uomo e Macchina
Iterazione Creativa: Sperimenta con un processo di feedback iterativo tra te e l'IA, dove ogni parte contribuisce al processo creativo, raffinando e arricchendo il lavoro man mano che procede.
Dialogo Aperto: Mantieni un approccio aperto ed esplorativo, considerando l'IA non come una minaccia ma come una risorsa che può portare a risultati creativi inaspettati.

5. Esplorare Nuove Forme di Espressione Creativa
Innovazione Artistica: Sfrutta l'IA per esplorare nuovi media e forme di espressione artistica, dal design generativo alla musica AI-driven, aprendo nuove vie per la creatività.

Personalizzazione e Interattività: Utilizza l'IA per creare esperienze creative personalizzate e interattive, che rispondono e si adattano alle preferenze del pubblico in modi prima inimmaginabili.

6. Navigare le Sfide Etiche e Morali

Responsabilità Creativa: Sii consapevole dell'impatto sociale e culturale del tuo lavoro, soprattutto quando incorpori l'IA, e adotta pratiche che rispettino principi etici e morali.

Trasparenza e Autenticità: Quando utilizzi l'IA nel tuo processo creativo, sii trasparente sul suo ruolo, preservando l'autenticità e l'integrità del tuo lavoro artistico.

L'equilibrio tra creatività umana e intelligenza artificiale richiede un approccio consapevole e riflessivo. Celebrando i punti di forza unici di entrambi, è possibile sfruttare il meglio di questi mondi, sbloccando livelli di creatività e innovazione prima inaccessibili.

11.5.3 Gestire le aspettative e i limiti dell'IA

Gestire le aspettative e comprendere i limiti dell'intelligenza artificiale (IA) è cruciale per sfruttare efficacemente questa tecnologia senza incorrere in delusioni o malintesi. Mentre l'IA offre possibilità rivoluzionarie in numerosi campi, è importante riconoscere che ha ancora le sue limitazioni. Ecco alcuni consigli su come gestire le aspettative e navigare i limiti dell'IA:

1. Comprendere le Capacità dell'IA
Educazione: Informarsi sulle funzionalità e le limitazioni specifiche degli strumenti di IA che si intende utilizzare. Questo può aiutare a impostare obiettivi realistici per il loro impiego.
Esperienza Pratica: Lavorare direttamente con l'IA fornisce una comprensione pratica delle sue capacità, permettendo di valutare meglio dove può essere più utile.

2. Riconoscere i Limiti dell'IA
Comprensione del Contesto: Mentre l'IA può elaborare grandi quantità di dati, può lottare per comprendere il contesto o i sottintesi in modo simile agli umani, specialmente in campi che richiedono un'alta sensibilità culturale o emotiva.
Creatività e Innovazione: L'IA può generare idee basate su pattern esistenti, ma la vera innovazione spesso emerge dall'intuizione umana e dall'esperienza vissuta.

3. Gestione delle Aspettative
Obiettivi Realistici: Imposta obiettivi chiari e realistici per l'impiego dell'IA, tenendo conto delle sue capacità attuali e di come queste si allineano con le necessità del tuo progetto o organizzazione.
Comunicazione Aperta: Quando si lavora in team o si comunica con le parti interessate, è fondamentale essere trasparenti riguardo a ciò che l'IA può e non può fare, evitando iperboli o promesse non realizzabili.

4. Adattamento e Flessibilità
Sperimentazione: Sii aperto alla sperimentazione e pronto ad adattare le tue strategie in base ai risultati ottenuti con l'IA, accettando che potrebbe essere necessario un periodo di prova ed errore per trovare il miglior approccio.
Soluzioni Ibride: Considera approcci ibridi che combinano le capacità dell'IA con il lavoro umano, sfruttando i punti di forza di entrambi per ottenere i migliori risultati.

5. Affrontare Sfide Etiche e Morali

Bias e Equità: Sii consapevole del potenziale bias nei dati e nei modelli di IA, e impegna risorse per mitigare questi problemi, garantendo che le applicazioni di IA siano equi e non discriminatorie.

Privacy e Sicurezza: Adotta pratiche rigorose per la protezione dei dati e la privacy quando si utilizzano sistemi di IA, considerando attentamente come vengono raccolti, archiviati e utilizzati i dati degli utenti.

6. Continuo Apprendimento e Aggiornamento

Mantenere l'Aggiornamento: L'ambito dell'IA è in rapida evoluzione, quindi è importante rimanere aggiornati sulle ultime ricerche, sviluppi e migliori pratiche, adattando di conseguenza le tue strategie di utilizzo.

Gestire le aspettative e comprendere i limiti dell'IA permette di massimizzare il suo potenziale evitando al contempo frustrazioni e ostacoli. Approcciando l'IA con una mentalità informata e critica, è possibile navigare efficacemente le sue sfide e sfruttarne le capacità rivoluzionarie.

11.5.4 Apprendimento continuo e adattamento alle nuove tecnologie IA

Nell'era dell'intelligenza artificiale (IA), l'apprendimento continuo e l'adattamento alle nuove tecnologie sono diventati indispensabili per professionisti in tutti i campi. L'IA sta trasformando il modo in cui lavoriamo, creiamo e interagiamo con il mondo intorno a noi, rendendo l'aggiornamento costante una necessità per rimanere competitivi e pertinenti. Ecco alcuni consigli per incoraggiare l'apprendimento continuo e facilitare l'adattamento alle nuove tecnologie IA:

1. Curiosità e Mentalità Aperta
Mantieni una curiosità incessante verso le nuove tecnologie e un approccio aperto all'apprendimento. Vedi ogni nuovo strumento o concetto come un'opportunità per crescere personalmente e professionalmente.

2. Educazione Formale e Risorse Online
Sfrutta corsi online, webinar e workshop per acquisire conoscenze su specifiche tecnologie IA. Piattaforme come Coursera, edX, e Udacity offrono corsi sviluppati da università e aziende di spicco nel campo dell'IA.
Partecipa a seminari e conferenze sull'IA per rimanere aggiornato sulle ultime ricerche e tendenze.

3. Progetti Pratici e Sperimentazione
Impegnati in progetti pratici che utilizzano l'IA. L'applicazione diretta delle conoscenze teoriche attraverso progetti reali è uno dei modi più efficaci per apprendere.
Non aver paura di sperimentare e fallire. L'errore è parte integrante del processo di apprendimento, soprattutto in un campo in rapida evoluzione come l'IA.

4. Apprendimento Collaborativo e Networking
Unisciti a comunità online, forum, o gruppi di studio dedicati all'IA. Luoghi come GitHub, Stack Overflow, o specifici gruppi su LinkedIn e Reddit possono essere fonti preziose di informazioni e supporto.
Partecipa a hackathon o competizioni di data science. Questi eventi possono offrire esperienze di apprendimento intensivo e l'opportunità di collaborare con altri professionisti del settore.

5. Mantenere una Visione Olistica
Mentre ti concentri sull'apprendimento tecnico, non trascurare lo sviluppo di competenze trasversali come il pensiero critico, la

gestione del progetto e la comunicazione efficace. Queste abilità sono cruciali per applicare con successo le tecnologie IA in contesti reali.

6. Riflessione e Autovalutazione
Dedicati periodicamente alla riflessione sul tuo percorso di apprendimento, valutando i progressi compiuti e identificando aree per ulteriori miglioramenti o nuovi interessi da esplorare.
Stabilisci obiettivi di apprendimento a breve e lungo termine per mantenere la tua traiettoria educativa focalizzata e misurabile.

7. Adattabilità e Resilienza
Sviluppa la capacità di adattarti rapidamente ai cambiamenti e di superare le sfide. L'ambiente tecnologico è in costante evoluzione, e la resilienza ti aiuterà a navigare con successo queste trasformazioni.
Adottando un approccio proattivo all'apprendimento continuo e all'adattamento, puoi massimizzare i benefici offerti dalle tecnologie IA e mantenere un ruolo attivo e influente nel tuo campo di interesse o professione.

11.5.6 Prepararsi per il futuro: competenze essenziali nell'era dell'IA

Prepararsi per il futuro nell'era dell'intelligenza artificiale (IA) richiede di sviluppare un insieme di competenze essenziali che vanno oltre la semplice comprensione tecnologica. L'IA sta cambiando il panorama lavorativo e creativo, richiedendo nuove abilità per sfruttare al meglio queste tecnologie emergenti. Ecco alcune competenze essenziali per prosperare nell'era dell'IA:

1. Alfabetizzazione Digitale e Tecnologica
Fondamenti dell'IA: Comprendere i principi di base dell'IA, machine learning e automazione per navigare efficacemente nel panorama tecnologico.
Competenze di Programmazione: Avere conoscenze di base in programmazione (ad esempio, Python) può essere utile, specialmente per personalizzare o interagire con strumenti di IA.

2. Pensiero Critico e Risoluzione dei Problemi
Analisi e Valutazione: Capacità di analizzare criticamente i risultati prodotti dall'IA, valutare la loro affidabilità e applicabilità, e identificare soluzioni innovative ai problemi.
Pensiero Sistemico: Comprendere come le decisioni e i processi influenzano e sono influenzati da sistemi più ampi, essenziale per lavorare con tecnologie complesse come l'IA.

3. Creatività e Innovazione
Sperimentazione: Sperimentare con coraggio, esplorare nuove idee e approcci per integrare l'IA nel lavoro creativo e professionale.
Pensiero Laterale: Capacità di pensare in modo non convenzionale e fuori dagli schemi per trovare soluzioni creative ai problemi o per utilizzare l'IA in modi unici e innovativi.

4. Competenze Interpersonali e Collaborazione
Comunicazione Efficace: Abilità di comunicare chiaramente e efficacemente con team multidisciplinari, spesso necessari in progetti che coinvolgono l'IA.
Lavoro di Squadra: Collaborare efficacemente in ambienti di lavoro ibridi umano-IA, valorizzando sia il contributo umano che quello dell'intelligenza artificiale.

5. Apprendimento Continuo e Adattabilità
Mentalità di Crescita: Adottare un approccio di apprendimento continuo, rimanendo aperti all'acquisizione di nuove conoscenze e abilità nel tempo.

Flessibilità: Essere pronti a adattarsi ai cambiamenti rapidi nel panorama tecnologico e lavorativo, rimanendo flessibili nelle strategie e nei piani di carriera.

6. Leadership Etica e Responsabile
Consapevolezza Etica: Navigare le questioni etiche poste dall'IA, dalla privacy dei dati al bias algoritmico, con integrità e responsabilità.
Decisioni Informate: Prendere decisioni informate che considerino l'impatto sociale e ambientale dell'IA, promuovendo un uso sostenibile e benefico della tecnologia.

7. Consapevolezza Culturale e Globale
Visione Globale: Avere una comprensione delle diverse implicazioni culturali e globali dell'IA, essenziale in un mondo sempre più interconnesso.
Inclusività: Promuovere l'uso inclusivo dell'IA che rispetti e valorizzi la diversità di pensiero, esperienza e background.
Sviluppare queste competenze può non solo prepararti a navigare con successo nell'era dell'IA, ma anche a plasmare attivamente come queste tecnologie influenzano la società e il mondo del lavoro. L'obiettivo è di essere non solo consumatori passivi di tecnologia, ma partecipanti attivi e critici nel definire un futuro in cui l'IA migliora la vita di tutti.

11.5.7 Mantenere l'etica e la responsabilità nell'uso dell'IA

Mantenere un approccio etico e responsabile nell'uso dell'intelligenza artificiale (IA) è fondamentale per garantire che le tecnologie emergenti apportino benefici alla società nel suo insieme, senza causare danni non intenzionali. Questo richiede una riflessione profonda sulle implicazioni delle tecnologie IA, la loro implementazione e il loro impatto a lungo termine. Ecco alcuni principi e pratiche chiave per mantenere l'etica e la responsabilità nell'uso dell'IA:

1. Trasparenza e Apertura
Comunicazione Chiara: Assicurati che le decisioni prese dai sistemi di IA siano trasparenti e comprensibili per gli utenti, spiegando in termini chiari il funzionamento e le basi delle decisioni dell'IA.
Codice e Dati Aperti: Dove possibile, utilizza e supporta standard aperti, codici e dataset per promuovere una comprensione e un'ispezione più ampia delle tecnologie IA.

2. Giustizia e Equità
Mitigazione del Bias: Attivamente identifica e riduci i bias nei dataset e nei modelli di IA per prevenire discriminazioni e ingiustizie, assicurando che l'IA tratti tutti gli utenti in modo equo.
Accessibilità: Lavora per rendere le tecnologie IA accessibili a persone di tutte le età, abilità e contesti socio-economici, promuovendo l'inclusione.

3. Privacy e Sicurezza dei Dati
Protezione dei Dati: Implementa rigorose misure di sicurezza per proteggere i dati degli utenti raccolti o processati dall'IA, rispettando la privacy e la confidenzialità.
Consapevolezza del Rischio: Valuta e comunica i potenziali rischi per la privacy associati all'uso di sistemi di IA, sviluppando strategie per mitigarli.

4. Responsabilità e Accountability
Chiarezza di Responsabilità: Assicurati che ci sia sempre una chiara responsabilità umana dietro alle decisioni e azioni dell'IA, garantendo che le persone possano essere ritenute responsabili per il funzionamento dei sistemi IA.
Sistemi di Revisione e Ricorso: Fornisci meccanismi attraverso i quali le decisioni dell'IA possono essere riviste e, se necessario, contestate o corrette da umani.

5. Beneficio Sociale e Sostenibilità

Priorità all'Umanità: Orienta lo sviluppo e l'applicazione dell'IA verso il risolvere problemi umani reali, migliorando la qualità della vita senza compromettere le future generazioni.

Sostenibilità Ambientale: Considera l'impatto ambientale dei sistemi di IA, dalla produzione energetica al ciclo di vita dell'hardware, e lavora per minimizzarlo.

6. Collaborazione Globale

Condivisione delle Conoscenze: Collabora con altre organizzazioni, governi e comunità per condividere conoscenze, migliori pratiche e risorse sull'uso etico dell'IA.

Standard Internazionali: Contribuisci allo sviluppo e al rispetto di standard e normative internazionali che promuovano un uso etico e responsabile dell'IA.

7. Educazione e Sensibilizzazione

Formazione Etica: Incorpora la formazione sull'etica dell'IA nei programmi educativi per sviluppatori, ricercatori e utenti, sensibilizzando sulle implicazioni morali della tecnologia.

Coinvolgimento della Comunità: Coinvolgi la comunità e le parti interessate nell'elaborazione delle politiche sull'IA, assicurando che diverse prospettive siano considerate nel delineare pratiche etiche.

Adottare un approccio etico e responsabile all'IA non solo aiuta a prevenire danni e discriminazioni ma rafforza anche la fiducia pubblica nelle tecnologie emergenti, promuovendo innovazioni che sono sostenibili, giuste e benefiche per tutti.

Capitolo 12:
Propt per la scrittura di un libro

Creare un libro richiede ispirazione, dedizione e una buona dose di creatività. I prompt di scrittura possono giocare un ruolo cruciale in questo processo, fungendo da catalizzatori per idee nuove o aiutando a superare il temuto blocco dello scrittore. Ecco una serie di prompt di scrittura pensati per stimolare la tua immaginazione e guidarti attraverso diverse fasi della creazione di un libro:

1. Inizio del Viaggio
Prompt: "In una città dove le parole hanno un potere oltre l'immaginazione, un giovane trova un libro antico che non dovrebbe esistere."
Obiettivo: Usa questo prompt per esplorare il potere delle parole e il concetto di conoscenza proibita. Potrebbe essere l'inizio di un'avventura epica o di una storia di crescita personale.

2. Sviluppo dei Personaggi
Prompt: "Dopo aver ricevuto una lettera anonima, il protagonista inizia a vedere segni di una vita che ha vissuto ma non ricorda."
Obiettivo: Concentrati sullo sviluppo del tuo personaggio principale. Questo prompt ti invita a esplorare i temi dell'identità, della memoria e del destino.

3. Costruzione del Mondo
Prompt: "In un mondo dove l'alba e il tramonto avvengono solo una volta all'anno, la società si è adattata in modi che non avresti mai immaginato."
Obiettivo: Utilizza questo prompt per dettagliare l'ambientazione unica del tuo libro. Pensa a come le condizioni ambientali influenzano la cultura, l'economia e la vita quotidiana dei tuoi personaggi.

4. Intreccio e Conflitto
Prompt: "Il ritrovamento di un artefatto perduto porta alla luce segreti che potrebbero cambiare il mondo – ma non tutti vogliono che la verità emerga."
Obiettivo: Crea un conflitto centrale per la tua storia. Questo prompt può aiutarti a delineare le forze in opposizione e le posta in gioco.

5. Dialoghi Dinamici
Prompt: "Durante una negoziazione tesa, il tuo personaggio deve usare l'ingegno per salvare una situazione disperata, senza

rivelare il proprio segreto."
Obiettivo: Scrivi una scena di dialogo che mostri la personalità del tuo personaggio, le sue capacità di negoziazione e il peso dei suoi segreti.

6. Punti di Svolta
Prompt: "Quando viene svelata la verità su un vecchio mistero di famiglia, il personaggio principale deve riconsiderare tutto ciò che pensava di sapere su se stesso e sui suoi cari."
Obiettivo: Utilizza questo momento per approfondire il tuo personaggio e far avanzare la trama, introducendo nuove sfide o cambiamenti di direzione.

7. Conclusione Soddisfacente
Prompt: "Nella ricerca della pace dopo un lungo conflitto, i personaggi scoprono che la vera armonia richiede più di un semplice accordo."
Obiettivo: Rifletti su come vuoi che la tua storia si concluda. Questo prompt ti incoraggia a pensare a soluzioni creative e significative ai conflitti della trama.

Ricorda, questi prompt sono solo punti di partenza. Non esitare a modificarli secondo le tue esigenze o a lasciarti ispirare per prendere direzioni completamente nuove. La scrittura di un libro è un viaggio personale e unico, e ogni autore deve trovare la propria strada attraverso il vasto paesaggio della creatività.

Proprietà letteraria riservata © 2024
Massimo Mazzitelli Tutti i diritti riservati

Printed in Great Britain
by Amazon